中国旅游业普通高等教育应用型规划教材

旅行社计调实务

主　编　赵爱华

中国旅游出版社

责任编辑：孙妍峰
责任印制：冯冬青
封面设计：何　杰

图书在版编目（CIP）数据

旅行社计调实务／赵爱华主编. —北京：中国旅
游出版社，2016.7（2021.3 重印）
ISBN 978-7-5032-5592-2

Ⅰ.①旅…　Ⅱ.①赵…　Ⅲ.①旅行社—企业管理
Ⅳ.①F590.63

中国版本图书馆 CIP 数据核字（2016）第 135881 号

书　　名：旅行社计调实务

作　　者：赵爱华　主编
出版发行：中国旅游出版社
　　　　　（北京静安东里 6 号　邮编：100028）
　　　　　http://www.cttp.net.cn　E-mail:cttp@mct.gov.cn
　　　　　营销中心电话：010-57377108，010-57377109
　　　　　读者服务部电话：010-57377151
排　　版：北京旅教文化传播有限公司
经　　销：全国各地新华书店
印　　刷：北京工商事务印刷有限公司
版　　次：2016 年 7 月第 1 版　2021 年 3 月第 4 次印刷
开　　本：787 毫米×1092 毫米　1/16
印　　张：16.5
字　　数：370 千
定　　价：34.00 元
ISBN　978-7-5032-5592-2

前　言

目前我国对旅行社计调这个新兴行业的研究尚处于起步阶段,学术界对旅行社计调职业的研究甚少。"旅行社计调实务"是旅游管理专业新开设的一门专业课,该课程在体系框架与教学内容组织等方面的合理性正处在探索阶段。编者编写这本《旅行社计调实务》的初衷,是根据旅行社业务运营的特点及旅游专业应用型人才培养目标,以就业为导向,从旅行社计调工作的实际出发,以旅行社计调人员所需的专业知识和操作能力为着眼点,融理论性、知识性和实践性于一体,紧扣旅行社对业务操作及管理型人才的需求,直接为培养学生的计调业务操作能力和管理能力服务,使学生通过对计调业务知识的学习和技能的掌握,不断提高旅行社业务操作能力和管理水平,实现知识技能的即时性和实用性。

本教材共分为计调工作认知、旅游行程制定流程、计调采购业务流程、计调报价流程、组团计调业务操作流程、接待计调业务操作流程、散客与大型团队计调业务操作流程、出入境计调业务操作流程、计调线上业务合作、计调业务管理等 10 个实训项目及附录。在内容编写上,力求将理论框架设计得简明,并穿插了典型的案例分析,深入浅出、由表及里、系统地介绍了计调业务的专业知识。每个项目之后配有实训项目和任务实践,能够帮助学生通过实训巩固所学知识,增强学习兴趣。

本教材实用性强,在基本理论的前提下,把重点放在实务操作的介绍上,在行文中尽量多使用图表、实例,以增强内容的形象性和直观性,这样的设计将有利于提高学生对知识的理解和把握。

本教材具有较强的普适性,适合各级各类院校旅游管理及相关专业学生使用,也可以作为从事旅游研究、旅游管理的有关人员和对旅游业感兴趣的爱好者的重要参考用书。

由于水平有限,本教材仍然存在很多不足之处。为此,真诚地希望各位专家、教师和广大学生提出宝贵的意见。

编者
2016 年 5 月

目 录
CONTENTS

项目一
计调工作认知

[知识目标]

通过学习，学生要理解计调的概念，掌握计调工作的内容，熟悉计调部的设置及职能特点，掌握计调从业人员的职责和素质要求。

[能力目标]

通过实训，在对旅行社计调工作调研的基础上，学生能够制定旅行社计调岗位责任书。

 引导案例

工作失误导致误机

2015年，北京某旅游团行程计划是乘8月30日ZH1301次班机于15：00离北京飞广州，9月1日早晨离广州飞香港。7月26日有关人员预订飞机票时，该航班已满员，便改订了同日CZ3102次班机的票（12：30起飞）。订票人当即在订票单上注明"注意航班变化，12：30起飞"，并将订票单附在通知单上送到计调部门。但计调部门的有关工作人员没有注意到航班的变化，仍按原通知中的航班起飞时间安排活动日程，并预订了起飞当日的午餐。日程表送给计调人员后，计调人员也没有核对把关，错误地认为有关导游员应该知道航班的变化。因此计调人员只通知了行李员航班变化的时间而没有通知导游员。8月30日上午9：00，行李员发现导游员留言条上写的时间与他所持任务单上的时间不符，经过提醒也没有引起导游员的注意。结果造成了误机的重大责任事故。

 案例分析

导游员违背"接待工作规程"的规定，既没有看到备注有"注意航班变化"的通知，也没有核查所订机票的起飞时间，又没有认真落实飞机起飞的准确时间，所以对造成这次误机事故负有一定的责任。

在这次事故中，导游员之所以负一定的责任而不是全部责任，是因为旅行社计调人员也有过错，也应负有一定的责任。我国《民法》第一百三十条规定，两人以上共同侵权造成他人损害的，应当承担连带责任。按照我国法律的规定，旅行社在支付了因其导游员的行为造成的受害者的损失后，有权在内部向有过错的计调人员进行追偿。

旅行社计调部的工作复杂而细致，接待一个团队常常在几天之内，由几个城市的几家旅行社及十几家提供食、住、行、游、购、娱等服务的企业，按预定的程序提供相应的服务才能完成。它需要计调部及各地接待社进行复杂而细致的组织、调度，需要各部门按时保质保量地提供相关服务；同时，也要有全陪和地陪的现场联络和安排。在实际操作过程中，还常常会由于主客观原因而发生预想不到的变化（如本案例中的误机等），使行程被打乱，甚至发生损失等较大的事故。所以，旅行社计调人员要认真做好组织接待服务工作，制定科学严密的管理制度、信息传递工作程序，以及事故发生后的应变处理方法。

任务　全面认识计调工作

一、计调相关定义

旅行社通过销售招徕旅游者后，为安排旅游者的接待工作，要与旅游交通部门、酒店、餐馆、游览景点及其他旅行社联系，形成综合接待能力。计调是旅行社业务中的重要组成部分，承担着与接待相关的旅游服务采购和有关接待、调度工作。

（一）计调

计调就是计划与调度的结合称谓，是在旅行社内部专职为旅游团的运行走向安排接待计划、统计与之相关的信息并承担与接待相关的旅游服务采购和有关业务调度工作的一种职位类别。计调的主要任务是旅游服务采购和按接待计划落实旅游团的食、宿、行、游、购、娱等方面的具体事宜，以确保行程、日程正常进行。

（二）计调业务

计调业务有广义与狭义之分。广义的旅行社计调业务，是指对外代表旅行社同旅游服务供应商建立广泛的协作网络，签订采购协议、保证提供旅游者购买的各种服务，并协同处理有关计划变更和突发事件；对内做好联络和统计工作，为旅行社业务决策和计划管理提供信息服务。狭义的计调业务，主要是指旅行社为落实旅游计划所进行的旅游服务采购、导游人员的委派、旅游接待计划的制订及为旅行社业务决策提供信息服务等工作的总称。

计调业务是整个旅行社业务运作的灵魂，它既包括计调部门为业务决策而进行的信息提供、调查研究、统计分析、计划编制等参谋性的工作，又包括为实现计划目标而进行的统筹安排、协调联络、组织落实、业务签约、监督检查等业务性工作。随着旅行社规模进一步扩大，对计调业务的专业化也提出了更高的要求。过去一个计调部做的工作，现在细分到多个部门运作，业务上更加专业化、细分化，如图1-1所示。

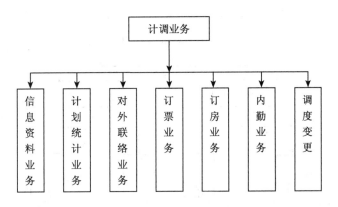

图1-1　计调业务分类

二、计调部

(一) 计调部机构的设置

在旅行社的经营管理中，销售部、计调部、接待部构成了旅行社具体操作的三大块，与财务、人事等后勤部门组成了整个旅行社的运作体系。其中，计调部起着联系各方的作用。

中小旅行社的机构设置一般是在总经理下设计调部，安排1~3个计调人员。在比较小的旅行社，计调人员身兼数职，他们既要做业务，又要做计调，还要做导游，有的甚至要做门市接待，一个带团去了，另一个就要在办公室兼做其他工作，这是由中小旅行社人手少所造成的，如图1-2所示。

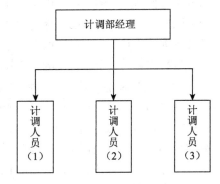

图1-2　中小型旅行社计调机构设置

一些大型旅行社的机构设置一般是在总经理下设计调中心，在计调中心下分为组团部和接待部。组团部又可分为国际部和国内部，其中国际部比较简单，下设欧洲部、美洲部、亚洲部等；而国内部却比较复杂。随着国内旅游竞争的日益激烈，一些大型旅行社也纷纷涉足国内旅游业。国内部的计调业务主要是根据旅游目的来设置。接待计调根据旅游者 (团) 的性质分为团队计调和散客计调，一个计调人员管几条线路，负责接听电话、报价、签约、问询等，如图1-3所示。

相对这两个计调机构设置而言，大型旅行社的机构设置要合理、科学一些，由专人负责，而中小旅行社的计调机构设置则要混乱一些，常常会发生衔接不好的现象。如一些事情本来就是相互联系的，有时以为另外一个计调人员做了这件事，而实际上却谁也没有做，造成计调部的失误，给旅行社带来不必要的损失。比较理想的计调部机构设置应该是专人负责。

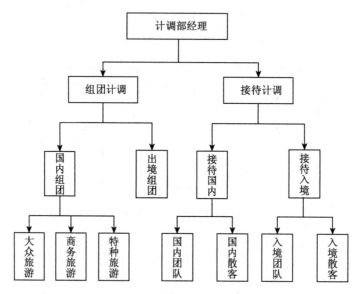

图1-3 大型旅行社计调机构设置

（二）计调部的职能

旅行社作为旅游行业的中介组织，向旅游者提供的食、住、行、游、购、娱等产品，大部分不是自己生产的，而是由其他旅游企业供应的，或者说是旅行社通过向其他旅游服务企业采购的，然后加上自己的导游服务再销售出去。目前，我国旅行社除导游服务外，其余服务几乎都是从其他旅游供应商那里采购进来的。计调部是旅行社工作的核心部门，计调部工作直接影响和决定着旅行社的正常运营。计调部的职能主要体现在以下几个方面：

（1）选择职能。旅行社计调部通过与许多旅游企业建立采购关系，向旅游者提供服务。如酒店、餐厅、航空、铁路、车船公司、游览景点、娱乐场所及各地的接待旅行社等。在采购旅游服务过程中，一家旅行社不可能去干涉酒店的经营管理，不可能去调度航空公司飞机的飞行时间和线路，但却可以在采购业务过程中发挥选择职能，在众多的采购对象中选择最理想的合作伙伴，进行优化组合，构成一个最佳服务系统，以保证旅行社的最优服务质量。

（2）签约职能。一家旅行社在经营中要与许多旅游企业，如酒店、餐厅、车队和其他旅行社等，及相关行业，如交通、园林、娱乐、保险等，发生经济关系，通常采取签订经济合同的形式来保持这种关系的稳定。旅行社计调部采购业务的签约职能是必不可少的，同时要求旅行社对外统一签约，以便从旅游供应商那里得到更多的优惠价格。旅行社赖以生存的重要途径，便是通过批量采购获得价格和交易条件的优惠。如果一家旅行社能够集中内部所有的购买力，相对集中地投放到相关旅游企业，由此带来的利益比分散投放到众多的相关旅游企业中要大得多。

（3）联络职能。旅行社组织一个旅游团的旅行过程，本身就是一个比较复杂的历程。它的涉及面很广，碰到的问题很多，而在第一线的导游人员却没有足够的时间和充分的条件来处理旅途中遇到的棘手问题。这就需要旅行社计调部在经营管理中有24小时不间断的值班联络中心，以便及时、准确、无误地转达问题。如团队在旅途中发生车祸、在酒店被盗、旅游者在旅途中生病或死亡等重大事故，就需要向有关部门及保险公司联络通报，采取相应措施；发生航班或车、船时间的变更、取消，则需要马上与酒店、餐厅、车队联系并作出相应的安排，使采购的旅游服务保证供应，以免各站之间发生脱节，给旅游者和旅行社造成不必要的损失，甚至导致旅游者投诉事件的发生。

（4）统计职能。统计工作，是旅行社实现经营目标和提高经济效益的重要保证。其重点是计调部要对本旅行社旅游业务进行逐月、逐季、逐年的定量科学分析，绘制成月、季、年的统计表。通过对这些信息的统计和分析，可以检查旅行社经营业务的实际情况，从而发现新问题并及时设法解决，同时还能了解客源的流向及流量，作为旅行社进行经营决策的依据。

（5）创收职能。计调部在对外洽谈业务时，应根据社会总的旅游供给能力的变化，在协议价的基础上作出价格调整，尽量争取最优惠价格，从而降低旅行社的经营成本，增加经济效益。这也是旅行社计调部工作一项重要的职能特点。

三、计调人员

计调人员是指从事计划组织旅游接待、整体进行旅游业务调度工作的人员。计调人员是旅行社重要岗位的工作人员，在从事国际旅游业务的旅行社中通常又称之为 OP（operator），意为"操作者"，主要负责旅游团所用车辆、导游、酒店、商店、景点等相关旅游要素的协调调度工作。

（一）计调人员的分类

按照不同标准，可把计调人员分成不同的类型，主要分类方法如下：

1. 按照旅行社团队的组成和接待过程来划分

按照旅行社团队的组成和接待过程来分，可将计调分为组团型计调和接待型计调两种，这是最基本的分类方法。

（1）组团型计调。即在组团旅行社内负责组成旅游团，并将团队发送到异地接待旅行社接待的专职人员。按接待旅行社的地区差异，又分为国内组团型计调和出境组团型计调两种类型。

（2）接待型计调。即在接待旅行社中负责按照组团旅行社计划和要求确定旅游过程中交通工具、用餐、住宿、游览、派发导游等事宜的专职人员。按组团旅行社的地区差异可分为国内接待计调和国际入境接待计调。

2. 按照旅游者的组织类型来划分

按照旅游者的组织类型，可把计调分为团队型计调和散客型计调。

（1）团队型计调。主要是负责旅游团队操作的专职人员。

（2）散客型计调。即专门操作自助或半自助类旅游事务的专职人员。

3. 按照专项类划分

随着经济的发展，旅游者对旅游的需求日益增大，这不仅反映在出行人数的增长上，也表现在旅游项目和种类的丰富及多变上。针对有别于传统旅游的需求及特定的旅游层次，产生了专事操作商务会展、修学游、摄影游、探险游等特种旅游，仅仅代订机票、酒店的项目，专门和使馆接触负责签证事宜，以及针对学生团体、老年团体的专项类操作人员，被称为专项类计调。按照专项类划分，可分为商务会展计调、学生游计调、老年游计调、特种游计调、机酒类计调、签证类计调、批发类计调等。

（1）商务会展计调。商务会展计调有别于传统意义上的计调人员，是旅游界最高层次的计调，是指负责操作集团客户国内外会议、出境奖励旅游团、商务考察团的策划、市场推广与销售的专职人员。其涉猎面和工作面也较为宽泛，牵涉会展需要的会展策划书的拟订、场馆选择、场地布置、用车用餐安排、人员接送、会间及会后参观游览活动等的接洽安排。对这一类型的计调人员素质要求也较高，除掌握传统意义上计调的操作职能外，也需有更强的统筹全局和谈判接洽能力。

（2）学生游计调。是指专门为大、中、小学校等教育机构，组织安排春游、秋游活动及学生夏令营、冬令营的专职人员。学生游计调应和学校等教育机构及学生活动基地、场馆建立良好的合作关系，把握团中央、少工委的文件精神，应时推出迎合教育动向的学生游活动产品。

（3）老年游计调。由于老年旅游团和学生团一样属于特定层面，有其特殊性和适应性，不少旅行社针对其特殊要求设置了专门从事设计老年旅游活动产品、满足老年旅游者特殊需求的操作人员。老年游计调在游程安排上必须有别于一般旅游团，保证充裕的游览时间和休息时间，要考虑到老年旅游者行动不便、突发状况多的特性，在酒店的选择上要干净舒适，房间必须有防滑设施等；在陪同人员的选择上要挑选有爱心、责任心及经验丰富的导游，提供的食物要清淡宜口等。

（4）特种游计调。随着生活水平的提高、社会意识的增强，旅游者对旅游活动的需求也日益丰富多彩，产生了如学生在寒暑假前往国外进行短期语言进修、参观游览活动的修学游；艺术爱好者前往某地绘画写生、考察摄影的艺术游；探险爱好者挑战极限的探险游等诸多特种旅游项目。针对这种需求应运而生的特种游计调就是为这些特殊旅游者的特殊需求负责安排接待的专职人员。特种游计调往往是一团一议，根据旅游者的不同需求制订不同的安排计划。

（5）机酒类计调。随着现代人旅游个性化需求的增大，仅需旅行社代订单程或往返机票与旅游目的地高星级酒店的新型自助旅游方式日益盛行。有鉴于此项旅游方式的兴盛之态，很多代订机票、酒店的自由人服务网站不断涌出，不少旅行社也针对旅游者旅游度假胜地需求推出机酒自由人产品，提供机票＋酒店＋接送机的服务项目。专门从事这种接待操作的人员称为机酒类计调。

（6）签证类计调。在从事出境旅游业务的国际社中，和使馆、签证处打交道的签证工作因为往往要牵涉大量的精力，一般都会交由专人负责。其要求从业人员对目的国的签证手续和法规常识都有相应了解，对旅游者递交的资料要进行前期的审核和准备工作，要有很强的责任心，避免因表格填写错误或资料遗漏所造成的拒签，或是遗失旅游者护照等所造成的不必要的损失。在旅行社中专门从事签证事宜的人员称为签证类计调。

（7）批发类计调。是指针对本地区旅游业内同行定向收集客源，专事某类或某种线路操作，以优惠价格让利于旅行社同行，定期发团的专职人员。批发类计调是旅行社和接待旅行社之间的桥梁，也可以是接待旅行社在这一地区设置或委托的联络机构。批发类计调对其专事的批发产品既要熟悉旅游目的地的接待成本，又能按照组团旅行社的发团规律制订接待计划，解决了旅行社收到零散客难以成团的困扰。

（二）计调人员的职责

为了提高工作效率，增加工作效益，计调人员应本着"尽心尽职、求实创新"的态度，履行如下岗位职责：

（1）负责对内接待、安排旅游团，对外计划、协调、发团，发布和落实旅游团的接待计划和变更通知。

（2）广泛搜集和了解不断变化的旅游市场信息及同行相关信息。对其他旅行社推出的常规、特色旅游线路逐一分析，为本社常规线路的行程及具体安排的修改、完善提供借鉴，并力推本社特色线路及旅游方案。

（3）及时提出符合旅游者要求的旅游线路及报价建议，并根据客户要求协调、安排旅游团，配备团队所需要的各种服务。

（4）在协调、安排市郊及周边地区旅游团旅游时，对有关交通服务、导游服务等方面，尽量做到有备无患；在安排旅游者的食、住、游等活动时，尽量考虑周到。在确保团队质量的前提下，力争"低成本、高效益"。

（5）按季节及时掌握各条线路的成本及报价，以确保对外报价的可靠性、可行性及准确性。

（6）加强同外联人员的联系，及时了解、掌握、分析反馈信息，然后进行消化、吸收、落实，提出合适的线路和价位建议。

（7）按规定整理团队资料做好归档工作，包括旅游交易会的资料归档，以及日常业务中的传真件和接待旅行社或组团旅行社的宣传资料，以便今后设计线路时查找方便。

（8）完成上级交代的其他工作任务。

（三）计调人员的素质要求

在当今世界，旅游行业正朝着国际化、大型化、网络化发展，这是一个更强调服务个性化的时代，对旅行社计调人员素质的要求也越来越高。旅行社计调人员能否跟得上时代的潮流，能否组合出更具个性化的旅游产品，日益成为旅行社之间竞争的着力点。

有人认为，计调人员成天坐在办公室里接打电话、收发传真，既轻松又惬意，根本不需要太多技能，这种看法其实是错误的。计调人员不仅要具备一定的专业知识和专业技能，还必须具备相应的职业意识、职业道德和职业态度，否则稍有不慎，就可能导致旅游团不能正常运行，造成接待质量下降。目前，高水平、高素质的计调人才实在难求，一方面是因为旅游从业人员门槛低，文化素质和经验不足；另一方面就是分工细化后，计调仅仅是熟练的流水线作业，而不关心其他业务工作，真正达到要求的人员很少。所以，一个管理严格、完善的旅行社，会对计调人员的素质提出以下要求：

1. 职业意识

（1）促销意识。旅行社从事的是旅游销售，因此从业人员必须具备促销意识。促销意识是以计调人员充分理解该业务在旅行社经营活动中的重要性为基础的。旅游销售实际上是一种服务承诺，旅游者购买的只是一种预约产品，旅行社能否实现销售承诺，旅游者对旅游消费是否满意，很大程度上取决于旅行社计调工作做得好坏。计调业务通过对外采购和协调，保证旅游活动顺利进行，是旅行社做好销售工作和业务决策的前提。一旦计调工作出现失误，势必造成旅游服务链的断裂，引起旅游投诉，不仅会使旅行社蒙受一定的经济损失，还会影响旅行社的声誉，影响今后的市场促销。因此，计调人员促销意识的重点，是树立质量意识和品牌意识，通过对每一个旅游团的优质服务，争取更好的市场口碑，以获得更多的客源。

（2）全局意识。旅行社是一个有机整体，由众多的部门组成，各部门担负着不同的职能，但每个部门都围绕着旅游服务展开工作，所以各部门工作既有分工，又有密切的联系。计调部门是旅行社的核心部门，计调人员具有全局意识尤其重要。只有时刻以旅行社的工作大局为重，加强与各部门的联系与合作，才能实现部门效益乃至旅行社效益的最大化和最优化。

（3）服务意识。计调工作是旅行社服务工作的重要组成部分。计调人员应具备良好的服务意识，主动为旅游者提供优质旅游产品，为相关部门提供业务信息。计调部门的业务范围依旅行社的规模和发展不同而不尽相同。一般来说，对外采购包括变更后的采购，以及对内提供信息，都是旅行社计调业务的基本内容。计调人员要按照旅游计划，代表旅行社与交通运输部门、饭店、餐馆和其他旅行社及其相关部门签订协议，预订各种服务，满足旅游者在食、住、行、游、购、娱等方面的需求，并随着计划的变更，取消或重订服务。计调人员要及时把旅游供应商及相关部门的服务信息提供给销售部门，以便其组合旅游产品；同时要做好信息统计工作，向决策部门提供有关旅游需求和供应信息的分析报告。要做好这些工作，计调人员必须具备服务意识。

（4）质量意识。质量意识是指旅行社计调人员在物质上、精神上满足旅游者需要的主观自觉性。强烈的质量意识是确保旅行社员工提供高质量旅游服务的先决条件。在服务过程中，计调人员要提高对服务质量的重视程度和自觉程度，树立"服务就是客源，质量就是效益"的观念，增强保证质量的责任感、使命感和紧迫感。例如，在工作时，计调人员一定要细致地阅读对方发来的接待计划，重点是人数、用房数，有否自然单间，小孩是否占床，抵达大交通的准确时间等，核查中发现问题及时通知对方，迅速进行更改。此外，还要看看人员中有否少数民族或宗教信徒，饮食上有无特殊要求，以便提前通知餐厅。如人数有增减，要及时进行车辆调换。

（5）协作意识。计调部在日常工作中经常要与有关部门直接发生各种联系，搞好与各方面的关系是计调业务工作开展的基本前提。在旅行社内部，计调人员需与接待部、票务部、销售部、财务部等部门发生频繁的业务往来，必须注意工作的协调；在旅行社外部，计调人员还要与交通部门（航空、铁路、轮船、汽车）、饭店、旅游景点、商场等单位合作。因此，计调人员必须树立较强的协作意识，要善于与各部门各单位合作，善于与他人沟通和交往，以便赢得各方的配合和支持。

（6）效率意识。尽管计调业务繁杂缭乱，但计调人员头脑必须时刻清醒，对工作逐项落实，效率意识尤为重要。计调人员在工作时要做到耐心周到，还要特别注意两个字。第一个字是"快"，答复对方问题不可超过 24 小时，能解决的马上解决，解决问题的速度往往代表旅行社的作业水平，一定要争分夺秒，快速行动。第二个字是"准"，即准确无误，一板一眼，说到做到，切忌变化无常。回答对方的询问，要用肯定词语，不能模棱两可，似是而非。旅行社业务具有较强的时效性，计调人员安排团队接待计划时，应周密部署，及时完成各项业务预订，及时处理团队运行中的改订业务。旅游业务繁忙之时，计调人员往往同时面对多个旅游团接待任务，因此工作中必须规范操作、环环相扣、注重效率，才能避免差错，使每一个旅游团都能享受到保质保量的服务。

2. 职业道德

职业道德是指从事社会职业的人们，在履行其职责的过程中理应遵循的道德规范和行为准则。作为从事旅行社计调业务的工作人员，在自己的职业生涯中，应该遵循的道德准则和行为规范主要体现在如下方面：

（1）爱国爱企，忠于职守。计调人员作为旅行社重要岗位的工作人员，应对祖国灿烂的文化和巨大的成就感到自豪和骄傲。在工作中，当自身利益与集体利益和国家利益发生冲突时，要毫不犹豫地将国家利益和集体利益置于个人利益之上，坚决制止有损集体利益和国家利益的事情发生。计调人员在设计旅游行程时，要坚决摒弃糟粕，选用体现中国先进文化的内容。计调人员要忠于自己的企业和自己的岗位。要接受企业的和本部门的目标，接受企业的价值观和文化，以企业和自己的岗位为荣，自觉维护企业的利益和名誉，不做有损企业形象的事情。

（2）热情友好，诚实守信。计调人员在与旅游者以及其他合作者的沟通交流中，保持热情和友好的态度是非常重要的。计调人员要学会设身处地地为他人着想，体会他人感受，始终保持冷静和热情友好的服务态度，向他人传递本旅行社的良好形象。诚实守信是诚实和守信的综合体，诚实是忠于事物的本来面貌，不掩饰不说谎，不为维护自己的利益欺骗他人。守信是讲信誉，信守承诺，忠实地履行自己应当承担的义务。

（3）团结协作，顾全大局。由于计调工作的特殊性，一次简单的旅游活动，需要整合多种旅游资源，牵涉众多旅游供应商和相关利益的人群，如何将相互独立但又相互牵制的工作组织协调起来，形成一个共同的目标，为旅游者提供满意的服务，计调人员从中起到穿线搭桥的作用。在组织协调时，计调人员必须有大局观念，从整体出发，团结相关工作人员，相互分工协作，旅游活动才能取得成功。团结协作、顾全大局是计调业务的内在要求。可以说计调人员是团队的命脉，对外根据旅游者旅游过程中的需求，代表旅行社同旅游供应商建立广泛的协作网络，签订有关协议，并协同处理有关计划变更和突发事件；对内做好联络和统计工作，为旅行社业务决策和计划管理提供信息服务。

（4）善于学习，不断进取。在这个知识经济的时代，学习已经突破了学校的限制。计调工作事情琐碎，再好的大学和学习再长的时间，也不可能把一个计调人员将来要做的事情预计到。作为学生，在学校时得到的是关于计调知识的系统化培训，走出校门之后，在工作中面临的每一件具体的事情，都需要计调人员自己去观察和思考，这样才能掌握处理业务的技巧，找到最佳的解决问题的方法。善于学习、不断进取，计调人员才能成为旅行社的核心人才。

（5）遵纪守法，廉洁无私。遵纪守法、廉洁无私是计调人员做好工作的底线。随着旅行社业的高速发展，与旅游有关的法律也会进一步完善，整个行业的发展依靠法律才能健康有序。旅行社行业法规以及其他的相关法律为旅行社业发展设立了一道高压线，在圈内进行业务活动就是安全的、自由的，会受到法律的保护；越过这道高压线，其行为就会受到法律的惩罚。计调人员必须具有强烈的纪律和法制观念，才能平衡各方利益，形成一个富有竞争力和执行力的团队。计调人员要对国家、企业负责，对旅游者负责。作为旅行社的计调人员，许多重要的涉及经济利益的工作环节都是自己单独操作，如果计调人员不具备廉洁无私的品质，就可能在贪欲的驱使下违反纪律甚至法律。所以，计调人员一定要尽心尽力，对待与旅游者相关的各种问题要做到认真负责，克己奉公，最大限度地让顾客满意，让企业获益。

（6）爱岗敬业，乐于奉献。爱岗敬业、乐于奉献是计调人员做好工作的基础。敬业精神是人们基于对一件事情、一种职业的热爱而产生的全身心投入的精神，是社会对人们工作态度的一种道德要求。它的核心是无私奉献意识。计调工作琐碎、繁杂，注重细节，而且要求反应快速，如果没有奉献精神，是不可能做好的。

3. 职业知识

计调人员是旅游队伍的重要组成部分，但由于从事幕后工作，多年来没有引起社会的足够重视。胜任计调工作，成为一名合格的计调人员，必须具备丰富而渊博的知识和熟练的操作技能，这是从事计调工作的前提和基础。

（1）历史文化知识。计调人员需要掌握的历史文化知识是环绕旅游活动有机形成的历史文明的总和，以食、住、行、游、购、娱六大要素为载体展现文化价值，肩负着为旅游者服务，提高旅游品位和格调的任务。旅游者通过旅游活动经历，能从不同角度得到文化的熏陶和启迪。作为一名复合型计调人才，掌握历史文化知识是为旅游产品的设计和开发、旅游业务咨询和销售、旅游活动的组织和协调等工作服务的。计调人员对于历史文化的掌握应与旅游者的消费心理和消费行为相结合，要从分散的旅游活动中总结升华，组织成能够打动人心的魅力文化语言，向旅游者传递本旅游产品的核心利益，引起旅游者的购买欲望，进而实现购买行为。另外，计调人员掌握历史文化知识可以更好地为旅游者提供服务。文化是旅游的最大动机，旅游者参加旅游活动是为获得审美情趣和精神享受。旅游者进行购买咨询时，咨询的重点在于哪些风景值得看，哪些名胜古迹、文物值得旅游，名胜大川的旅游价值如何。计调人员如果不懂得旅游文化知识，对旅游产品就会"知其然不知其所以然"，不能全面掌握旅行社产品的知识，更不能用产品打动旅游者，从而影响旅游产品的销售。

（2）旅游地理学知识。旅游是一种以各种不同方式分配空间和利用时间的社会现象。人们在游览过程中离不开旅游地理学知识。掌握旅游地理学知识是制订旅游活动计划和开发设计旅游线路的前提。计调人员只有掌握旅游地理学知识，才能深刻理解旅游的起因及其地理背景，了解旅游者的地域分布和移动规律，掌握旅游资源的成因、分类、评价、保护和开发利用，以及旅游区（点）布局和建设规划等知识，这些知识有助于计调人员做好旅游线路设计和制订旅游活动计划；旅游地理学知识也是计调人员为旅游者提供满意咨询服务的必要条件。计调人员需要掌握自身服务区域内的不同等级旅游区、旅游服务各组成要素的基本特征及主要特色，熟悉重要景区及其旅游线路，了解民俗文化、风味特产、工艺美术等，如此，在提供咨询服务时，计调人员才能为旅游者答疑解惑，提出专业的旅游参考建议，成为旅游者信任的旅游顾问。

（3）市场学知识。计调人员要能分析出市场变化对旅行社经营和旅游者需求带来的影响，以及由这些影响产生的旅游需求方面的变化，洞察旅游者的知识及其学习过程，并在顾客与旅行社接触的每个节点中发挥作用。如在产品策划、制订旅游活动计划、产品定位、包装促销、宣传推广中学习旅游者搜寻信息和消化信息的特点，这样才能推出有针对性的活动。而且，计调人员不仅要向旅游者学习，还要会"教育"旅游者。旅游者对旅游产品来讲属于外行，难免存在某些偏见和误区，需要计调人员给予指正和提出专业的建议。显然，离开市场学知识的学习，计调人员会对纷繁复杂的市场现象摸不着头脑，这些变化就是杂乱无章、毫无规律的。如果连市场规律都把握不准，"以顾客为中心""顾客至上"就成了漂亮的空话。

（4）礼仪服务知识。许多人对于礼仪的理解是"令人不胜其烦的细枝末节"。然而，在旅行社计调人员的日常工作中，正是这些琐碎的"小节"给别人留下了深刻的印象。因此，计调人员掌握必要的礼仪服务知识，对于建立旅行社良好的形象、增强旅行社的竞争力有着重要的意义。要知情知礼，培养自己高尚的情操。只有懂得尊重他人，才能与人为善，为旅游者和合作者着想，在工作中细致入微，富有耐心和同情心，助人为乐；避免寸利必争，甚至飞扬跋扈。同样，尊重他人才能赢得他人的尊重，孟子也说过："敬人者，人恒敬之；爱人者，人恒爱之。"只有这样，计调人员的工作才能得到各方面的支持和配合，进而提高整个旅行社的旅游服务质量。

（5）法律法规知识。法律法规知识是计调人员必备的知识之一。掌握相应的法律法规知识是计调人员顺利完成本职工作、保障旅行社自身权益的法宝。计调人员需要掌握的法律知识包括：旅游法、旅行社条例、合同法、旅游者权益保护法、法律基础知识等。计调人员在业务操作过程中，必须以国家的方针、政策和法规为指导，在旅游合同签订和履行过程中才能有效地规避风险，保障旅行社的合法权益；在受理旅游者投诉时才能有理、有据、有节、有力地处理相关问题；在安排旅游行程时才能参照旅行社的权利和义务，避免在工作中出现失误和偏差。

（6）导游相关知识。在日常工作中，旅行社计调人员与导游员的业务联系十分密切，掌握导游相关知识，是计调人员做好工作的基础条件之一。与计调人员工作职责密切相关的导游知识包括：全陪、地陪和领队的职责，个体导游员的基本素质，导游员的义务和权利，导游服务的内容和要求，导游员针对旅游者个别要求的处理以及对突发事件的预防和处理等。计调人员只有掌握导游相关知识，才能根据旅游团的性质和特点安排合适的导游员，即使计调人员无权派遣导游员，也可以对接待部派遣哪个导游提出合理化建议，这样有利于保证产品质量和提高旅游者的满意度。在进行旅游线路产品设计时，计调人员应该多与导游员沟通，尽量保证各个环节设计的合理性；旅游活动开始后，导游员代表旅行社对旅游活动全权负责，计调人员虽然可以通过多种途径了解旅游活动情况，但是最重要的途径是与导游员的沟通，以便及时有效获得准确信息，随时处理各种问题，保证旅游活动的顺利进行。

4. 职业能力

（1）业务操作能力。计调人员必须对团队的旅行目的地情况、接待单位的实力及票务运作等都胸有成竹。一般来说，旅行社计调人员多是做过几年导游工作，有着较丰富的带团实践经验，对计调部业务轻车熟路；业务熟练，报价准确、快速；承诺的事必须在期限时间内有答复；快事快办，分清轻重缓急，当日事当日清。

（2）交际能力。旅游是与人打交道的行业，如果没有良好的沟通能力，不通晓一般的礼仪常识是不行的。旅行社计调人员大部分时间会与旅游者和旅游相关部门打交道，善于人际协调和沟通是做好计调工作的基本条件。在与有关部门、单位的协作中，应善于配合，谦虚谨慎，广交朋友，同时注意维护本旅行社的声誉。

（3）计算机应用能力。网络化操作时代，计调人员必须具备良好的计算机应用能力，要能熟练打字和运用各种办公软件，微信、MSN 和 QQ 作为办公辅助软件要合理应用于工作，可为旅行社节约电话费用，有利于控制操作成本。

（4）写作能力。国内外热点旅游城市的分布、自然景观的地域特性、人文景观的历史渊源以及相应的地理、历史常识，都是计调人员必须掌握的业务知识。设计行程时，恰如其分的修饰辞藻比干瘪无趣的行程单更加生动，更能激发旅游者在看到行程时的参团欲望；合作单位往来间的公文交流等同样要求计调人员具备一定的文学修养和文案写作能力。

5. 职业礼仪

（1）常见的社交礼节。社交礼节很多，这里只介绍计调工作常用的两个。

①介绍的礼仪要求。在交际礼仪中，介绍是一个非常重要的环节，跟任何人打交道，如果把介绍这个程序去掉，恐怕都会非常唐突。我们可以说，人际交往始自介绍。人和人打交道，介绍是一座必经的桥梁。但是介绍的时机、介绍的主角、表达的方式都需要注意。比如，不能在别人请客的隆重场合，主人还没站起来说什么时，你就先主动站出来并大声作自我介绍，这会显得很突兀、很不合时宜。

②接打电话礼仪要求。这个应该说是旅游计调在工作中用得最多的礼仪，所以需要好好掌握其中的要点：第一，听清楚客人表达的准确意思，如果没听清楚，要委婉地问一遍。第二，语速恰当、流畅，语意简单明了、清晰。第三，不要大声喊着回答问题，这容易让客户误解你的态度。如果当时所处的空间声音嘈杂，则应该向客户致歉，并征求客户的意见，重新更换通话地点或留下号码稍后再拨。第四，努力加以修正和克服习惯性口头禅。第五，不要同时接听两个电话，这样很容易造成声音互相交错、两边都无法听清楚的情况。再就是如果你跟这边说"稍等，我接个电话"，那边却拿起电话没法马上放下，这边等待的人是继续等也不是，放下也不是，会因此很不高兴。第六，接电话的同时要用最短的时间暗中回顾并整理出谈话重点，并重复给客户听，让他知道你已经完全掌握了客户的要求。第七，工作期间不要用办公室电话聊私事、唠家常。

（2）旅游计调礼仪的主要内容。

①尊重他人。每个人都有被尊重的需求，所以我们常说"尊重他人等于尊重自己"。

②学会沟通。良好的沟通能力是人们可持续发展的动力。沟通的方式包括语言沟通（口头和书面语言）和非语言沟通（语气、肢体动作等），最有效的沟通是语言沟通和非语言沟通的结合。

（3）旅游计调工作的个人仪容禁忌。注意口腔卫生，保持口气清新，少吃有异味的食物，如大蒜、蒜苗、生葱、韭菜等；在与客户当面交流前，细心消除牙齿间的残留物；去除不良体味，如汗臭、腋臭、脚臭等；注重手部卫生，不留长指甲，以免藏污纳垢，女性不要让花花绿绿的指甲油残缺不全、惨不忍睹；杜绝不雅观的小动作，如当众搔痒、掏耳朵、剔牙齿、咳嗽或者打喷嚏；拒绝穿质地较差、样式陈旧甚至破损的衣服，旅游是时尚、阳光、令人放松的行业，客户应从计调人员身上看到这些影子；女性不要眼妆很重，粉打得太厚；计调人员工作时最好不要使用气味浓烈的香水，以免引起客人的反感等。

四、计调工作

（一）计调工作的重要性

（1）计调部是旅游行程中的命脉。旅行社计调部作为旅游供需之间的媒介，既可以对旅游者的流量加以调节，如与外联部、组团旅行社协商调整或变更旅游线路等，又可以对旅游供给部门所提供的产品与服务进行导向，如根据客流量的增减，与供给部门协商或增加航班、预订包机等，还可以与供给部门协调调整价格等，这些都是计调部的重要工作。在诸多的环节中，计调工作是承上启下、联系左右、协调四方的中枢环节。计调工作在旅行社接待中的中枢位置如图1-4所示。

（2）计调工作质量的好坏直接影响旅行社的经济效益和品牌形象。成本控制与质量控制是计调工作的两大核心内容。成本控制，是指计调部直接与接待旅行社及接待旅游团的饭店、餐馆、旅游车队等接待单位洽谈接待费用的过程。计调部在对外进行相应采购时，应尽量争取获得最优惠的价格，以降低旅游产品总的成本。质量控制，就是在细心周到地安排团队行程计划基础上，还要对所接待旅游团的整个行程进行监控。因为导游在外带团，与旅行社唯一的联系就是计调部，而旅行社也恰恰是通过计调部对旅游团的活动情况进行跟踪、了解，对导游员的服务进行监督，包括代表旅行社对旅游者在旅游过程中的突发事件进行灵活应变。旅行社实践的是承诺销售，旅游者购买的是预约产品。旅行社能否兑现销售时承诺的数量和质量，旅游者对消费是否满意，很大程度上取决于旅行社计调的作业质量。计调的对外采购和协调业务是保证旅游活动顺利进行的前提条件，而计调对内及时传递有关信息又是旅行社做好销售工作和业务决策的保障，因此，计调业务是旅行社经营活动的重要环节，计调工作质量的好坏直接影响旅行社的经济效益和品牌形象。

（3）计调人员是旅游活动的幕后操纵者。许多旅行社经营管理人员有一种误解，认为在有关旅行社的服务争论投诉中，很大部分是由于导游的素质及服务态度造成的。但据有关资料分析，旅行社发生的服务质量问题，其根源可追溯到计调人员的操作程序上。

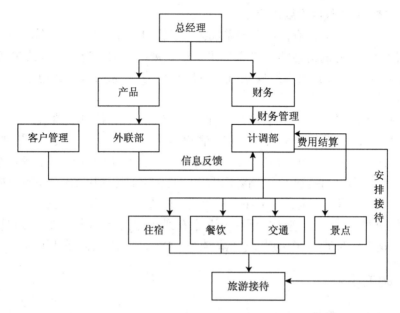

图1-4　计调工作中枢位置

例如，丹东抗美援朝纪念馆周一是闭馆的，如果计调人员在安排行程时，想当然地认为"抗馆"周一永远是开门迎客的，为了省事而不去确认，后果可想而知。团队运作顺利，说明计调人员尽心尽职；团队出现投诉及质量问题，说明计调人员在选择接待旅行社及安排导游人选上出现失误，不够严谨；处理投诉及善后事宜，如何降低损失、维护旅行社声誉及利益取决于计调人员的应变能力、经验及前瞻性；重大团队谈判成功与否，取决于计调人员业务知识及谈判能力。一个尽心尽责的计调人员可以协助旅行社的前台、外联收客，让经理放心；一个粗心随意的计调人员会让所有员工提心吊胆。所以计调人员可以说是旅游活动的幕后操纵者。

（二）计调工作的内容

计调工作的基本内容主要包括信息资料、计划统计、对外联络、订票业务、订房业务、内勤业务和调度变更等方面。

（1）信息资料。负责收集各种资料和市场信息，为有关部门决策提供参考。具体包括收集、整理来自旅游业的各种信息；将汇编的信息资料下发给有关部门，并编号存档；向旅行社的决策层提供所需信息及资料分析报告；收集旅游团的反馈信息并制作列表。

（2）计划统计。编制各种业务计划，统计旅行社的各种资料，并做好档案管理工作。具体包括承接并向有关部门及人员分发旅游团的接待计划；承接并落实各地旅行社发来的接待计划；编写本旅行社年度业务计划；统计本旅行社旅游业务月、季报表；编写接待人数月、季报告；向旅行社的决策部门、财务部门提供旅游团流量、住房、交通等方面的业务统计及分析报告。

（3）对外联络。负责对外联络和信息反馈事宜。具体包括选择和联络本部门的合作者，对外报价或接受报价；传播并反馈各种信息，向上级主管提供各种资料，协调与相关部门的关系；做好昼夜值班记录和电话记录，将相关信息准确无误地进行转达与传递；对本社的接待计划应做到了如指掌，并在登记表上及时标出接待团的编号、人数、服务等级、订房情况、抵离日期、下一站城市、航班或车次时间等；掌握旅游团取消、更改情况，并及时通知有关人员做好接待调整工作。

（4）订票业务。负责旅游团各种交通票据的订购，具体包括负责落实旅游团的飞机、车、船等交通票据，并及时将落实情况转告有关业务部门或人员；在接到各业务部门有关旅游团人数、航班或车次的变更通知时，及时与有关合作单位联系，处理好更改、取消事宜；负责计划外旅游团的飞机、车、船票的代订业务，并根据委托代办的要求办理订座和再确认事项；根据组团旅行社的要求或旅游团的人数规模，负责办理申请包机／专列手续，代表计调部签订包机／专列协议书，并将情况转告有关业务部门，以便落实具体衔接工作；负责本社陪同导游和外地组团旅行社全陪的飞机票、车票、船票的代订工作；负责与合作单位做好旅游团票务方面的财务结算工作。

（5）订房业务。负责旅游团的各种订房业务，具体包括负责与饭店洽谈房价，签订订房协议书；根据接待计划中的客房预订要求，为旅游团及陪同预订住房；负责住房预订的变更、取消事宜；负责包房使用、销售、调剂工作；负责旅游团（者）住房流量表的制作及其他单项统计；协同财务部门做好旅游团用房的财务核算工作等。

（6）内勤业务。负责部门内各种内勤工作，具体包括与餐馆、车队洽谈并草拟协议书；根据接待计划，为旅游团订餐、订车，做好有关变更或取消工作；负责安排宴请、自助餐会、大型招待会；为旅游团（者）预订文艺节目票，负责落实专场演出等；负责安排特殊要求的参观、访问、拜会。

（三）计调部各岗位设计与工作目标分解

计调部各岗位与工作目标，见表1—1。

表1—1　计调部各岗位与工作目标

具体岗位	专项工作目标
计调部经理	负责对外接待、安排旅游团队、发报计划、公关协调、组织接团等广泛搜集和了解不断变化的旅游市场信息及同行相关动态，对其他旅行社推出的常规、特色旅游线路要认真分析，为更好地策划本社的旅游产品做出方案；不断地修改、制定和完善本社各条旅游线路及其行程安排，不断推陈出新，制定出符合当前旅游市场需求、能满足旅游者要求的旅游线路及适当的旅游价位；在操作、协调、安排团队省内外旅游时，对有关交通、导游服务及食、住、娱、购等活动，要尽可能考虑周到；在每个旅游团行程结束后，有关导游、司机报账时，要严格把关，并与财务部门仔细核对每一项账目，确保准确无误；在每个带团导游出发前，应把带团的详细资料、注意事项，以及在此行程中可能出现的问题和解决建议做出全方位的考虑并告知导游人员，尽可能做到防患未然；为提高本社的工作效率，计调部经理应监督计调人员，在工作中要及时按日、月、季掌握各线路的成本及报价，同时要及时通知各部门，以确保对外报价的统一性、可靠性、可行性和准确性；要时刻与各业务部门加强联系，及时了解、掌握、分析反馈的信息，然后进行消化、吸收、落实；每个团队操作，必须要求做到售前、售中、售后完美服务，即出团前的亲情服务、团队旅游过程中的质量跟踪监控、团队行程结束后的回访及建立档案。

具体岗位	专项工作目标
组团型计调	时常调阅本社团队的卷宗，了解各条线路和各接待旅行社的信息反馈，编写各条线路接待旅行社的反馈总结，同时了解客户情况，对于自己所在的区域市场建立熟悉的人际关系，多渠道了解客户信息。定期或每天查阅传真和信息，在报价前再次落实核准价格、行程、标准、所含内容在签订合同前提前通知接待旅行社做好准备。规范确认文件，在确认件中必须要同时具有到达时间、行程安排、入住饭店的标准、景点情况、餐标、车辆标准、导游要求，可能产生的自费情况。建议必须细到车型、车龄、饭店名称，还有可变化情况和变化后程序和责任情况；熟悉导游情况，了解每个导游的年龄、外形、学历、反馈、性格、特点、责任心、平常心，并了解社内导游的安排情况，以便作出针对客户的最合适的导游安排。
地接型计调	应熟悉所有接待区和周边可利用地区的宾馆、车辆、导游、景区、景点情况。车辆细致到车龄、车型、车况、驾驶员特点、车属公司的情况、经营者的特点、经营状况的好坏、事故的处理能力，以及各种行程和季节不同的车费、每条线路车辆所需要的油费、过路费以及该车所需要按月交纳的管理费的基本情况，也包括每趟次可能产生自费购物收入的下限和平均情况；宾馆细致到位置、星级、硬件标准、软件管理水平、同级的竞争情况、经营情况、经营者的特点以及经营状况、沟通和讨价还价的能力、各宾馆各季节的价格及变化情况；了解地接范围内所有的景区，包括景点的门票、折扣情况、自费景点、索道的价格、资源品位以及特点，尤其要关注不同客源地旅游者对该景点的评价；熟悉本社导游的管理方法，熟悉本社每一个导游的年龄、外形、学历、服务质量反馈、性格、作业特点、责任心、平常心、金钱观念、突发事故的处理能力、适合的团型，并了解社内导游的安排情况，以便针对客户作出最合适的导游安排；熟悉本社的竞争环境，尽可能多地了解竞争对手的特点、报价、操作方式、优势和劣势；熟悉和本社相关线路或者是连动线路的特点、下站或上站的操作情况、合作社特点、竞争情况、通常报价内容、浮动状况；熟悉所有客源情况以及客源地的旅行社状况、特点、竞争情况以及信用程度。
专线型计调	熟悉自己所负责专线的航班、航空公司，以及航空公司的营销及相关工作人员；熟悉自己所负责线路的宾馆、车辆、景区情况和对应接待导游的情况，对于这些情况的了解应该不逊色于一个接待型的计调；了解自己所在的市场情况，也就是客户来源，因为通常面对的是组团旅行社，所以专线型计调要了解每个区域市场的组团情况，组团旅行社的能力、信誉、负责人、计调人员的实力和要求，资金信用情况，以及自己长期合作团队的数量、质量；了解自己的竞争状况，与自己雷同和类似的竞争对手计调人员的优势、实力、营销优势、诚信状况以及沟通和合作能力，尽可能和他们保持一种既竞争又友好的状态；了解自己的财务状况，包括垫支和资金回笼，掌握这些情况便于工作的开展和进度；了解自己专线的时间和季节变化情况下的团队量，能够合适地安排时间进行系统销售，通过走访了解自己的客户需要和市场潜力，储备客户资料，包括一些负责人的性格、爱好、实力、特点等；熟悉旅游合同和细节、注意事项以及责任条款有可能产生的后果与经常产生争议的结；熟悉旅游意外险、责任险、航空保险的责任条款以及相关手续和办理方法、理赔的方式和程序；熟悉各种证件、护照、通行证等的办理程序和方式，以及需要证件的各线路、口岸的不同情况。

（四）计调业务操作方法

　　旅行社计调人员要对每个旅游团的接待计划逐项进行具体落实，目前，常用的操作方法有流水操作法和专人负责法。

　　（1）流水操作法。就是有几个业务员，每人负责一项工作。其流程线是：接待计划

（A业务员负责）—订车、船票（B业务员负责）—订房（C业务员负责）—市内交通（D业务员负责）—安排游览活动（E业务员负责）—订文艺节目（F业务员负责）—向接待部下达接团通知（G业务员负责）……这种操作方法，常被接待量较大的旅行社所采用，一环套一环，不太容易出现差错，即使在某个环节上发生差错，也容易发现。

（2）专人负责法。就是将与本社有关系的旅行社（客户）分成几块，让每个业务员负责一块，从客户发来接待计划起，一直到向本社计调部发来传真确认件为止，均由一个业务员负责到底。这也是一种行之有效的操作方法，尤其业务量不太大的小旅行社比较适用。

（五）计调工作程序

计调工作基本程序有如下步骤：接收计划、发送计划、确认计划、更改计划、归档计划和统计计划，见表1-2。

表1-2 计调工作程序

工作程序	具体要求
接收计划	计调人员在收到从各组团旅行社发来的旅游计划及预报后，要进行及时处理，分门别类，编号登记，按照轻重缓急的顺序及时送报相关领导、财务，以及计划中涉及的所有合作部门和机构。分类和编号方法视具体的旅行社和部门而定。
发送计划	计调人员应将分类整理好的计划提前发送包括民航、铁路、车船公司、饭店及本社订房中心、订票中心、导游部等有关单位和部门，以便这些单位和部门能及时了解接待计划，做好充分的接待准备工作。
确认计划	为了确保接待计划的顺利实施，杜绝各种责任事故的发生，计调人员要对所发送的计划进行逐一确认，切实落实各接待部门已经明确的接待任务。确认计划是计调业务流程中至关重要的环节，琐碎繁杂、耗时耗力，但却不容忽视。这要求计调人员认真负责、耐心谨慎。确认计划要求坚持书面确认的原则，无论是通过传真还是电子邮件形式，一定都要有对方的书面确认。
更改计划	一个旅游团，说不定哪个环节就会有变化，计调人员要马上将此变化无一遗漏地通知到各相关部门和单位（如人数，不管是减少还是增加，都会影响到用车、用房、用餐和门票等）。所有变更都要按时间顺序与原计划存放在一起，以备随时查看，避免出错。变更通知是对原计划的修正，若联系不当，则会导致混乱，造成失误，从而影响接待质量。因此，在电子邮件广泛应用的今天，变更仍需要书面确认，计调人员要以书面形式发送到各相关部门和单位。
归档计划	计调人员每天往来的传真、电子邮件、记录等非常多。团队旅游虽然结束了，但结算、统计等后续工作还有待完成。这就要求计调人员务必要将计划作为原始资料归档收存，建立团队业务档案库，妥善保存起来，以便查阅。团队计划档案的留存时间一般为2~3年。
统计计划	为了更好地发展业务，扩大市场份额，适应市场变化，在日益激烈的市场竞争中立于不败之地，旅行社必须对各项经营活动进行认真全面的统计，并科学有效地分析，从而及时调整经营方针与经营策略。因此，影响旅行社经营情况的一切数量关系，主要包括客源统计和合作单位情况统计，均是计调人员统计工作的内容。

（六）计调工作中可能存在的问题

计调人员在工作中常常会出现以下的问题：

（1）与销售人员的沟通有误。没有与销售人员充分沟通，没有充分了解旅游者的要求，诸如团队中旅游者的组成、旅游者对行程首站及末站的要求等。在操作中过分地看重计调人员个人主观，甚至是想当然的东西，总以为这样安排，旅游者通常都不会有意见。结果行程是安排出来了，却不符合旅游者的要求。

（2）计调人员与接待人员沟通不足。没有完整、清晰、准确地向接待部门阐明接待的细则和要求，尤其在常规线路的操作上面，以为已驾轻就熟而导致麻痹大意，认为不用说就明白了，结果自以为是的主观臆断往往导致意想不到的问题发生。

（3）对行程松紧安排不当。把行程安排得时紧时松，弄得旅游者时而疲于赶路以到达某预订的饭店入住，时而又百无聊赖地在某餐厅待上很长一段时间以便在该指定餐厅用餐。松紧不当的活动安排，容易导致旅游者的体力分配不均，产生不安情绪，进而对旅行社及导游人员的安排产生不信任感。

（4）对合作社情况了解不明。不管是组团旅行社还是接待旅行社，对于合作单位的资质、情况、实力、信誉都应有足够的了解，双方基于平等互利、诚信相待的立场才能确保合作顺利。作为计调人员，在选择合作社的时候要权衡轻重，不能草率轻易，最好有合作协议。例如，上海某社有几名散客前往北京旅游，某旅行社计调人员将这些旅游者交由北京某旅行社接待，因为是散客，所以提前将团款汇给了对方旅行社。旅游者抵达当日无人接待安排，计调人员再与此社联系时电话均无人接听。原来这只是北京某社的一个挂靠部门，在席卷了大量团款后已经逃逸，当时与该社确认时加盖的也只是部门章，这在法律上是没有效力的。

（5）对交通工具的监控不力。很多计调人员在对交通工具的调用上不够规范和严谨，比如用车方面，向用车单位下订单时，仅就用车时间、接车地点、座位数进行落实，而忽略了对车容车貌、车况的了解；在航空票务方面仅对票务中心报了计划，而忽略对机型、航空公司、航班时间等进行跟踪。

（6）对住宿饭店了解不足。预订饭店方面，仅强调了饭店的星级选择，而忽略了对饭店的位置、服务设施、周边环境、使用年限等做进一步的了解，或者过于依赖接待旅行社的安排，缺乏跟进，以致在团队的实际运作中有可能产生不良效果。

（7）对操作流程审核不严谨。旅行社工作环节中存在对操作流程审核不严谨这样一个普遍现象。由于计调工作繁忙，特别是在旅游旺季的时候，很多团队交叉在一起，往往会忽略一些本该注意和重视的环节，从而造成失误。俗话说"好记性不如烂笔头"，如果计调人员当时忙于处理其他事情，则应该对委托的事宜除了口头说明情况，还要留存书面材料，将所要预订的车次、日期、时间及备注写明，给出一个书面依据和参考，委托执行者依章操作，这样就可以避免发生事故。

（8）对财务基本制度了解匮乏。计调人员在操作时经常要和钱款打交道，可能会出现一些问题。比如在接洽大型团队上门收取团款的时候没有验钞机，则要具备识别假币的能力；团队操作所有用车、用房、用餐产生的钱款支出都要有发票，以备向财务报账；

组团旅行社跟接待旅行社合作支付团款后要向接待旅行社追讨发票等。

（9）对突发事故的估计不足。无论是旅游者，还是旅行社或导游人员，都不希望在旅游过程中发生任何事故。因为事故一旦发生，不仅会给旅游者带来烦恼，甚至是灾难，而且还会给旅行社造成损失，甚至影响国家或地区旅游业的声誉。为了保证提高旅游服务的质量，不出或少出事故，计调人员应认真做好事故的预防工作。但是，在实际接待过程中，往往由于计调人员对突发事件估计不足、工作责任心不强等因素，导致旅游过程中问题与事故的发生，或发生事故后，由于计调人员的应变能力差，加大了旅游者的损失。一旦事故发生，首先要做最坏的打算和迅速想出应急对策，这是一个优秀的计调人员应该具备的素质。

综上所述，很多问题其实在计调工作中已经产生。可见，计调工作的作用在旅行社运作中是举足轻重的。提高计调人员的职业意识、规范操作流程、规避团队操作中可能出现的问题及风险，是团队运作是否顺利的成功保证。

 **实训项目**

项目名称	旅行社计调工作调研
实训目的	通过实训，让学生了解旅行社计调人员的构成情况；掌握旅行社计调部的主要业务；了解旅行社计调部的设置情况；掌握计调岗位工作职责。
实训地点	本地旅行社
实训步骤	1. 此调研工作以小组为单位进行，书面确定小组中每人在此项任务中的分工，为达到目标每人及小组应做的各项准备包括物质准备、形象准备、心理准备等； 2. 应做好调研的准备，包括相关信息、调查问卷、访谈提纲等； 3. 选择合适的旅行社，确定合适的调研时间，调研时应注意理解、沟通的技巧； 4. 按约定实践准时或提前到达旅行社，在不影响对方工作的情况下，有效率地完成每个人及小组的调研业务； 5. 向对方表示感谢，并表达可能要随时请教，进行补充调研的意思。
实训成果	本地旅行社计调工作调研报告

 **任务实践**

根据所学理论知识及旅行社计调工作调研实践，为该旅行社设计一份旅行社计调岗位职责说明书。

项目 二
旅游行程制定流程

[知识目标]

通过学习，学生要了解旅游产品的类型与形态，掌握计调行程制定的内容、流程、原则，掌握如何制定出受市场欢迎的旅游行程的基本方法。

[能力目标]

通过实训，学生完善自己所制定的旅游行程，并能通过旅行社的认可而进行市场运作。

 **引导案例**

差之毫厘，谬之千里

日前，北京某旅行社在报纸上打出的"十一"出境游广告中，将到印度的旅游行程冠名以"佛国风情游"，暴露出一个较明显的硬伤。

 案例分析

➤ 把印度确认为"佛国"，事实上散见于中国人的日常生活。《西游记》或佛教资料都告诉我们，印度是佛教原产地这样一个事实。但是，就此得出"佛国印度"的印象以及因此设计印度"佛国风情游"，则应了"差之毫厘、谬之千里"那句话了。

➤ 佛教源于印度作为基本事实不假，但佛教在印度既不是历史最悠久的宗教，也不是对印度社会影响最大的宗教。佛教在印度曾有的显赫和辉煌，早在1700年前就已经消失。今天的印度，只有大约2%的人信奉佛教。由此可见，把印度称为"佛国"，把印度旅游行程命名为"佛国风情游"是不恰当、不准确的。

➤ "佛国风情游"定名不准的另外原因，是由于这个旅游行程所涉及的范围也仅仅围绕着印度"金三角"地区的德里、阿格拉、斋浦尔三座城市，而实际上这几座城市的主要景点，如泰姬陵、红堡、风之宫、印度庙等，或是伊斯兰教或是印度教遗产，都与佛教没有关联，所设定的"佛国风情游"整个旅程几乎看不到佛教的遗存，岂不是会有产品虚假的嫌疑吗？

➤ 旅行社也许会把作出印度"佛国游"这样不准确产品的抱怨放在印度旅游局身上。因为印度旅游局在参加中国内地的各类旅游展会的时候，通常都会把一幅巨大的释迦牟尼画像挂在背景板上。但是，我们应该知道，这其实是印度旅游局分类市场的不同推广策略。以佛教圣人统领，希冀调动的是中国旅游者内心表象，求得与中国佛教从众的心理契合；而印度旅游局在欧美国家的推销当中，比如说在ITB的展台，主图通常就会换成泰姬陵建筑，不会再请出佛祖担纲。

➤ 旅行社在制定印度旅游行程之前，首先应该认真学习一下印度国家的知识，否则仅凭臆想来进行操作，往往容易闹出笑话。"佛国印度"虽然常见于中国人的口语，但显然并不是一种准确的说法。普通人出现这样的错误尚可原谅，专业经营出境旅游产品的旅行社出现这样的错误则极有可能失去旅游者的信任。

任务1　认识旅游行程

一、旅游行程的定义

旅游行程，是旅行社根据市场需求，结合旅游资源和接待服务的实际状况，为旅游者设计的，包括整个旅游过程中全部旅游项目和服务内容的旅行游览计划。旅游行程包括游览景点、参观项目、饭店、交通、餐饮、购物、娱乐活动等多种要素。

旅游行程内容的复杂性表现在两个方面：一是一个行程所含内容的复杂性，旅游者的食、住、行、游、娱、购等因素缺一不可，而且还包含旅游企业的导游服务、旅游企业代办的旅游保险等内容。二是同样的旅游内容，为了适应不同的旅游者，需要安排出多种行程，如旅游内容一样，因服务标准不一样而需要设计价格不一样的行程安排，既有全包价的行程，也有部分包价行程；既有团体旅游行程，也有散客旅游行程等。

二、旅游行程的分类

旅游行程的表现方式是多种多样的，划分角度不同，表现形式各异。

（一）按地理范围划分

按地理范围划分，可分为国际旅游行程、国家旅游行程、区内旅游行程等，这也可以说是按照对旅游者吸引范围的大小划分的。国际旅游行程，是为国际旅游活动设计的吸引国际旅游者的远程旅游行程；国家旅游行程，主要是为吸引国内旅游者而设计，用于国内旅游活动的中远程旅游行程；区内旅游行程，主要是为吸引区内旅游者，用于国内旅游活动的中短程旅游行程。

（二）按行程距离划分

按照旅游的距离，可划分为短程旅游行程、中程旅游行程、远程旅游行程。短程旅游行程的游览距离较短，活动范围较小，一般是在一个地区级旅游城市推出的市内1日游、2 日游等，以及旅游城市到周边城镇、远郊县区的旅游等。中程旅游行程的游览距离较远，活动范围一般在一个省级旅游区以内或跨省级旅游区的周边地区。远程旅游行程的游览距离长，旅游者活动范围大，一般是指跨省级旅游区范围以上，包括海外旅游、边境旅游和国内远距离旅游。

（三）按旅游目的划分

根据旅游者的旅游目的，旅游行程可分为观光旅游行程、探亲访友旅游行程、公务商务旅游行程、修学旅游行程、科考探险旅游行程等。

（1）观光游览旅游行程。旅游者对观光游览旅游行程的最基本要求是旅游产品中的旅游资源级别高，旅游地与旅游者常住地的差异较大，旅游费用比较经济等。

（2）探亲访友旅游行程。探亲访友旅游行程比较简单，一般是旅游者常住地到其亲友的所在地，旅游通常是一线两点的形式。对于这个旅游行程，旅游者通过旅行社计调人员来进行制定的较少，一般都是以自助旅游方式完成。

（3）休闲度假旅游行程。休闲度假旅游行程对旅游目的地的选择、对旅游资源的要求，没有像观光游览旅游那样高，旅游者对旅游费用的敏感程度也没有观光游览那么高，旅游目的地（旅游景点）也不要求有那么多。

（4）公务商务旅游行程。公务商务旅游者是一种特殊的旅游者，他们的旅游目的地一般由不得自己选择，外出旅游的时间也由不得自己做主，都是根据公务商务的需要来确定的。这种旅游者对价格并不敏感，他们追求的是行程的快捷、方便、舒适，以及办事的高效率等。公务商务旅游者一般需要旅行社提供的主要是票务、订房等服务。

（5）修学旅游行程。修学旅游行程的对象是特定的，一般都是在校学生，通常有老师带队。他们的旅游目的是旅游与修学并重，有的就是以修学为主，旅游只是附加或附属的部分。修学旅游行程制定时对于旅游目的地有特殊的要求，要能增加知识，有时修学旅游是学习内容的组成部分。选择修学旅游的旅游者对于费用比较敏感，对于食、住、行等要求不是太高。修学旅游推出的时间性较强，一般以假期为多，如寒暑假、"黄金周"等。

（6）科考探险旅游行程。科学考察和探险旅游的专业性较强，一般以自助旅游为主。对于这样的旅游行程，旅行社推出的难度较大。

（7）混合型旅游行程。不少旅行社根据大部分旅游者出游目的多样化的特征，设计和开发出混合型的旅游行程，例如，旅行社开发的含有休闲内容的专项旅游行程、含有观光旅游项目的探亲旅游行程等。

（四）按旅游活动的天数划分

从时间上来说，旅游行程有 1 日游、2 日游、4 日游……多日游等。采用这种方式划分，在我国的国内游中是比较普遍的。其优点是旅游者一眼便可看出所需旅游时间的长短；对于旅行社来说，可根据时间长短来安排旅游行程内容，并且比较容易确定价格。从我国旅行社现行的操作情况来看，其缺点是对旅游主题的表述往往不明确，体现不出旅游行程的特色。如，北京—华东包机 6 日游、昆明—大理—丽江 8 日游，旅游者很难从中看出旅游行程的核心利益。

（五）按产品包含的内容划分

（1）全包价旅游行程。全包价旅游行程，是指旅游者在外出旅游时，一次性付费购买包括交通、住宿、餐饮、门票、保险、导游服务等在内的旅游行程。即旅游者在购买包价旅游行程后，一切旅游活动均由旅行社安排，旅游者不用自己操心。全包价旅游行程一般以团队旅游为主，旅游经费包干，旅游方式变化小，游览时间性强，旅游者自主权小，但省心、安全、旅游费用低。全包价旅游行程的服务项目包括：旅游行程内的住宿、用餐、景点间的专用游览车、交通集散地的接送服务、游览景区（点）的门票、文娱活动的入场券、行程点之间的交通及专业的导游、领队、翻译服务、每人20千克的行李服务和旅游保险服务、代签返程票、代办旅游签证等。即旅游者如果不购物、不自行增加参观景点的话，基本不需要带钱出行。

（2）半包价旅游行程。半包价旅游行程，是在全包价旅游行程的基础上扣除餐费的一种旅游行程。半包价旅游行程与全包价旅游行程的主要区别，在于这种旅游包价内不含午、晚餐费用。其目的是为了降低旅游行程的直观价格，提高旅游行程的竞争力，同时，旅游者的用餐自由度得到提高，方便旅游者选择风味餐。

（3）小包价旅游行程。小包价旅游行程，又称可选择性旅游行程，是一种选择性很强的旅游行程。它由非选择部分和可选择部分组成，具有经济实惠和灵活方便的特点。非选择部分包括接送、住房和早餐，旅游费用由旅游者在旅游前预付；可选择部分包括导游服务、风味餐、节目欣赏和参观游览等。旅游者可根据时间、兴趣和经济情况自由选择，费用既可预付，也可现付。小包价旅游行程对旅游者具有多方面的优势，主要表现在明码实价、经济实惠、手续简便和机动灵活等方面，最早由中国香港和海外的旅行商向我国旅行社提出建议，由于其独特的优势而逐步普及到全国。小包价旅游行程每批旅游者一般在10人以下。

（4）零包价旅游行程。零包价旅游行程是一种独特的旅游行程形态，多见于旅游发达国家。零包价旅游行程是指旅游者必须随旅游团前往和离开旅游目的地，到达目的地后，旅游者可以自由活动的旅游行程。参加零包价旅游行程的旅游者可以获得团体机票价格的优惠，并可由旅行社统一代办旅游签证。

（六）按旅游行程档次划分

旅游行程会根据旅游者对食、住、行等方面的档次和费用的高低要求，划分为豪华等旅游行程、标准等旅游行程和经济等旅游行程。

（1）豪华等旅游行程。这类旅游行程旅游费用较高，一般旅游者住宿和餐饮安排于五星级饭店或豪华邮轮里（或高水准的客房、舱位）；享有中高级导游服务；享用高档豪华型进口车；餐饮以目的地特色餐饮为主；享用高水准的娱乐节目欣赏；一般长途往返使用飞机航线。

（2）标准等旅游行程。这类旅游行程旅游费用适中，一般旅游者住宿和餐饮安排于二、三星级饭店或中等水准的宾馆、邮轮里的双人标准间；享用豪华空调车；餐饮以标准餐八菜一汤为主；一般长途往返使用飞机航线（只限于干线）或火车卧铺。

（3）经济等旅游行程。这类旅游行程旅游费用低廉，旅游者住宿和用餐于低水准的招待所和旅社；享用普通汽车；餐饮以旅游者吃饱为基本标准；一般长途往返以火车硬座为主。

三、旅游行程的构成要素

计调人员制作一份行程从表面上看并不是一件难事，但是，如果制作一份规范的、有效的、实用的行程就不是那么简单了。旅游行程制定是一个技术性很强的课题。从技术上讲，旅游行程是旅游吸引物资源、旅游设施和旅游时间的统一。行程制定的成功与否，主要取决于旅游行程的构成要素是否全面。

（1）旅游吸引物。旅游吸引物是指能够激发旅游者的旅游动机，为旅游业所利用，吸引旅游者到来的事物和现象。它是旅行社产品的核心内容，是旅行社产品生产的"原材料"，其数量、质量和吸引力是旅游者是否选择该旅行社产品的决定因素。能够被旅行社利用的旅游吸引物主要包括自然吸引物和人文吸引物。自然吸引物指依照自然发展规律天然形成的旅游资源，可供人类旅游享用的自然景观与自然环境。自然吸引物主要包括地文景观（如山地、山峰、峡谷、洞穴、沙滩、火山、沙漠、戈壁等）、水域风光（河流、瀑布、湖泊、泉、海洋）、生物景观类（森林风光、草原、古树、珍稀动植物等）、大气类（云海、雾海、冰雪、天气胜景等）以及宇宙类（太空、星体、天体观测、陨石等）。人文吸引物指在人类历史发展和社会进程中由人类社会行为促使形成的具有人类社会文化属性的各种人与事物。人文吸引物主要包括一些历史遗存、古迹、宗教文化、建筑与园林、文学艺术、民族民俗以及各种活动、事件等。

（2）旅游餐饮。旅游餐饮是旅游者在旅游活动中必不可少的需求内容，也就成了旅游行程的一个非常重要的部分。尤其是一些著名的风味餐或者地方特色小吃，更是成为旅游者追逐的目标。在旅游行程中一般都会包括品尝风味餐这个旅游项目，有的旅游者甚至就是为了风味餐而成团的。旅游者对旅游餐饮安排的满意程度对旅行社的信誉和形象来说是至关重要的。

（3）旅游住宿。旅游住宿主要是为旅游者提供住宿休息的地方，一般包括旅游饭店、度假村、青年旅舍、家庭旅馆、招待所等。不同类型的住宿设施所提供的服务项目、档次是有区别的，所以旅行社在开发住宿产品的时候通常是根据旅游者的消费水平来确定住宿的地点、档次及提供的服务项目。旅游者对住宿的满意程度，也是关系旅行社产品信誉的重要环节。选择旅游住宿场所需要考虑的因素有品牌、位置、可进入性、环境、等级、规模、标准、价格、服务、在旅游者中的口碑、折扣率等。应遵循经济实惠、环境幽雅、卫生健康、交通便利、好停车、有特色等原则进行合理安排，并注意安排体现地方或民族特色的风味住宿。

（4）旅游交通。旅游交通是服务于旅游活动的交通运输形式，是提供旅游服务的重要条件。旅游交通可分为城市间的远距离交通、市内的近距离交通。主要的旅行方式就是需坐汽车、飞机、火车和轮船。在旅游中，如果旅游交通不能保证其价格合理、舒适安全、快速准时，就会对旅行社产品的整体质量产生非常重要的影响。从旅游客源地到旅游目的地的交通一般会有几种方式，要根据不同的目标市场来选择。交通方式的选择，要体现"安全、舒适、经济、快捷、高效"的原则。首先，要了解各种交通方式的游览效果，依次为直升机、水翼船、汽车、火车、海船、客机。其次，要了解各种交通工具的适用旅程，其中，直升机、水翼船、汽车适宜短途旅游，火车、轮船适合中程旅游，客机、海上邮轮适于长途旅游。最后，要了解国内外交通现状，如类型、分布、形式、网络等。在具体选择交通工具时要注意多利用飞机，尽量减少旅途时间；少用长途火车，以避免旅游者疲劳；合理使用短途火车，选择设备好、直达目的地、尽量不用餐的车次；用汽车做短途交通工具，机动灵活。总之，要综合利用各种交通方式与工具，扬长避短，合理衔接。

（5）旅游购物。旅游购物也是旅游者在旅游活动中的一项重要内容。旅行社产品中一般会包括安排旅游者购买风土特产、工艺美术品等购物项目。目前旅游产品中的购物项目一般属于自由购物，即旅游者利用自由活动时间自己选择商店购物。购物通常在旅游者总花费中占据30％左右。需要遵循时间合理、能满足大部分旅游者需求的原则，在不重复、不单调、不紧张、不疲惫的情况下适当安排。为旅游者推荐旅游购物场所时需要考虑的因素有类型、特殊性、位置、规模、价格、诚信程度、服务、折扣率等。

（6）娱乐项目。娱乐项目也是旅游行程的构成要素之一，包括歌舞表演、戏曲观赏、民间艺术以及民俗活动等。旅游中娱乐场所的种类越来越多，筹划的娱乐活动要丰富多彩、雅俗共赏、健康文明、互动性强、参与性强，体现民族文化的主旋律和文化交流的目的。在选择时，考虑旅游场所的类型、特殊性、位置、规模、价格、服务、门票折扣率等。

（7）旅游保险。旅行社为旅游者提供的产品中，还必须包括一项旅游保险。旅游保险一般包括"旅行社责任险""旅游者意外伤害保险"等。旅行社责任险是旅行社强制性保险，保险的范围主要包括旅游者在旅游期间发生的意外事故和由于旅行社责任事故而引起的赔偿；旅游者意外伤害保险则由旅游者自愿购买。

（8）导游服务。导游服务包括旅游地和旅行社为旅游者提供的信息资讯服务和劳务服务，其主体是导游员代表旅游企业接待或陪同旅游者进行旅游活动，并按照旅游合同或协议约定的内容和质量标准向旅游者提供讲解服务、翻译服务及旅行生活服务。导游服务是旅游服务中的代表性工作，贯穿于旅游活动的始终，是旅游各项服务的具体组织者。从旅行社角度讲，导游服务是旅行社核心竞争力的重要组成部分，导游服务的水平和质量体现了旅行社服务的水平和质量；旅行社产品最终都是通过导游服务传递给旅游者的。从旅游者角度讲，导游服务是旅游者完成旅游活动的根本保障，也是旅游活动顺利开展的前提条件。

（9）其他服务。其他服务包括代办票务、代办签证、交通集散地接送等委托代办服务，它们是旅行社根据旅游者的具体需求而提供的单一服务项目的各种有偿服务，是旅行社开展散客业务的重要组成部分。

任务2　制定旅游行程

一、计调制定旅游行程的流程

计调制定旅游行程，主要从以下几个方面着手：

（1）确定行程名称。行程名称是对旅游行程的性质、大致内容和设计思路等方面的高度概括。因此，确定行程名称应考虑各方面的因素，并力求体现简约、突出主题、时代感强、富有吸引力等原则。

（2）计划活动日程。活动日程，是指旅游行程中具体的旅游项目内容、地点及进行各项活动的日期，应具有劳逸结合、丰富多彩、各具特色、高潮迭起的原则。从形式上看，旅游行程是以一定的交通方式将行程各节点进行的合理连接。节点，是构成旅游行程的基本空间单元。一个行程节点，通常会成为有特色的旅游目的地。一般来说，同一条旅游行程中的各个节点都有相同或相似的特点，用于满足旅游者的同一需求并服从于某一旅游主题，起着相互依存、相互制约的作用。节点可以是城市，也可以是独立的风景名胜区。行程的始端是第一个旅游目的地，是该行程的第一个节点；终端是行程的最后一个节点，是活动的终结，也是整个行程最精彩的部分；而途经地则是行程中除始端和终端外的其他节点，是为主题服务的旅游目的地。因此，策划旅游行程，就是合理安排从始端到终端，以及中间途经地之间的游览顺序，在行程上对相关节点进行合理布局。

（3）接待标准。在旅游行程中应明确指出接待标准，包括住宿饭店的星级、房间标准、餐标、旅游车标准、旅游保险、导游服务的标准等方面。这些标准应该与旅游者签订的旅游合同所承诺的一致。

（4）自费项目。在旅游行程中关于自费项目的说明：一是要指出自费项目安排的时间及如果不参加自费项目游客的活动安排。二是要明确说明自费项目的费用，使游客做到心中有数。

（5）购物安排。在旅游行程中应该明确说明购物活动的安排，并与旅游者签订的旅游合同所承诺的一致。

（6）接待约定。接待约定一般包括对特殊游客在相关费用方面的减免政策、如遇不可抗力因素时相关问题的解决办法、贵重物品的管理方式、游客擅自离团的处理方式等。

（7）温馨提示。包括旅游过程中的安全提示，气象预报及相关雨具、衣物的携带，人身、财物的注意事项，等等。

范例

福州、武夷山、九曲溪漂流、厦门鼓浪屿、土楼 3 飞 6 日游

一、活动日程

D1：大连乘飞机（参考航班 MF8042，12：55～16：55）赴福州，入住酒店。含晚餐，住福州。

D2：早餐后乘火车硬座（参考列车 K8750，8：48～13：52）赴武夷山。中午在火车上自备午餐。抵达后游览【虎啸岩】（约 1.5 小时），欣赏武夷山奇峰秀景，穿过全国最窄的【一线天】（约 1 小时），感受伏羲洞、灵岩洞、风洞的相映成趣，欣赏神仙楼阁等奇峰妙景。晚上可自费观看【印象大红袍】（张艺谋导演，全球首创 360 度旋转观众席，为世界上第一座"山水环景剧场"，普通席门市价 218 元/人）。含早、晚餐。住武夷山。

D3：早餐后游览武夷山第一胜地【天游峰景区】（约 3 小时），游云窝、茶洞、隐屏峰，观朱熹纪念馆，乘【竹筏漂流九曲溪】（约 100 分钟），九曲清溪，奇峰倒映，宛如一幅绝妙的丹青图画，实乃人间仙境。游览百余米的仿宋古街，参观古韵犹存、具有浓厚宋代江南建筑风格的【武夷宫】（约 40 分钟）。含早、中、晚餐。住武夷山。

D4：乘飞机（参考航班 MF8365，8：35～11：00）赴花园城市厦门。乘旅游车（约 20 分钟）游览闽南第一寺【南普陀寺、放生池】（约 40 分钟）。午餐后乘轮渡（约 8 分钟）前往素有"海上花园""钢琴之岛""万国建筑博物馆"之称的【鼓浪屿】。漫步岛上欣赏风情各异的万国建筑，游览万婴之母林巧稚纪念园【毓园】（约 10 分钟），参观岛上明珠【菽庄花园】（约 40 分钟），欣赏【钢琴博物馆】中收藏的各式珍贵钢琴。远眺日光岩，享受【港仔后沙滩】戏水，可自费乘船游览金厦海域风光（豪华船 126 元/人）。含早、中、晚餐。住厦门。

D5：早餐后酒店乘车赴【永定土楼】（车程约 3.5 小时，浏览时间约为 2 小时），游览永定客家土楼民俗文化村；游览素有"土楼王子"之称的振成楼、最小的袖珍土楼——升楼、府第式的福裕楼、布达拉宫式的奎聚楼。它们以历史悠久、风格独特、规模宏大、结构精巧等特点独立于世界民居建筑艺术之林。途中品茶休息。晚餐自费，可品尝当地小吃。含早、中餐。住厦门。

D6：自由活动，乘飞机（参考航班 MF8045，7：45～12：10）返大连。含早餐。

二、接待标准

1. 住宿：三星级酒店双人标准间（未挂牌），单男女需补房差或安排三人间

2. 用餐：5 早 7 正餐。正餐，20 元/人（10 人一桌，8 菜一汤，不含酒水、饮料）；早餐，7 元/人（房费含早，不退早餐）。

3. 交通：空调旅游车（注：福建旅游景点有套车现象）。

4. 门票：行程中除自费景点以外的景点首道门票（含武夷山环保车费用）。

5. 导游：当地优秀导游。

6. 往返大交通：飞机经济舱含机场建设费和燃油费；福州—武夷山火车硬座。

特别说明：

1. 我社为游客购买旅行社责任险 16 万元，理赔标准根据保险公司规定执行。

2. 土楼部分为当地散客拼团。

3. 武夷山竹排为6人1张排，不足6人需拼足6人才能发排，漂流时间由出团前景区统一安排，无法更改时间，如果遇到天气等原因停排或者客人自愿放弃此景点，退80元/人。九曲溪漂流客人准备10元小费给竹排工（不强迫，自愿消费），因为竹排工通常会提供讲解或唱歌。漂流时无地陪导游陪同。

4. 航班时间仅供参考，在不减少景点的情况下我社有权调整游览顺序或者进出顺序（如厦门进福州回）。准确航班时间以出团通知为准。

三、自费项目

行程所列自费景点2个，费用共计：344元/人（海上游金门126元/人、印象大红袍218元/人）。另付费的项目团友可自愿选择参与，过半团友同意导游即可安排，不参与的团友需下车在景区门口等候或自由活动。

四、购物安排

本次旅游行程中共有0个购物店（不含景区购物店，农家公馆为探访、体验农家，不算购物店）。

五、接待约定

1. 如遇涨水、天气原因、航班延误、交通阻塞、国家政策性调整等人力不可抗拒因素等造成景点无法游览，本社只退还门票，产生的其他费用客人自理。赠送项目如遇不可抗拒因素不能安排，不退不换。

2. 出现单男、单女必须补单人房差或者开三人间调配。武夷山实行通票制，放弃任一景点都不予以退票。游客必须随团旅游，不得擅自离团。景点在不会减少的情况下，可根据实际情况安排调换。

3. 福建各段由于各地景点接待量较大，部分景点会有排队的现象，请客人理解。我社处理客人投诉问题以当地所签意见单或多数游客意见为准，如果在行程中对我们的服务及接待标准有异议，请拨打我社电话，尽量当地解决，如果解决不了可在当地备案，未备案之投诉，回去后我公司将不予受理及赔偿，谢谢合作。

4. 在不减少景点的情况下，我社有权调整游览次序。

5. 持有优免证件的参团客人均不享受景区任何优惠政策。

6. 在旅游行程中，当发生自然灾害、政府管制行为等不可抗力，危及旅游者人身、财产安全，旅行社不得不调整或者变更旅游合同约定的行程安排时，应当在事前向旅游者作出说明；确因客观情况无法在事前说明的，应当在事后作出说明。解决办法：①未发生的景点门票按照旅行社和景区的协议价退还。②延误的费用由客人自理。

7. 我社对18岁以下的未成年人和60岁以上游客不承担监护权；游客须自行保管自己的贵重物品，如游客因自身原因遗失物品，由客人自行负责，旅行社及导游有义务协助寻找或报案，但不负责因此而造成的一切赔偿及相关的任何投诉。

8. 不允许客人擅自离团。如客人私自离团，则视为客人自愿提前终止合同，并自愿放弃合同中未发生的接待事项和费用，我社概不受理因此而产生的一切后续争议。

六、温馨提示

1. 出行之前16周岁及以上人员必须携带有效身份证原件，儿童带好户口本原件，如果证件携带不全或名单提供有误造成无法登机，本社概不承担责任。

2. 武夷山和九曲溪竹筏漂流注意事项。

武夷山竹筏员工均为专业培训合格方能上岗。1张筏只能乘坐6人。每张筏由2张小竹筏拼在一块，长7米，宽约1.5米。游客上竹筏时身穿救生衣。竹筏不湿鞋，如客人担心可穿拖鞋。阴天时请务必带上雨具。贵重物品请勿放在竹筏上。九曲溪水较为平缓，客人只需听从筏工指示便无危险。登山前特别要注意服装和鞋子，尽量要轻装上山，少带杂物，以减轻负荷；鞋子要选用球鞋、布鞋和旅游鞋等平底鞋，勿穿高跟鞋，以免造成登山不便且有碍安全；借助拐杖要注意选择长短、轻重合适与结实的。

3. 厦门以城市游为主，因此也有相对的注意事项。

去鼓浪屿要坐轮渡，上下轮渡要注意头顶，小心磕到头，行船时要扶好，站、坐稳，不要到船边上活动。鼓浪屿岛上有很多小巷，提醒客人不要到处走，以免离队。客人上日光岩乘坐缆车时请务必听从安排。上南普陀寺时，由于人多，请不要朝拥挤的地方走，以免被烟灰烫伤。勿离队，保证人身安全。

二、计调编制行程的基本要求

（1）内容上要特色化。计调人员要招徕旅游者，一定要把旅游目的地与众不同的独特之处及特有的风韵体现出来，必须做到特色鲜明、个性突出，让人感到到此一游别无分店、唯我独有、不来后悔、值得一游之感。即奉献诱人之特色，突出个性之内容。此外，对客户市场要进行细分，以特殊的产品满足客户特殊的需求。比如老年团需要行程安排宽松、价格较低、有医护、饮食以清淡为主；家庭旅游以自驾车、自由人为主或倾向科教、娱乐等参与性强的项目；新婚旅游追求浪漫、独特新奇。

（2）旅行上要科学化。海陆空的城市间的大交通一定要规范科学，方便快捷，以最快的速度、最短的距离、最可靠的方式到达旅游目的地。航班、车次、船次一定要准确无误，以便合作旅行社的操作。游览的时间掌握要充分，不要"硬挤""赶鸭子"式的让旅游者东奔西跑，匆匆一瞥。即使"走马观花"也要尽可能使其"下马观花"，领略佳景，时间上要留有充分的余量。同时，常规行程编排合乎逻辑，适合大众消费习惯，忌生搬硬套、形而上学。比如旅游者愿意游有代表性的景点，愿意品尝当地特色小吃，路途交通时间不能超过整个行程的一半，希望以最少的成本获得最优质的服务等，这都代表了大众需求，在旅游行程设计编排时需予以考虑。

（3）景点上要精彩化。各地景点千姿百态、风格各异，一定要把最精彩的、一流的、绝妙的"独家之秀"展示出来，端出你的"拿手好菜"让游人"品尝"，不要"藏一手"，也不要怕价格高，人家不接受，不妨标明最佳景点，来个括号注明"费用自理"，或标出精美景点让旅游者自由选择，也算"无私奉献"，万不可为了省钱，带旅游者游览全是不花钱的广场、公园、大街。好景点门票的确贵，但贵得有价值。价格报上来，编进行程里，相信旅游者会明白"一分钱，一分货"的道理。不肯将精彩景点纳入行程，是严重的失策。

（4）游览上要流畅化。游览点、就餐点、住宿点这三点连线的顺序要考虑周到，安排得当，流畅自如，不可舍近求远，尽量不走重复线路，不搞"重复拉力"，要始终给旅游者新鲜的感受，不可东一头，西一头，像个"无头苍蝇"，缺乏科学的距离设计。

（5）文字上要艺术化。行程的字数仅有几百字，除了注意准确、鲜明、生动外，还要有明确的主题，不能"千篇一律"搞一贯制。因为旅游团虽大同小异，但总有不同，所以就要有不同的"微雕制造"，要多备几套方案，多换几种形式。文字上既要朴实大方，又要流光溢彩，风格可以不同，但一定要精练、优雅、动感、时尚，做到"不同凡响，美不胜收"。

三、计调行程制定的原则

旅游者是为了娱乐、休闲、求知等目的而外出旅游，而旅游行程的安排就是旅行社为旅游者的旅游活动提供的一系列服务组合。这种旅游行程的制定不是凭空想象，而是遵循一定的原则。

（一）市场原则

市场原则就是要求旅行社在制定新的旅游行程前，对市场进行充分的调查研究，预测需求市场的发展趋势和需求数量，分析旅游者的旅游动机。只有这样，才能针对不同目标市场旅游者的需求，设计出适销对路的旅游行程，最大限度地满足旅游者的需求，提高产品的使用价值。该原则要求旅行社在制定旅游行程时必须首先了解和掌握旅游市场的需求状况，包括需求的内容、满足程度、发展趋势及潜在的需求状况和整个市场的规模、结构以及支付能力，然后根据这些因素制定旅游行程。满足市场需求的旅游行程，才能在竞争激烈的旅游市场上得以生存和发展。旅行社所推出的旅游行程，首先要满足旅游者一般性的旅游需求特点，在此基础上，还要体现出不同时期的市场潮流和风尚，紧跟市场需求的变化。例如近年来，自助游、自驾游等新兴的旅游方式越来越受到人们的青睐，旅行社就不能再死守住传统的团体观光旅游不放，而需适应市场变化，大力开发新兴的旅游产品。

旅游者的需求千差万别、千变万化，但其中也不乏相对稳定的因素。计调人员制定行程时应该考虑这样几个因素：选择旅游者未曾到过的、可以开阔眼界的地方；选择能使旅游者从日常的紧张生活中求得短暂解脱、提高情趣、舒畅身心的地方；选择有效利用时间而又不太劳累的地方；选择花费尽量少、得到最大实惠、物美价廉的地方。

（二）突出特色原则

旅游行程可以多种多样，但特色是旅游行程的灵魂。突出特色是旅游行程具有吸引力的根本所在。这就要求对旅游行程的资源、形式要精心选择，力求充分展示旅游的主题，做到特色鲜明，以新、奇、异、美吸引旅游者的注意。突出特色的原则具体体现在以下几方面：

（1）尽可能保持自然和历史形成的原始风貌。在这个问题上，旅行社必须以市场的价值观看待旅游行程的吸引力问题，而不能凭自己的观念意识主观决定。在旅游资源的选择上要尽可能保持自然和历史形成的原始风貌，不要作任何更改和装修。

（2）尽量选择利用带有"最"字的旅游资源项目。在确定旅游行程时，应尽量使用带有"最"字的旅游资源，这样可以增加旅游行程的吸引力和竞争力。例如某旅游资源在一定的地理区域范围内属最高、最大、最古、最奇等。只有具有独特性，才能提高旅游行程的吸引力和竞争力。

（3）努力反映当地的文化特点。突出民族文化，保持某些传统格调也是为了突出特色。旅游者前来游览的重要目的之一就是观新赏异、体验异乡风情。一项旅游产品一般应突出某个主题，旅行社围绕主题安排丰富多彩的旅游项目，让旅游者通过各种活动，从不同侧面了解旅游目的地的文化和生活，领略美好的景色，满足旅游者放松、娱乐和求知的欲望。在旅游活动过程中，应力求形成高潮，加深旅游者的印象，以达到宣传自己、扩大影响、吸引旅游者的目的。

（三）经济原则

"经济"一词，作为形容词解释，是指节约，即以相对较低的消耗，获得相对较高的效益。同其他产品一样，旅游也有各种成本支出，如交通费、住宿费和餐饮费等。这就要求旅行社在行程制定过程中加强成本控制，降低各种消耗。例如，通过充分发挥协作网络的作用，降低采购价格。这样，既可以降低旅行社产品的直观价格，便于产品销售，又能保证旅行社的最大利润。旅游行程制定的经济原则，还表现在旅行社产品的总体结构，应尽可能保证接待能力与实际接待量之间的均衡，减少因接待能力闲置而造成的经济损失。

（四）时效优先原则

旅游活动的效果或旅游者的旅游体验受自然景观、客观因素影响明显，如何使旅游者的旅游活动与旅游地优美的自然景观、良好的客观环境完美结合，体现时效优先原则，是制定旅游行程时需要考虑的问题。体现时效优先原则要展现最美的旅游景观，针对不同的季节推出不同的旅游产品，紧扣社会热点推出适应性旅游产品。

1. 展现最美的旅游景观

当旅游者选定一个旅游目的地进行旅游活动的时候，他的最大心愿是要看到旅游目的地最美的季节和最动人的景观。要想满足旅游者的这种心愿，在安排旅游行程时就要尽量注意旅游景观的时效性。

（1）根据自然景观的季节变化安排行程。自然景观作为旅游活动的客体，具有季节性变化的特征。一些自然景观受季节变化影响，一年四季呈现不同的景象。某些特定的自然景观只有在特定的季节或特定的时间才能看到，如观赏香山红叶只有在深秋时分，著名的"吉林树挂"只有在隆冬时节才会出现等。计调人员在设计旅游行程时应该熟悉各个旅游地自然景观的季节变化特点，推出相应的旅游产品。不同景点在不同的时刻，观赏效果是不尽相同的。因此，在条件许可的情况下，应在景点呈现最佳观赏效果的时候，安排旅游者前去游览。一般说来，以观赏植物为主的景点，多以清晨游览为佳；而以山体为主的景点，一般以上午游览为佳；以水体为主的景点在下午游览为佳。由于光照角度不同，同一景物也会呈现不同的观赏效果。一般说来，顺光照射的水体，呈现出清澈、碧绿的本色；而逆光照射的水体，会呈现出许多明亮闪烁的反光亮色，水体水色被淡化。因此，如果景点的水质好，应尽量安排旅游者处于顺光的角度观赏；反之，应安排旅游者处于逆光的角度观赏。总的来说，应根据景点的自然状态，选择最能体现景点吸引力的角度，安排旅游者观赏游览。

（2）围绕民间节庆活动安排行程。在全世界各地，各种类型的民间节庆活动比比皆是。这些民间节庆活动以丰富的内容、奇特的形式吸引着各地的旅游者。然而，节庆活动并非天天都有，而是在特定的时段才会举行。计调人员要完成对民间节庆旅游行程的设计，就离不开对民间节庆的地点、时间、内容和活动方式等信息的正确了解。

（3）根据旅游地的气候环境安排旅游行程。旅游活动是一种以户外为主进行的活动，气候环境是否舒适在很大程度上会影响旅游者的旅游体验或旅游满意程度。据研究表明，一般来说，气温为 18～23℃，相对湿度为 65%～85%，空气比较洁净、透明，日照中含有一定的紫外线，每立方厘米空气中含有负离子 1 000～1 500 个，气压为 100 千帕上下，风速 2 米/秒左右，旅游者就感到比较舒适。在不适合旅游的季节进行旅游，所带来的遗憾往往会使人感到难过。计调人员在设计旅游行程时，不能只单纯地考虑旅游地的景观状况，而忽视气候环境是否舒适，要使旅游时间与旅游目的地最美的季节和气候环境协调一致，努力使旅游者欣赏到旅游目的地最好的景观，使旅游者的旅游体验达到最优、旅游满意度达到最大。

2. 针对不同的旅游季节安排旅游行程

旅游行程的时效性不仅仅体现为表现旅游目的地最美的环境上，而且表现为该旅游目的地旅游行程应适合人们出游的季节。由于我国还没有普遍推行带薪休假制度，所以旅游者出游时间主要还是集中在法定假日，即通常说的"黄金周"。然而，虽然同为"黄金周"，人们的旅游消费特点却有很大的不同。计调人员在安排旅游行程时，应考虑旅游行程的投放时段与人们出游的特点是否相符，针对不同的旅游者和不同旅游季节的消费特点推出适时的产品。

3. 紧扣社会热点推出适应性旅游行程

时效原则的另一项意义体现在对社会信息的及时采撷，并即刻推出适应性产品上。在迅速把握机会、果断决策、抢占先机方面，行程的主动性若充分体现，会使旅行社声名远播，赢得良好的市场声誉。

（五）安全第一原则

在旅游活动中，保障安全是旅游者最基本的要求。在旅游安全没有保障的情况下，再精彩的游览活动也不能激发旅游者的旅游兴趣。只有那些能够确保旅游者人身、财产安全的旅游行程，才能让旅游者放心购买、放心游玩，才是有市场活力的旅游产品。

1. 旅游交通安全

飞机、火车、轮船、汽车是旅游者到达旅游目的地的主要交通工具。在当今社会，安全地到达旅游目的地是旅游者对旅游交通的最起码要求。

（1）影响旅游交通安全的因素。影响旅游交通安全的因素主要有自然因素和人为因素。旅游交通运输作为一项室外运输活动，其安全性受诸多自然因素的影响。恶劣的天气、糟糕的道路条件、突发的自然灾害等都可能成为引发交通事故、妨碍交通安全的因素。相比自然因素，由人为因素造成的交通事故在日常生活中更为常见。一般来说，驾驶员不安全的驾驶行为、行驶前未对交通工具作仔细检查，以及旅游者自身妨碍安全的行为等方面的因素常常会带来交通隐患。

（2）确保交通安全。为了确保交通安全，制定旅游行程时必须选择安全的交通线路和有质量保证的交通工具及运输公司，在保障安全的基础上再选择经济省时的线路。如雨季的山区常常会有山体崩塌、滑坡的现象，乘汽车沿盘山公路上山的安全性就大大降低，坐索道或景区小型飞机上山虽然会增加成本，但行程的安全性却更有保障。另外，在制定旅游行程时要注意尽量不安排夜间交通。旅游行程的时间总是有限的，很多旅行社为了在有限的时间内安排更多的游览活动，提高经济效益，往往会采取夜间行车、白天游览的模式。表面上看，旅行社提高了旅游效率，但实际上却增加了旅游交通安全的隐患。因为夜间行车，不仅路况差，而且驾驶员受生理规律支配往往感觉比较疲劳，容易造成交通事故。

2. 旅游活动安全

（1）游览活动安全。计调人员在旅游中所安排的各项游览活动也应以确保旅游者人身、财产安全为前提。针对不同类型的旅游者，所安排的游览项目也应有所差别。例如对老年旅游者，就不适合组织那些刺激性强、运动量大的活动。为了满足旅游者的多种需求，计调人员可以在旅游行程中先安排常规的、一般性的游览活动，把那些较惊险刺激的旅游项目列为自费项目，供旅游者自由选择。

（2）餐饮安全。"民以食为天"，旅游活动中同样如此。旅行中，一般旅游者对用餐环境、食品卫生状况和食品口味都比较注重。卫生、美味、有特色是旅游者对旅游餐饮的一般要求，其中卫生又是最基本的要求。如果食品安全发生问题往往会造成比较严重的后果，甚至会危及旅游者的生命安全，因此计调人员在制定旅游行程时应格外重视餐饮安全问题。首先，应选择正规的旅游定点饭店；其次，菜品以大众菜为主，一般不安排特色菜，因为有些特色菜原料和加工方法都比较特殊，旅游者食用后可能会身体不适。

（3）自由活动安全。计调人员在编排旅游行程时，一般都会安排适当的自由活动时间。所谓自由活动，就是由旅游者自行安排在旅游目的地的活动，无须导游或旅行社人员陪伴。从理论上说，旅游者在自由活动期间的人身安全、财产安全与旅行社无关，但实际上旅游者一旦在旅游过程中发生安全事故，旅行社也难辞其咎。因此，计调人员在旅游行程中是否安排自由活动、安排多少时间，应以确保安全为出发点。一般说来，在治安状况良好，社会环境稳定的旅游目的地可适当安排自由活动，而在那些社会环境、治安状况较差的旅游目的地最好不要安排自由活动，以免发生意外。

3. 旅游保险

"人有旦夕祸福"，尽管计调人员在制定旅游行程时以"安全第一"为出发点，但在实际的旅游活动中，旅游者和旅游经营者都有可能出现各种风险，如旅游者人身意外伤害、急病和财物丢失等，旅游经营者要承担经营风险。为了规避风险，降低损失，旅行社可以办理专项旅游保险。所谓旅游保险，是指旅游企业或旅游者与保险公司订立契约并根据标准缴纳保险金，以使旅游企业和旅游者在整个旅游活动的组织和参与过程中遭遇各种意外和危险时能够得到经济补偿。

（六）旅游点结构合理的原则

计调人员在制定旅游行程时，应慎重选择构成旅游行程的各个旅游点，并对其进行科学的优化组合。具体讲，在旅游行程设计过程中应注意以下几点：

（1）顺序科学。"顺序"包含两个方面的含义，即空间顺序和时间顺序。计调人员在制定行程时，一般以空间顺序为根本指导。在交通安排合理的前提下，同一旅游行程的游览顺序，应由一般的旅游点逐步过渡到吸引力较大的旅游点，以不断提高旅游者的游兴。同时，要把握游程节奏，做到有张有弛，这样可以使旅游者感受到高潮迭起，而非每况愈下。

（2）避免重复经过同一旅游点。有些旅游点由于受区位交通不利因素的限制，设计旅游行程必须重复经过旅游点，这是无法避免的。根据满足效应递减规律，重复会影响一般旅游者的满足度，在条件许可的情况下，一个好的旅游行程应竭力避免重复经过同一旅游点。因此在制定行程时，应尽可能使整条旅游线路呈环形，如果不是迫不得已，尽量不要在同一城市、同一旅游点重复经停。

（3）点间距离适中。同一旅游行程各旅游点之间的距离不宜太远，以免造成大量时间和金钱耗费在旅途中。例如，江南水乡十日游这一旅游行程，是在长江三角洲地区沿长江和古运河城市之间进行的，主要有江苏省的南京、扬州、镇江、常州、无锡、苏州和浙江的嘉兴、杭州及绍兴等。这个旅游行程中各个旅游城市相距很近、景点集中、交通方便，能在很短的时间内集中游览美丽如画的江南风光和体察水乡泽国的风土民情。

（4）择点适量。目前，短期廉价是大众旅游者的追求目标，旅游者的旅游时间一般在一周之内。在时间一定的情况下，过多地安排旅游点，采用赶鸭子上路的方式，容易使旅游者紧张疲劳，达不到休息和娱乐的目的，也不利于旅游者细致地了解旅游点，对于老年旅游团采用这种方式就更不可取了。目前许多旅游行程的安排中，都有"贪多求全"的趋势。一方面，旅游者会因体力不支而望景兴叹；另一方面，择点过多，对旅行社产品的销售也会产生不利影响，致使旅游回头客减少。

（5）特色各异。一般说来，不应将性质相同、景色相近的旅游点安排在同一旅游行程中，否则旅游者会产生厌烦心理，影响旅行社产品的吸引力。当然，特殊的专业考察旅游另当别论。例如，在北京游览了颐和园，就尽量避免再安排北海、圆明园等，因为这些都是皇家园林，虽各有特色，但园林的性质相同。又如，行程中安排了雍和宫，就尽量避免再安排潭柘寺、法源寺、白塔寺等，因为这些都是属于寺庙建筑。

（七）服务设施有保障的原则

制定旅游行程时，途经旅游点的各项服务设施必须有保障，除了交通设施之外，还要充分考虑住宿、餐饮、银行、邮局等配套服务设施安排的合理性，以确保实现旅游产品的规模经营，这是旅行社向旅游者提供服务的物质保证，制定行程时应尽量减少旅游者在缺少服务保证的旅游点的停留。

范例

古都西安、大明宫、兵马俑、华清池、爱琴海温泉纯玩双飞4日游

一、旅游行程名称

古都西安、大明宫、兵马俑、华清池、爱琴海温泉纯玩双飞4日游

二、具体日程安排

D1：大连国际机场二楼6号门集合，乘航班赴西安咸阳国际机场（参考航班MU2298，16：40～19：30）。专人接机（车距50公里，行车1小时），车赴西安市内。入住酒店。（不含餐）住：西安

D2：早餐后，游览"大明宫遗址公园"（不含电瓶车30元/人，自理）（游览约2小时），大明宫是中国古代最为辉煌的宫殿建筑群，曾经有17位皇帝在这里处理朝政，是东方园林建筑艺术的杰出代表，被誉为丝绸之路的东方圣殿。后游览"陕西历史博物馆"（每周一闭馆，需凭身份证排队领票，游览约2小时），了解陕西历史全貌。后带您漫步曲江遗址公园，曲江池水系依古遗址设计建造，让您在喧嚣的城市中体会曾经的"青林重复，绿水弥漫"，寻找心灵的宁静。后游亚洲最大的喷泉广场——大雁塔北广场，钟鼓楼广场自由活动、回民小吃一条街自由活动（约1小时）。可自费品尝西安特色风味餐，入住酒店。

特别提示：自费项目：大明宫电瓶车30元/人、德发长饺子宴128元/人、同盛祥小吃宴750元/桌。（含早餐、中餐）住：西安

D3：早餐后，乘车赴临潼（车程约1小时），参观被誉为"世界第八大奇迹"的"秦始皇兵马俑"（1、2、3/号坑、铜车马、秦始皇陵、秦始皇陵遗址公园）（电瓶车须自理，单程5元/人）（参观约3小时）。游览华清池（游览约1小时），赏贵妃池，聆听唐明皇李隆基杨贵妃的爱情故事。观西安事变旧址——五间厅。后赴"春寒赐浴华清池，温泉水滑洗凝脂"有着天下第一温泉美誉的华清池——临潼华清·爱琴海温泉（约3小时），包含熏蒸房+50多种汤免费泡（请旅游者自备泳衣）（景区内自费项目等消费需自理），这里不仅风光秀丽，还因杨贵妃和唐明皇的故事而增添了不少传奇色彩。感受浪漫，洗去一身的疲惫。乘车返回西安（车程约40分钟），入住酒店。推荐自费：兵马俑电瓶车：5元/人。（含早餐、中餐、晚餐）住：西安

D4：根据航班时间赴咸阳国际机场乘航班（参考航班HO5581，8：20/10：35），返回大连温暖的家！（不含餐）

备注：景点游览前后顺序会根据行程的进度作调整，请提前告知旅游者！

三、报价

（一）报价已含费用及服务标准：

1. 住宿：酒店双人间；单男单女需补房差或安排加床三人间。本次行程单房差60元/晚。

2. 用餐：2早，3正餐；正餐：20元/人（10人一桌8菜1汤，不足10人，菜品相应减少，不含酒水），早餐不用，不退餐费。

3. 区间用车：空调旅游车。

4. 门票：行程中除自费景点以外的景点首道门票。

5. 导游：当地导游服务。

6. 往返大交通：大连/西安、西安/大连飞机经济舱，含机场建设费、燃油附加税。

（二）报价不含费用及服务：

1. 航空保险及上述已含各项费用以外的一切费用及个人消费费用。

2. 行程所列自费项目5个：兵马俑电瓶车单程5元/人；大明宫电瓶车30元/人；西安阳光丽都或陕西歌舞剧院仿唐乐舞218元/人；同盛祥小吃宴750元/桌（10人1桌）；西安德发长饺子宴128元/人。费用共计：约460元/人，自费（自理或须另付费）项目和导游员另行推荐的自费项目，团友可自愿选择参与，过半团友同意导游即可安排，不参与的团友需下车在景区门口等候、自由活动。须经旅游者书面签字同意。

四、特别说明

1. 本次旅游行程无购物店。（兵马俑等地景点内购物店，不属于旅行社指定购物店，出现购物投诉，旅行社协助处理，不承担责任）

2. 我社为旅游者购买旅行社责任险，旅行社责任险20万元（3周岁以下及75周岁以上、非我国公民不在保险范围内），理赔标准根据保险公司规定执行。

3. 甲方须认真阅读《出游须知》并签字确认。

4. 航班时刻均为参考时刻，请组团旅行社收客前一定来电核实航班时刻。

5. 节假日、旅游旺季旅游者比较多，有排队现象，对游览时间有所影响，请旅游者给予理解！

6. 赠送项目不参加，不退任何费用。

7. 用餐人数如不足8人，在当地现退旅游者全额餐费。请旅游者自备泳衣！

五、合同附件

游客出游须知（游客必读）

尊敬的游客，欢迎参加由我公司组织的本次旅行：

现在越来越多的人开始利用假日及空闲的日子外出旅游度假。但由于行前准备不够充分，往往在旅游中非但没有感受到旅游的乐趣，反而给自己留下一些遗憾。那么，为了能让您在旅途中更好地顺利游览和充分地维护自身权益，请您仔细阅读以下的注意事项：

★准备出游时

1. 出游前请您务必带好有效证件（如身份证等），并告知家人您的出游计划，随时保持通信畅通，以方遍联系。

2. 乘坐交通工具，请牢记车站、码头、机场名称及出发时间，并再一次确认是否带好有效证件，儿童请带好户口簿或出生证原件。

3. 建议您提前90分钟到机场，有工作人员在机场协助您办安安检等相关手续。

4. 出游前请您留意旅游目的地天气情况，适当增减衣服，带好雨具。请您选择软底舒适的鞋子，女士最好不穿裙子、高跟鞋。

5. 整理好个人旅游用品、常用药品（如晕车药、止泻药等）和个人所需处方药、请您带好防晒霜、太阳镜、相机、摄像机、充电器等。请勿携带贵重物品和大量现金。

★出游进行时

1. 乘坐飞机或火车等交通工具，按国家有关规定不能携带易燃易爆物品；携带小刀、液体等物品乘坐飞机，请办理行李托运，并保管好托运行李底单（一般会贴在登机牌上）；不给陌生人托带行李；在整个旅游行程中保管好往返车票或机票。

2. 行程中多以坐汽车为主，请爱护车辆设施设备，不在车厢内吸烟，保持车厢内环境清洁，配合司机工作。

3. 个人贵重物品（如现金、证件、相机等）请务必随身携带，请勿遗忘在景点、餐桌、购物商店、小摊、车上。

4. 游客在旅游过程中应尊重旅游地风土人情和民族习俗，维护环境卫生、公共秩序，保护生态环境和文物古迹，尊重他人，以礼待人。

5. 游客应遵守团队纪律、配合导游工作。因自身疾病等原因不能随团前行，请及时通知组团旅行社及导游并签字确认，未产生费用当地退。如擅自离团，所造成的人身和财产损失，旅行社概不承担责任。

6. 游客应遵纪守法，遵守交通规则，警惕上当受骗，防止被偷被抢，不参与赌博、吸毒，不涉足色情场所。

7. 中老年人参加旅游，须如实向旅行社提供健康信息，并根据自己的健康状况量力而行。如游客感觉身体不适，请马上告知导游，及时就医。游客如有病史，请出游前进行身体健康检查，遵医嘱安排出游计划。

8. 华山山体为花岗岩，道路大多为石级路，游览登山时，请穿着平底鞋（旅游鞋、登山鞋、球鞋均可）。

9. 华山自古以险峻著称，道路狭窄，如遇雨季最好携带雨衣（景区有一次性雨衣出售1~2元/件），便于行走。

10. 西安为国际性旅游城市，人流量较大，成分较复杂，夜晚出行最好三五人结伴。

11. 西安的回民风味小吃街为回民聚集地，信仰伊斯兰教，清真饮食（不吃大肉），请尊重民族信仰。

★食住行须知

1. 入住酒店房间时请先查看客房物品清单，如发现缺少或损坏，请及时与导游和客服务员联系。请仔细辨别酒店、客房内的物品是否为有价物品，酒店物品请勿随意带走或损坏。使用客房内收费物品或收费电视等，请看清价格后再使用。各地酒店设施均有差异，如浴室内无防滑垫，洗澡时请特别注意安全，防止滑倒。如自由活动期间外出，请随身带好酒店名片，结伴出行。住宿全为双人标准间，不提供自然单间，如产生单男单女，将安排旅游者入住三人间或加床（加床是钢丝床），也可以为旅游者现补单房差。

2. 游客品尝西安当地美食，请根据自身肠胃情况而定，注意饮食饮水卫生，切勿暴饮暴食。对于团餐，我们会提前和餐厅说情况，尽可能做到适合您的口味。团餐10人/桌，8菜1汤（不足10人菜品相应减少）。请您以吃饱为原则，对餐饮方面给予理解！

★购物须知

游客消费购物需慎重辨别，看清物品，若无意购买请勿讨价还价，以免发生争执。购买小物品时避免用大额现金，找零请当面看清真伪钞。

★补充说明

1. 旅游团队优惠机票不得签转、不更改、不退票。合同一经签订，即为出票，机票由我方留作成本，如游客报销，请提前说明。

2. 航班、车、船出发时间请以票面为准；因航空公司原因导致航班延误或更改，我社会协助处理，但是不承担由此造成的一切责任和费用。

3. 游客提供的机票姓名与其有效身份证件上的姓名必须一致，若因旅游者的姓名错误或证件过期不能登机造成的一切后果由旅游者承担。

4. 行程中所含的景点门票、住宿及餐费，如遇特殊原因或旅游者自身原因取消以及持各种有效优惠证件等，本公司将对旅游者未产生费用按旅行社折扣价（差价）退还。因旅游者自身原因或人力不可抗拒因素（如天气、地震、大雾、塌方等）造成行程的费用增加由旅游者自理。

5. 如行程为散客拼团，地接社可能安排不同住宿标准的游客同团同车游览。

6. 游客应如实、认真填写意见反馈单，游客意见以所填写的反馈单为准，若旅游结束后所投诉内容和意见反馈单不符，投诉不予受理；有任何质量问题，请及时致电组团旅行社。

7. 游客乘坐飞机、轮船、火车、地铁、索道等公共交通工具时发生人身、财产损害的，其赔偿事宜按照相关部门的规定执行。

 **实训项目**

项目名称	制定旅游行程
实训目的	1. 通过实地调查，了解当地旅游资源开发的现状，并能应用所学的知识制定旅游行程； 2. 针对大学生旅游市场，结合本地情况设计出一个两天一晚的旅游行程。
实训地点	学生所在地
实训步骤	1. 根据班级人数进行分组，每组 7 人左右，确定组长，实行组长负责制； 2. 确定旅游行程的主题； 3. 明确制定旅游行程的注意事项； 4. 指导学生查找相关资料，收集交通、饭店等信息，初步确定旅游行程； 5. 指导学生论证旅游行程的可行性，主要体现于行程在食、住、行、游、购、娱等串联方面是否可行； 6. 撰写新旅游行程方案。
实训成果	本地经典旅游行程。

 **任务实践**

根据所学理论知识，对其他同学设计的旅游行程进行分析，指出其优点和缺点，将修订后较为完善的旅游行程交给本地旅行社，进行实证分析，对不合理之处修改完善，之后投入本地旅游市场。

项目三
计调采购业务流程

[知识目标]

通过学习，学生要了解计调采购业务的内容，理解计调采购业务中与相关部门合作的注意事项，熟悉计调采购业务中各种预订单、变更单、费用结算单，掌握计调采购业务的程序与方法。

[能力目标]

通过实训，在收集相关协作关系信息的基础上，学生要能够为本地旅行社建立一个采购协作网络，拟订规范的采购合同，并能设计相关费用结算单。

 引导案例

签订合同，必须符合法定程序

某年8月31日下午16：30，W市旅游质检所工作人员接到Y市乙旅行社的紧急来电。来电说，由该社组团交W市甲旅行社接待的一个16人旅游团已于当天15：00从Y市坐火车出发前往W市，次日6：00抵达。但当火车刚开出一个小时后，16：00左右，W市甲旅行社突然变卦，来电称将不接待该团。为此，Y市乙旅行社恳请质检所给予协调。接电话后，质检所与W市甲旅行社进行了紧急联系。甲旅行社称，他们确曾表示愿意执行该团的接待任务，但双方并未就结算方式、时间及该旅游团返程安排等事宜达成一致，虽然甲旅行社以传真急件要求乙旅行社回复，但却没有音讯，甲旅行社只能拒接。W市质检所衡量利弊得失，考虑到旅游业的声誉、游客的合法权益，当即要求甲旅行社先接待旅游团，其余问题事后再说。在这种情况下，甲旅行社派出导游员接待了该团。可是，由于仓促上阵，在住宿、就餐、游览等方面出现了一些质量问题。为此，游客投诉了甲、乙两家旅行社。但双方都声称不承担责任，Y市乙旅行社认为W市甲旅行社先前同意接待该团，虽然在结算方式、结算时间等问题上双方有异议，但这并不影响当初的承诺。因此，他们认为甲旅行社应承担不履行承诺的责任，应该赔偿由此造成的经济损失。而甲旅行社认为，他们早已通知了乙旅行社不接待该团，后来之所以接待，是为了顾全大局，是从维护旅游业形象、维护游客利益角度出发的。如果因做了好事而成了

"被告"，于情于理不容。因此，拒绝承担责任。

 **案例分析**

　　旅游质检所经过仔细了解，最后作出了以下处理：W 市甲旅行社和 Y 市乙旅行社之间不存在合同关系，一切责任由 Y 市乙旅行社承担。

　　根据《中华人民共和国经济合同法》规定，合同的订立分为要约和承诺两个阶段，这是合同订立的法定程序。所谓要约，是指订立合同的当事人一方，向对方提出以订立经济合同为目的的建议和要求。承诺是被要约人在规定的期限内就要约的内容，向要约者表示完全同意的答复。要约一经承诺，表明双方当事人就合同的主要内容已经达成协议，合同成立。而依照法律条文，一项有效的承诺必须是承诺与要约内容完全一致，以要约所要求的形式或指定的形式答复。如果被要约人的条件并未被对方所接受，那么就不能称为承诺。

　　结合本案例中的实际情况，我们可以看出，W 市甲旅行社并未作出接待该团的承诺。在双方没有确立明确的权利、义务关系前，乙旅行社贸然向甲旅行社发团是一种对游客不负责任的行为。为此，甲旅行社无须对此承担责任，当然也不存在赔偿经济损失的问题。

任务1　了解计调采购业务基本流程

　　旅行社计调采购业务是指旅行社计调人员为组合旅游产品，以一定的价格向相关产品供应商购买单项旅游服务产品的行为。旅行社通过计调采购业务提供旅游者所需的各种旅游服务，保证团队的正常运行。在旅行社产品成本中，由计调部门采购的相关旅游服务产品成本占据主要地位，因此，熟练掌握计调采购业务基本流程，对于降低旅行社产品报价、增强企业竞争力具有十分重要的意义。计调采购业务基本流程如表 3－1 所示。

表 3－1　计调采购业务流程

流程	工作内容
选择采购对象	1. 根据旅行社的经营计划，组织计调人员调查，收集餐饮部门、住宿部门、交通部门、游览单位、娱乐部门、购物商店、保险部门、同业旅行社的相关信息资料。 2. 经过初步筛选，对基本符合旅行社要求的协作单位实地考察。 3. 经过实地考察后，综合考虑各方面因素，与符合旅行社要求的协作单位联系，初步协商合作事宜。
签订采购合同	1. 计调人员根据协商，利用旅行社标准采购合同文本，拟订采购合同或"合作协议书"。 2. 将签署的采购合同或"合作协议书"编号存档，并送外联部、财务部、接待部等相关部门备案。
整理相关资料	1. 把签约单位的相关资料及规定整理成汇总表。 2. 将汇总表发给旅行社相关部门，相关部门的工作人员应熟悉汇总表中的内容，以便开展工作。

流程	工作内容
落实采购工作	1. 计调人员根据外联人员的业务开展情况，制订接待计划，并落实具体的订购工作。 2. 准确、清楚、完整地填写各类预订单、变更单、取消单，特别注明旅游团的特殊要求。
采购报账结算	1. 计调人员根据"合作协议书"中的相关规定，及时将发生的费用及明细账目报给财务部。 2. 财务部根据本社的财务管理规定及"合作协议书"中的规定，审核、确认相关账目无误后办理结算和付款。

任务2 选择采购协作对象

旅游产品是以服务形式表现出来的产品，既是一个整体组合概念，又是各单项旅游产品的有机组合。也就是说，它是旅游目的地食、住、行、游、购、娱产品的组合。旅游产品中任何环节出现纰漏，都会影响整个产品的完美实现。计调的核心工作，就是通过与旅游相关行业签订合作协议，统筹计划、协调安排，使旅游产品食、住、行、游、购、娱各个环节的服务供给得到保障。因此，与旅游相关行业建立广泛的协作网络，是计调工作的重点，也是旅游服务采购的基础。

旅游采购协作网络的建立，具体是指旅行社通过与其他旅游企业及旅游相关行业或部门就合作内容与合作方式达成共识，签订合作协议，明确双方的权利、义务及违约责任，以法律手段保障旅行社所需服务的供给。高质量采购协作网络的建立，能保证组团旅行社旅游产品在旺季时以最合理的价格拿到客房、订到机位；淡季时，也能通过同业合作招徕旅游者。为了保证供应，旅行社计调人员应该和有关的旅游服务供应企业，特别是饭店、交通运输企业等，建立起广泛、相对稳定、多层次多渠道的协作关系，尤其是在出现旅游服务供不应求时，协作网越广泛，渠道越多，旅行社取得这些紧缺服务的能力就越强。在出现供过于求的情况时，采购工作的重点转向取得优惠价格，而为了得到最便宜的价格，也同样需要有一个广泛的多层次多渠道的协作网。

根据旅游产品的组合性，旅行社采购协作网络可以首先从以下几个方面建立采购协作关系：

一、交通运输网

现代旅游者外出，最关心的事情就是能安全、方便、舒适、快捷、准时地抵离旅游目的地，以免耽搁或影响行程。因此，旅行社必须与这些交通运输部门保持密切协作，以保障旅游行程的顺利进行。对于旅行社来说，通过与交通运输部门的合作，一方面可以及时购买到交通票据，向旅游者提供自己的旅游产品，从而实现旅行社的主要经济目标；另一方面还可以从交通运输部门得到一定比例的佣金。而对于交通运输部门来说，由于运输的固定成本较高，市场调节能力较差，即使只有一名乘客，飞机、火车、汽车也得照飞、照开，因此，交通运输部门也都非常热衷于同旅行社进行业务合作，以寻求稳定的客源。

二、游览景点网

游览景点是旅游行程中的核心内容，也是某一旅游地旅游资源的集中表现。某一旅游地的旅游资源，是指能够激发旅游者旅游动机，并进行旅游活动的各种自然资源、人文资源和社会活动的总和，是旅游地吸引力和竞争力的核心，是旅游产品的核心组成部分。因此，为了满足不同层次旅游者多样化的旅游需求，与各旅游地的名胜古迹、寺庙园林、名人故居、民宅村落、各类博物馆、传统工艺品工厂以及各种娱乐机构等保持良好的协作关系也是非常重要的。随着旅游业的发展，各地新的旅游景点如雨后春笋般出现，与其保持良好的协作关系，是开发新的旅游产品的关键。

三、酒店网

酒店是旅游者的第二个家，选择不同星级标准和地理位置的酒店，以满足不同旅游者的多样化需求，是旅游产品组合中至关重要的环节。酒店也是一个国家或地区旅游接待能力的重要标志。旅行社计调人员如果不能依照旅游者要求安排酒店，或者安排的酒店服务不符合旅游者要求，将直接影响接待工作的质量。因此，计调人员必须与酒店等住宿部门建立长久、稳定的合作关系，这是旅游服务采购工作的重要组成部分。

如今，在许多旅游必去、商务活动集中的城市里，地理位置和接待质量好的酒店非常抢手，尤其是在旅游旺季，如果没有良好的协作关系，旅行社很难拿到价格合理的房间。在此类城市里，酒店业完全是个卖方市场。旅行社与酒店等住宿单位的关系，是一种经济合同关系。因为酒店的固定成本也很高，其产品具有不可贮存性，所以，对酒店来说，在营业期间保证最大限度的客房出租率是十分重要的，同时酒店提供的服务又是旅行社产品的必要组成部分，这样双方就有了合作的基础。

四、餐饮网

餐饮服务是旅游供给必不可少的一部分，是旅游接待工作中极为敏感的一个因素。均衡的营养搭配，色、香、味、形的感观刺激，清洁、优雅的用餐环境，专业到位的用餐服务，都会给旅游者，特别是海外旅游者留下深刻的印象，更是其旅途中莫大的享受与难忘的体验，都会影响旅游者对旅行社产品的最终评价。旅行社必须与餐饮业建立合作关系，这既是旅游服务采购中选择余地较大，而且又关系重大的一项工作。

餐饮采购最敏感、受人为因素影响最大，因此要给予高度重视。计调人员在选择餐饮网点时，首先要考虑到地理位置的多样性，根据行程的不同就近用餐，还要考虑不同旅游者不同的饮食习惯和饮食口味。因为对一个现代旅游者来说，独具风味的异地美食是旅途之必需。旅游餐饮网点选择的好坏，会直接影响到旅游者对所购买的旅游产品的最终评价。

五、旅游商店网

旅游购物属于旅游者的非基本需求，但现代旅游过程中，没有购物的旅游是极少的。人们每到一个地方旅游，总要买些具有当地特色的纪念品，或赠送亲朋好友，或留作收藏以示纪念。因此，为了使购物活动成为旅游活动中丰富多彩、不可缺少的一部分，也为了方便旅游者节省时间，并免遭不良商贩及黑店的蒙骗，计调人员必须掌握质量与信誉上乘的旅游商店信息，如珠宝古董、书画印章、土特产品等，当旅游者需要购物并咨询时，可为旅游者提供相应的信息服务。

六、娱乐设施网

娱乐也属于旅游者的非基本需求，然而，在现代旅游中增长知识、了解旅游目的地的国文化艺术已成为旅游者日益普遍的需求。娱乐是旅游活动的六要素之一，特别是组织好旅游者的晚间文化娱乐活动，不仅可以消除旅游者白天参观游览的疲劳，具有寓休息于娱乐中的效果，而且能够丰富、充实旅游活动，起到文化交流的作用，为整个旅程锦上添花。这就要求旅行社与娱乐行业建立必要的合作关系。

七、保险网络

旅游保险通常有两种：一种是旅行社责任险，一种是旅游意外伤害险。根据国家旅游局的规定，正规的旅行社必须投保旅行社责任险，旅游者一旦参加旅行社组织的旅游活动，就可享有该项保险的权益。旅行社责任险的赔偿范围是很狭小的，它只对由于旅行社的责任疏忽和过失产生的旅游者损失进行赔偿，往往这并不容易断定。旅游意外伤害险，则是由旅游者自愿购买的。旅游保险是旅游活动得到可靠社会保障不可忽视的重要因素，是指对旅游者在旅游过程中因发生各种意外事故造成经济损失或人身伤害之时给予经济补偿的一种制度。旅游保险有利于保护旅游者和旅行社的合法权益，还有利于旅行社减少因灾害、事故造成的损失，对旅行社的发展具有重要意义，由此为旅行社和保险公司提供了合作的前提。

八、接待旅行社网

旅游产品是跨地区的，这就需要旅行社与各旅游目的地的旅行社建立广泛的地接合作网络。组团旅行社为了安排旅游者在各地的旅程，需要各地接团旅行社提供接待服务，而这对组团旅行社来说，也属于旅游服务采购的范围。组团旅行社应根据旅游者的特点，发挥各接待团的特长，有针对性地选择接待旅行社。接待旅行社接待服务中自身不能供给的部分，则同样通过采购来解决。

旅行社向旅游者销售的旅游产品，通常有一至多个旅游目的地。采购异地接待服务的目的，是使旅游计划如期如愿实现。应该说，旅游产品的质量在很大程度上取决于各地接待质量，尤其是各旅行社的接待质量。因此，选择高质量的接待旅行社，是采购到优质接待服务的关键。旅游地接网络的建立是满足不同旅游团特殊需求的保障。

总之，旅行社产品的特点决定了旅行社业务合作的广泛性，而在社会主义市场经济条件下，旅行社与旅游业其他部门和行业之间关系的核心是互利基础上的经济合同关系。只有这种在法律制约下的合作关系，才是旅行社协作网络稳定、健康发展的基础。

任务3　签订采购合同

合同是指当事人之间为了实现一定的经济目的而明确相互权利义务关系的协议。签订合同是当事人为避免和正确处理可能发生的纠纷而采取的行为，目的在于确保各自经济利益的实现。旅游采购不是"一手交钱、一手交货"的简单交易，而是一种预约性的批发交易，是一次谈判、多次成交的业务，谈判和成交之间既有时间间隔又有数量差距。旅游采购的这种特点，使得旅行社计调人员与协作部门之间签订经济合同显得更为必要，它可以预防各种纠纷的发生。但是由于目前旅游业竞争激烈，加之我国旅游立法不够健全，旅行社的采购协作网络也相对不固定，因此采购中很少使用采购合同。旅行社计调人员在与旅游服务供应企业交易时，大多使用传真订购，且传真文本格式五花八门，这也是目前买卖双方经济纠纷不断的一个原因。旅行社与其他旅游企业应积极推行格式化合同制，以利于我国旅游业更加健康地发展。

一、旅游采购合同的内容

旅游采购合同的基本内容有以下五个方面：

（1）合同标的。合同标的是指合同双方当事人权利义务指向的事物，即合同的客体。旅游采购合同的标的就是旅行社购买和旅游服务供应企业出售的旅游服务，如客房、餐饮、汽车运输等。

（2）数量和质量。由于旅游采购合同是预购契约，不可能规定确切的购买数量，只能由买卖双方商定计划采购量，或者规定一个采购和供应制度。关于质量则由双方商定最起码的质量要求。

（3）价格和付款办法。合同中应规定拟采购服务的价格。由于价格常常随采购量的大小而变动，而合同中又没有写明确定的采购量，因此，可商定一个随采购量变动的定价办法，同时要规定在合同期内价格可否变动及其变动条件。在国际旅游采购合同中应规定交易所用的货币以及在汇率变动时价格的变动办法。此外，还要规定优惠折扣条件、结算方式及付款时间等。

（4）合同期限。合同期限是指签订合同后开始和终止买卖行为的时间。一般是一年签一个合同，也有的是每年按照淡旺季签两个合同。

（5）违约责任。违约责任是指当事人不履行或不完全履行合同所列条款时应负的法律责任。按照我国《合同法》规定，违约方要承担支付违约金和赔偿金的义务。

二、旅游采购合同的存档

为了方便查找，以备不时之需，计调人员要将所有的合同分门别类地进行整理存档，并随时更新。采购合同的存档也为再次续签合同、协商价格、控制成本、把握商机和掌握主动提供有效依据。

范例

旅行社租车协议书

甲方：_____旅行社有限公司

乙方：车主_____驾驶员_____

一、甲乙双方本着遵规守法原则，互惠互利，以诚信服务为宗旨，特定此协议。

二、乙方同意甲方租赁其_____车_____台，车牌号为_____，此车允许载旅游者数为_____人。

三、本次租车费用为人民币，大写_____整，该车行驶中产生的费用（如过路过桥费、加油费、停车费等）均由乙方负责，此次包车甲方为乙方提供_____位司机的食宿（以行程中所含食宿数量为准），乙方按合同完成任务后，甲方于_____月_____日前付清全部租车款，结算时乙方必须提供合同及全额车费发票。

四、驾驶员要按照《中华人民共和国道路交通安全法》中所规定的准驾车型驾驶车辆。

五、乙方承诺做到：

1. 机动车辆必须是经公安、交通部门年审检验合格并符合行业标准的车辆，报账车况良好，并已足额办理了乘运人责任险、第三者责任险。

2. 驾驶车辆时，听从导游员的指挥，保证乘车旅游者的人身及财产安全。

3. 下车、入住和参观景点时，要提醒旅游者贵重物品随身携带。

4. 本人离开车辆时，要拔下钥匙、拉死手刹、关好门窗，确保车内财产安全后方可离开。

5. 备一些塑料袋，以防旅游者晕车及其他不便时使用，随时保持车内卫生，创造一个良好的乘车环境。

6. 在行驶过程中如发生交通事故，导致旅游者受伤，应积极主动抢救伤者，并先预垫付医疗费及相关费用。待责任确认后，按责任比例向旅游者承担赔偿责任。

7. 在乙方提供的车辆中途因车辆本身的故障造成抛锚时，乙方应尽快更换相应的车辆，或由双方协商解决，因此产生的直接费用由乙方负责。

8. 当行驶证与驾驶证不符时，应有车主的授权书。

9. 乙方应在出车前做好车辆安全检查，并按照甲方要求的时间、地点准时发车。

六、如乙方违反上述承诺，甲方除有权拒付租车费外，还有权要求乙方赔偿给其造成的一切经济损失。

七、机动车保险单复印件附后。

八、车主授权书附后。

九、在行程过程中，甲方人员及旅游者应遵守乘车规定，不能随意离开座位、身体任何部位都不能伸出车窗。不能影响驾驶员的行驶安全，否则由此造成的后果乙方不负责任。

十、因人力或不可抗拒原因，如塌方、泥石流、不可预见的断路、非本车交通事故的堵车等人力不可抗拒因素造成行程不能完成或行程延误，所造成损失由甲方负责。

十一、若因乙方原因造成安全事故、抛锚、漏接、车辆手续不全被查扣等，造成甲方人身伤害或财产损失，则按《中华人民共和国交通事故处理办法》由乙方负责协调处理并承担相应赔偿责任；因乙方过错造成旅游团延误行程或误机（车、船）的，由乙方负责赔偿。

十二、此协议一式两份，有效期为一年，双方必须遵守，如单方取消合同，违约方赔付另一方租车费50%的损失。如因甲方原因，提前终止包车，原订车费照常支付，但乙方可适当减免未完成形成的费用（指过路过桥费、燃油费）。

十三、双方补充条款：

①旅游者禁止携带危险品乘车。

②_____

行程：

_____

甲方：_____旅行社　　　乙方：（车主）_____（驾驶员）_____

盖章：　　　　　　　　　　　　盖章：

　　　年　月　日　　　　　　　　　年　月　日

旅行社包车确认单

合同编号：

甲方经办人		电话		传真	
乙方经办人		电话		传真	
包车时间	年 月 日至 年 月 日，共 天 夜				
集合时间	年 月 日 时		集合地点		
行驶线路			包车数量		
车辆	车辆型号		正座 个，边座 个		空调	□有 □无
	车牌号		车辆保险号		
	车辆营运证号		包车客运标志牌号		
	驾驶员 姓名		身份证号		
			从业资格证号		
			驾驶证号		电话	
	包车费用		定金（或其他担保）		超程或超时费	
	付款方式		付款时间		

续表

合同变更记录	
特别约定	

甲方（签章）：	乙方（签章）：
签订日期：　年 月 日	签订日期：　年 月 日

旅行社与饭店合作协议

协议编号：

甲方：＿＿＿＿＿＿＿＿＿＿＿＿旅行社

乙方：＿＿＿＿＿＿＿＿＿＿＿＿饭店

一、客房套餐（每房每晚，货币单位：元）：

房型	门市价	法定节假日价	散客预订价		旅行社价（团队价）	
			周日至周四	周五至周六	周日至周四	周五至周六
高级客房						
豪华客房						
豪华套房						

备注：

1. 无需加收服务费；

2. 房间入住当天可享受饭店免费赠送的欢迎水果；

3. 享受免费本地报纸、房间宽带上网及擦鞋服务；

4. 以上房价均含双份早餐（中西式自助早餐）；

5. 加床的费用为　　元；

6. 12岁以下儿童与父母同住，不需加床者不另外收费；

7. 此价格国家法定假日除外（包括：春节、"五一"、"十一"、元旦等）；

8. 退房时间为12：00PM前，入住时间为14：00PM后；

9. 此价格有效期至　　年　月　日止，其间价格如有变化，以双方预订确认为准。

二、订房条款：

（一）团队预订（5间以上成团，含5间）

1. 司陪：按16间房可提供1间收费司陪房的标准执行，司陪房价格为　元/（间·夜），每团最多不超过2间，如安排团队在饭店用餐，司陪餐免费（享受同旅游者预定菜式），所有司陪必须出示司陪证件，最多不超过4人。

2. 预订程序：乙方将预订单传真给甲方市场销售部，列明旅游者名单、人数、房型、数量、抵/离店时间、联系人、联系方式等，以甲方确认回传方可生效。

3. 预订取消：如乙方须取消已确认的订房，需在5个工作日前以传真通知甲方，否则甲方将按以下标准收取赔偿金：

（1）提前7天以上（含7天）取消房间可不收取订房违约费用；

（2）5个工作日内取消，乙方须支付甲方所预订客房总费用的 ____ %作为赔偿；

（3）3个工作日内取消，乙方须支付甲方所预订客房总费用的 ____ %作为赔偿。

4. 预订未到：乙方须照常支付所预订房费的 ____ %。

5. 乙方所有团房预订必须在甲方确认后两个工作日内将预订房费总额的 ____ %作为定金，汇至甲方账户，否则甲方不保留已确认的订房。

6. 旅行团进入饭店区内，必须向团员解释说明，遵守度假村的管理制度以及浸泡温泉的注意事项，否则由此出现的安全事故，由旅行团自行负责。

7. 接待60岁以上的老年人及身体状况欠佳、行动不便者，浸泡温泉时须签署《安全责任书》，并遵守相关条款，否则由此出现的安全事故，由旅行团自行负责。

（二）散客预订（5间房以下，不含5间房）

1. 预订程序：乙方将预订单传真给甲方市场销售部，列明旅游者名单、人数、房型、数量、抵/离店时间、联系人、联系方式、付款方式等，以甲方确认回传方可生效。

2. 预订取消：如乙方须取消已确认的订房，至少需要提前一天书面传真通知饭店预订部，并在得到饭店方确认后方可取消预订，国家规定节假日房间预订需要提供担保。

三、餐饮：（货币单位：元）

中餐：

大厅最低消费： ____ 元/围，每围10人；

旅行团最低消费： ____ 元/围，每围10人；

西餐：

早餐自助餐 ____ 元/位

用餐备注：婴儿免费、儿童半价、成人全价。

四、结算方式

旅行社提前缴纳订房订金，特价房间或散订房需提前汇款或与办事处结算！

五、有效期

本协议自签订之日起至 ____ 年 ____ 月 ____ 日止。其间价格如有变动，会提前书面通知。如因一方违约或因不可抗拒的因素影响，导致此合约无法继续履约时，则双方终止合作。本协议转让无效。

六、饭店地址：

饭店官方网站：

七、本协议一式两份，双方各执一份，均具同等效力，本协议解释权属甲方，未尽事宜双方协商。

单位名称：   单位名称：

销售负责人：   负责人：

联系电话：   联系电话：

传真：   传真：

QQ：   QQ：

MSN:　　　　　　　　　　　MSN:

盖章确认　　　　　　　　　　盖章确认

日期：　　年　月　日　　　　日期：　　年　　月　　日

旅行社与餐馆"关于旅行团（者）用餐"协议书

　　_____旅行社（以下简称甲方）与_____餐馆（以下简称乙方）就旅行团（者）用餐事宜经双方友好协商一致达成如下协议：

　　一、旅游者便餐用餐标准：

　　1. 标准等：_____元/人。

　　2. 豪华等：_____元/人。

　　3. 经济等：_____元/人。

　　4. 乙方须保证旅游者够吃，如菜不够吃，添菜不另收费。

　　二、旅游者风味用餐标准

　　最低标准：_____元/人（酒水在外）。

　　三、陪同、司机用餐标准

　　1. 地陪、司机：_____元/人（便餐）_____元/人（风味）。

　　2. 全陪与旅游者一同用餐，按旅游者标准计付；与地陪一同用餐，按地陪标准计付。

　　四、酒水

　　便餐酒水提供啤酒_____元/瓶，汽水_____元/瓶，矿泉水_____元/瓶。除上述饮料外，饮用其他酒水，其费用旅游者自付。风味酒水，除上述饮料外，可提供红、白葡萄酒及中档白酒。

　　五、结算

　　1. 甲方陪同以餐饮结算单向乙方结算每餐费用。

　　2. 甲方财务人员每次凭陪同填写的结算单核对发票向乙方结账付款。

　　六、报损

　　1. 3小时前退餐，不收损失费；

　　2. 3小时后退餐，收取50%费用；

　　3. 订餐后未去用餐，收取100%费用（饮料不计）。

　　七、本协议有效期自_____年____月____日至_____年____月____日止。

　　八、本协议正式文本一式两份，甲、乙双方各执一份，签字或盖章后生效。

甲方：_____旅行社（盖章）　　　　乙方：_____餐馆（盖章）

_____年____月____日　　　　　　　_____年____月____日

旅行社与保险公司优惠协议书

　　甲方：_____

　　乙方：_____

　　一、国际机票专属优惠

　　甲方购买国际机票，即赠送_____元全程飞安险。

二、国内旅游专属优惠

乙方为甲方办理履约保险_____元及责任保险_____元、附加医疗保险_____元。（一般旅行社仅为旅客办理履约保险_____元及责任保险_____元、附加医疗保险_____元）

三、国外旅游专属优惠

甲方组团人数达_____人（含）以上、委托乙方所办理之旅游团体：

A. 乙方为甲方办理履约保险_____元及责任保险_____元、附加医疗保险_____元。（一般旅行社仅为旅客办理履约保险_____元及责任保险_____元、附加医疗保险_____元）

B. 致赠国际电话卡一张。（一般旅行社并无此项优惠）

甲方参加旅行团体之人数未达_____人、报名参加乙方或其他旅行社所组之旅游团体，即赠送_____元全程飞安险。（一般旅行社并无此项优惠保险）

四、本合约之甲方须提供证明为其身份证明文件影本。

五、本合约依政府司法机关之相关法令制定，一式两份，甲、乙双方各执行 1 份为凭。并以诚信为最高处理原则，上述各条款甲、乙双方共同遵守。如有未尽事宜，由各方协商，另定补充条款。

甲方（盖章）：_____　　　　　乙方（签字）：_____

代表人（签字）：_____　　　　电话：_____

_____年____月____日　　　　　　住址：_____

　　　　　　　　　　　　　　　　　_____年____月____日

委托旅游接待服务质量承诺协议

甲方（组团旅行社）：_____　　　　乙方（接待旅行社）：_____

甲乙双方本着平等互利、共同发展的原则，参照《合同法》规定，在自愿的基础上，就接待旅游团（含散客）事宜达成如下协议：

（一）甲方的责任与义务

1. 甲方负责全方位组织客源，并在团队抵达游览城市（乙方）前 3 天（特殊情况双方协商）将团队行程、团号、人数、标准等资料以双方认定同具法律效应，并以由甲方指定人员签字/盖章认可的有效传真形式告知乙方，如有变动，必须追加变更计划。

2. 甲方收到乙方回复的由指定签字人签字/盖章的团队确认单，经盖章认可后，如因甲方单方面变动却未通知乙方产生的损失费用由甲方承担，乙方有义务尽量减少甲方的损失。

3. 甲方委托乙方接待的团队，在返回目的地后 10 天内，无重大事故且无接待质量问题（参阅由多名旅游者签字的质量反馈单），甲方将该团登记入账并作为应付的账目，按双方协议的指定日期及时汇款，甲方不得无故刁难或推诿，一旦延期（特殊情况需经乙方同意）所造成的损失将由甲方承担，并支付应付款利息（具体参照银行公布的贷款利率），以示公平。

4. 甲乙双方的结算方式，以双方签约后的方式结账，每月 25 日至次月 15 日为对账期，第三个月 5 日前结清第一个月团款。或以双方约定的团款总额_____元为基数，超额部分当月结清。特殊团队付款方式由双方协商约定。

5. 甲方有责任和义务指导乙方接待甲方的旅游者，并提供客源的生活习俗、要求，由于甲方的责任而引起甲方旅游者的投诉、纠纷，乙方有义务全力配合甲方处理，由此产生的责任和损失与乙方无关。

（二）乙方的责任与义务

1. 乙方必须是合法、独立的旅游企业，拥有完备的操作机构，并拥有一支不少于 5 人的训练有素、敬业专职的导游员队伍，同时能接受甲方公司的经营理念和企业文化。经甲方对乙方综合接待能力评审认可后，双方签订本协议，乙方将成为甲方指定接待旅行社，甲方将所属在乙方地区游览或途经的团队、散客交乙方接待。

2. 乙方接到甲方接待计划后 24 小时内必须予以准确答复，将团队入住的饭店名称、标准、接站方式、费用预算单、车型通知甲方，并于出团前告知司机与导游姓名及联络电话，双方一旦盖章确认后，乙方不得随意更改（特殊情况需经甲方同意），如因随意更改、拒接、甩团等原因造成甲方旅游者的投诉、纠纷，甲方将按实际情况处理，赔偿额以甲方处理的最终赔偿金额的双倍计。

3. 乙方必须保证双方确认计划中的机（车）票服务，因故改变或其他原因导致机（车）票不能落实或机（车）票错位，造成甲方团队游览困难或被迫改变行程、减少游览景点或滞留，乙方须征得甲方旅游者谅解及甲方同意，并承担由此产生的连锁费用，如因不可抗力原因造成团队滞留，乙方应积极协助解决，费用由旅游者承担。乙方应保留各种证据，以备旅游者投诉。

4. 为维护甲乙双方共同利益，乙方应及时向甲方提供最新接待信息，共同研究和开拓新线路、最佳产品，保证甲方在旅游市场的竞争力和市场的占有率。如乙方刻意隐瞒或知情不报造成甲方利益受损，甲方有权取消乙方接待资格或扣除利润差额作为赔偿。

5. 乙方不得随意增减游览项目，严禁压缩正常行程或向旅游者兜售计划外项目，如需增减项目，需在旅游者自愿的原则下进行，需有领队及全团旅游者签字同意的书面证明。乙方安排团队购物，需在回传确认时注明为乙方签约单位，临时变更后果自负。

6. 乙方在接待甲方团队时，如遇交通事故或其他人力不可抗之因素而引起的伤亡，应首先报警，全力抢救，并尽快通知甲方，不得擅作主张，引起不必要的纷争。乙方必须是缴纳足够旅行社责任保险的企业，如是承包部门，必须将乙方企业法人的委托书和责任人盖章认可的原件复印件盖上乙方公章给予甲方备份。

7. 乙方就接待甲方旅游者的几点承诺

A. 导游服务

（1）导游带团时必须佩戴导游证，统一着装，注意仪容仪表，以微笑大方的姿态，讲解清晰，用适中的语速介绍景点，仔细核对行程、接待标准。如有不详，按甲方的约定，向旅游者解释，并告之旅游者"我们是组团旅行社的合作旅行社"，不得非议和诽谤甲方，导游员必须以言行约束自身作为，确保甲乙双方的利益。

（2）接站时必须举双方确认的社旗和接站牌，如因乙方导游员的失误（如忘带导游旗、随意写接站牌等）造成的损失，由乙方追究导游员责任，并由甲方按损失金额责成乙方双倍赔偿。

（3）乙方不得自带亲属好友上团，不得对异性过于亲热而影响整个团队，不得诱导旅游者、将个人的情绪带入工作或做一切有损旅游者或双方公司的事。如旅游者需增加服务项目，必须限价收取，并由旅游者签名认可。

（4）如因饭店、商场或其他相关因素引起旅游者的不满或投诉，应耐心解释，尊重原则，尽量让旅游者满意，同时具有承担责任的意识，切莫给甲方增加压力。乙方必须确保责任人在团队运作期间24小时开通手机，以便联系。

B．司机及车辆

（1）司机接团时，乙方必须对车辆进行安全检查，确保安全，并时常提醒旅游者保持车内环境良好、整洁清新。司机行车前不得喝酒，晚上不能过度熬夜。夏天需要提前30分钟打开空调（特殊地区例外），不得出现旅游者等候司机的现象。

（2）乙方所派的司机不得在旅游者面前与导游员发生争执或指责、评论导游员，凡购物、加点产生的利润必须由全陪认可，按照4:4:2的比例分配，严禁克扣，否则甲方有权从利润中扣除全陪应得的双倍费用，以示警告。屡教不改者，甲方有权建议乙方停止该司机或导游员接待甲方旅游者的工作。

C．用餐标准

乙方须安排旅游者在甲方认同的餐厅或达到同等标准、环境的餐厅用餐，保证就餐卫生，确保旅游者吃饱（8菜1汤为例），并有免费茶水供应，不得克扣餐标，降低餐食质量，导游员及全陪不得少于2次往旅游者餐桌旁巡视，随时处理旅游者就餐问题。

D．质量回访

乙方必须有专职质检员，在甲方团队离开前一天向旅游者发放质量反馈单，全面了解该团情况，并告知旅游者"如果您满意，请告诉您的朋友；如果您不满意，请告诉我们的质检员"。质检员每次回访均记录在案，如有质量问题，一周内必须给予甲方及旅游者一个正确的答复和解决方案。如出现导游员与旅游者意见不符，甲方将以大部分旅游者的质量反馈单意见为主。

（三）法律约束

本协议一式两份，甲乙双方各执1份（含双方团、散接待书上指定认可的签字人及签字盖章传真件），具有同等法律效力，有效期为1年，自　　年　　月　　日至　　年　　月　　日止。未尽事宜，双方协商解决。

甲方单位（签字/盖章）：　　　　　　　　乙方单位（签字/盖章）：

签署人：　　　　　　　　　　　　　　　签署人：

电话：　　　　　　　　　　　　　　　　电话：

日期：　　　　　　　　　　　　　　　　日期：

任务4　完成采购工作

在市场经济条件下，旅行社与旅游相关行业之间的关系，应该是在互利基础上，有法律制约的经济合作关系。在旅游产品消费过程中，为了满足旅游者食、住、行、游、购、娱等各种需求，旅游相关行业之间必须互惠互利、真诚合作。计调人员要建立旅行社招徕的旅游者不仅是旅行社自己的客户，也是所有旅游相关行业的客户的概念。合作者之间要相互支持，相互体谅，换位思考，不计较一时一事的得失，着眼未来，顾念大局，双赢互利。

一、与交通部门的合作

城市间交通服务和城市内旅游交通服务是旅游者在旅游活动过程中实现空间转移的必然媒介。因此，迅速、舒适、安全、方便的交通服务是旅行社产品不可或缺的组成部分，并对旅游日程的实施、旅行社的信誉产生至关重要的影响。所以，计调人员必须与包括航空公司、铁路局、水上客运公司和旅游汽车公司等在内的交通部门建立密切的合作关系，并争取与有关的交通部门建立代理关系，经营联网代售业务，这在我国目前的交通运输状况下显得尤其重要，见表3-2。

表3-2　旅行社与交通部门的合作

项目	内容
合作步骤	1. 与航空、铁路、船舶、旅游车公司建立联系。计调人员要与这些交通部门提前签订正式的合作意向书或经济合同书，明确双方的责任、权利，保证在旅游旺季时旅游计划能够顺利实施。 2. 及时领取最新价格表和航班、列车运行表，与交通部门保持联系。 3. 了解各种票务的最新规定，然后进行整理、打印、分类、备案。其中包括： ①提前预订票的时间限制； ②订票应交付定金的百分比； ③参考交通部门的有关规定明确改票、退票的损失比例。 4. 与交通部门协商、设计和印制一些订单，如飞机票预订单、火车票预订单、旅游汽车预订单、机/车票变更/取消通知单等。 5. 与财务部门协商、设计和印制一些账单，如机/车票报账单、机/车票定（或订）金报账单、机/车票变更/取消报账单等。 6. 根据接待计划实施订票、购票。 7. 明确拿票手续和报账程序。
注意事项	1. 订票时，应注意因线路、季节的不同，价格也不同，特别是儿童票价优惠的百分比。 2. 在取机票或再确认机票时，千万别忘了带齐有关证件。如果是出境团要带个人护照、团体签证；如果是国内旅游要带身份证等。 3. 在订火车票时，要注意火车票硬卧、软卧的差价，还有上、中、下铺的差价等。 4. 在订汽车票时，要注意汽车的设施设备是否齐全，车况如何，它常常对团队的质量和利润产生决定性影响。

 范例

飞机票预订单

团号		国籍		人数		组团单位	
乘机日期				航班		去向	
人员	成人	2岁以下儿童		2～12岁儿童	金额合计		开票要求

续表

旅游者			
陪同			
订票日期		订票单位	订票人	
票务员		民航接受人	
联系日期			

火车票预订单

团号		国籍		人数		组团单位	
乘车日期				车次		去向	
人员	成人	1.2~1.5 米以下儿童		1.5 米以上儿童	金额合计		开票要求
旅游者							
陪同							
订票日期		订票单位			订票人		
票务员			车站接受人				
联系日期							

旅游汽车预订单

收件人：	发件人：
团队行程	您好！感谢贵处的大力支持，我社团队现需租用贵处车辆，计划如下：
团队人数： 租车价格： 结算方式： 　我社要求：车容整洁，车况良好，司机配合服务、热情周到。请贵处协助安排好计划，并回执确认！ 祝 生意兴隆，合作愉快！	
备注	

二、与酒店部门的合作

酒店是旅游业发展的重要物质基础，是成本采购中最重要的一项。在计调人员负责为旅游者提供的食、住、行、游、购、娱一条龙服务的六大服务环节中，排在第二位，可见此项服务的重要性，见表3-3。

表3-3 旅行社与酒店部门的合作

项目	内容
合作步骤	1. 与酒店进行业务洽谈，实地考察住宿的环境、设施及服务，然后商定协议价格，签订合作协议书或经济合同书。 2. 了解有关订房的各种规定。具体包括： 　①有关订房的各种规定。如有无预订要求或提前预订房的时间； 　②明确旺季、平季、淡季的月份划分及其具体价格； 　③清楚客房单、双、三人间，大、中、小套间，豪华、总统套间等不同类型在不同季节的价格； 　④门市价、旅行社合同价和特殊优惠价，以及加床费、陪同床费等； 　⑤各式早餐、正餐的价格等。 3. 掌握酒店最新客房行情，争取更优惠的房价，要经常与酒店保持联络，及时主动地将旅游者的反映转达给酒店。 4. 设计、印制一些订单，如住房预订单、变更住房预订单、取消住房预订单等。 5. 把预订好的单子转交给接待部门或导游，以便搞好接待工作。 6. 明确与饭店的费用结算方式和结算周期，注意报账程序。
注意事项	1. 认真研究组团旅行社发来的传真或旅游者的要求，弄清楚旅游者要求的住宿标准。 2. 根据旅游者的住宿要求，在已签订协议的合作酒店中选择符合要求的酒店。 3. 电话联系该酒店销售部，传真发送订房通知单。在订房通知单上准确填写订房要求，尤其是对团号、入住时间、入住标准、入住人数、房价（是否含早餐）、有无特殊要求等项目必须准确、清楚、完整地填写。 4. 注意查收酒店的回传。饭店收到旅行社的订房传真后，一般会较快地做出决定，并在旅行社发去的传真上签注相应意见，再回传给旅行社。 5. 收到酒店的确认传真后，计调人员应立即登记，并按照发团日期顺序排列存档。若同一天有几个团队确认传真，可按收到回传的时间先后排列存档。
常见问题应对	1. 酒店无房，无法确认预订。此类问题一般多在旺季出现。每当此时，计调人员应该立即与其他的协议饭店联系订房；实在无法解决，就要请示经理，提高预订价格。经过这些努力后，基本上就能预订到所需的客房。为了防止类似现象的发生，计调人员在年初淡季前往旅游目的地实地考察酒店时，就应注意与多家饭店签订订房协议，选定的客房类型及价格也应该多样化，同时还应努力与饭店营销部的人员建立起良好的私人关系。 2. 无法拿到理想房价。由于预订时间离入住时间太近或预订的房间很少，计调人员订房时无法拿到理想的房价。遇到这种问题，计调人员应该与平时有业务往来的或有良好私人关系的实力较强的旅行社联系，委托其计调人员帮助联系订房，并以其旅行社的名义入住。实力较强的旅行社同意这样操作的理由在于，若本年度采购量增大，来年与酒店签订合同时讨价还价的能力也将增大。

项目	内容
常见问题应对	3. 在旅游者前往的目的地旅行社无协议酒店。任何一家旅行社都不可能与所有目的地的酒店签有协议，若出现上述问题，计调人员可采用的解决方案有两种：一是多方寻找与酒店有协议的旅行社，通过其联系订房；二是使用电信和网络找到当地饭店的联系方式，自行联系订房。这就要求计调人员平时一定要主动收集各种与旅游业务有关的综合信息，并做好所收集信息的分类。 4. 因故临时增加或减少甚至取消订房。计调人员在工作中常遇到此类问题，此类问题处理起来有一定的难度。对此类业务，计调人员要尽早办理，越早越主动。增加订房时力争原价增订，如果难度较大，也可以同意酒店的涨价，但要将涨价的情况告诉旅游者，由旅游者承担涨价部分的费用。对于减少或取消订房，一般旅行社与酒店在签订协议时有明文规定，计调人员在处理时既要考虑按协议办，又要应对灵活，把损失减少到最低程度。

 范 例

住房预订单

收件单位		发件单位	
收件人		发件人	
传真号		传真号	
团号			
入住时间		入住人数	
入住标准		价格	
中晚餐标		特殊要求	
备注：	1. 代订餐、房费结算账单，请寄我社财务部。 2. 其他费用均由旅游者自理，本社不予承担。 3. 收到订房委托书后，请速将订房回执传回我社。		
请确认！谢谢合作！		负责人签字	
		发件日期	

变更住房预订单

××饭店销售部：

　　请为我社预订下列团队住房，并速确认。谢谢合作。

团号：　　　　　　　国籍：　　　　　　　　　　　人数：

抵达时间：　　　　　离店时间：　　　　　　　　订房间数：

变更项目：　　　　　经手人：　　　　　　　　　联系电话：

报送日期：　　　　　收到日期：

续表

备注：
1. 变更订房费结算账单，请寄我社财务部。
2. 其他费用均由旅游者自理，本社不予承担。
3. 收到变更订房委托书后，请速将订房回执传回我社。
联系人
年　　月　　日

取消住房预订单

××饭店销售部：
请为我社取消下列团队住房，并速确认。谢谢合作。
团号：　　　　　　　　　国籍：　　　　　　　　人数：
抵达时间：　　　　　　　离店时间：　　　　　　订房间数：
变更项目：　　　　　　　经手人：　　　　　　　联系电话：
报送日期：　　　　　　　收到日期：
备注：
1. 取消订房结算账单，请寄我社财务部。
2. 其他费用均由旅游者自理，本社不予承担。
3. 收到取消订房委托书后，请速将订房回执传回我社。
联系人
年　　月　　日

三、与餐饮部门的合作

对于旅游者而言，"食"是旅游活动中的基本要素之一，旅游者通过"食"，不仅可以补充因旅游付出的体力消耗所需要的营养与水分，维持生理需要，更可以通过餐饮去体验异国、异地风情和文明，使旅游的经历更加丰富多彩。因此，与餐饮部门的合作是旅游采购业务中不可或缺的，见表 3-4。

表 3-4 旅行社与餐饮部门的合作

项目	内容
合作步骤	1. 先实地查看旅游定点餐厅的地点、环境、卫生设施、停车场地、便餐和风味餐菜单等。满意后，根据国家旅游行政管理部门规定的用餐收费标准，与餐厅或饭店洽谈用餐事宜，并签订有关经济合同与协议书等。 2. 与财务部门协商印制或打印专用的"餐饮费用结算单"。 3. 将下列有关内容整理、列表、打印、分发给接待部，并报财务部备案： ①签约餐饮单位名称、电话、联系人的姓名、风味特色等； ②不同等级旅游者的便餐、风味餐最低价格标准等。 4. 根据接待计划或订餐单，将用餐地点、联系人姓名转告接待部门或导游员，以便搞好接待工作。 5. 根据"餐饮费用结算单"与财务部门共同进行复核，并由财务部门定期统一向签约餐厅结账付款。

项目	内容
注意事项	1. 选择餐厅时，餐点不宜过多，应该少而精；而且要注意地理位置的合理，尽可能靠近机场、车站、码头、游览点、剧场等，避免因用餐而往返车。订餐时，及时把旅游者的宗教信仰和个别旅游者的特殊要求转告餐厅，避免出现不愉快和尴尬的局面。计调在选择餐厅时，应着重考虑如下因素：餐厅卫生、地理位置、车位、洗手间、餐标、风味餐、结算方式等。 2. 提醒餐厅，结算用的"餐饮费用结算单"上必须有陪同导游员的签字，否则无效。 3. 计调人员在操作旅游团时，不能盲目地接受餐厅或接待旅行社给出的标准，要根据客源地或旅游者类别不同按照标准编制餐单。

餐饮费用结算单

收款单位：	用途：	日期：
旅游团名称：	人数：	陪同签名：
标准：	单价：	
人数：	陪餐人数：	
数量：	金额：	
合计金额（大写）：	单位公章	
备注：本单须经陪同签名，数量必须大写，涂改无效，无公章无效。		

四、与旅游景区景点的合作

旅游景区景点是旅游活动的核心和空间载体，是旅游系统中最重要的组成部分，也是激励旅游者出游的最主要的目的和因素，因此参观游览是旅游活动最基本、最重要的内容。为保证旅游活动的顺利进行，计调人员必须与旅游景区景点合作，进行游览服务的采购（表3-5）。此项采购的关键是就价格和支付方式达成协议。

表3-5　旅行社与旅游景区与景点的合作

项目	内容
合作步骤	1. 与旅游单位就以下内容进行洽谈，并签订协议书及经济合同书，主要包括： 　①旅游团门票优惠协议价事宜； 　②大、小车进园的费用； 　③结账的期限。 2. 与签约单位协商印制专用的"参观游览结算单"。 3. 将以下有关签约单位的规定事宜整理列表，打印后分发给接待部并报审计、财务备案，主要包括： 　①签约单位的名称、电话、联系人； 　②将带团前往某旅游参观点的进行门方向； 　③去某旅游参观点的行车线路、停车地点。

续表

项目	内容
注意事项	1. 旅游单位在结算用的"参观游览券"上必须有单位的公章和导游员的签字，否则无效。 2. 旅行社还应与游览单位附属的服务部门和相关服务公司建立合作关系，签订合作协议书，以方便旅游团的游览和导游服务工作。

 范　例

参观游览结算单

参观游览券存根	××旅行社参观游览券
团名：	旅游团名称：
人数：	旅游团人数：（大写）　　佰　　拾　　个
地点：	收款单位（公章）：
陪同：	陪同姓名：
日期：	日期：　　年　　月　　日

景点门票价格协议

甲方：××××旅行社

乙方：××××景区

经双方协商，关于××××景区门票价格作如下约定：

一、乙方景点门票基本价格如下：

景点	门市价	旅行社折扣价
A1		
A2		
1. 儿童身高规定 1.2 米以上至 1.5 米以下购买儿童票，1.2 米以下免票。		
2. 旅行社折扣价景点门票提前一天预订，否则按门市价购票。		
3. 协议单位可挂账。		
联系人：　　　　　电话：　　　　　传真：		

二、甲方同一门票累计购票量达到 5 000 张，该种门票每张票价在旅行社折扣价基础上折让 5 元。

三、甲方同一门票累计购票量达到 10 000 张，该种门票每张票价在旅行社折扣价基础上折让 10 元。

四、累计期间为协议签订之日起至本年 12 月 31 日止。正常结算时间为下一年度 1 月 5 日至 10 日。

五、提前结算时，按当时的累计量返款。此后，重新累计。

六、以上协议，双方自愿达成，甲乙双方应共同遵守。

七、本协议一式两份，经双方法人签字加盖公章后即生效。

甲方：××××旅行社　　　　　　乙方：××××景区

法人：   法人：

公章：   公章：

年　月　日

五、与娱乐单位的合作

旅游娱乐是旅游活动的重要组成部分之一，丰富多彩的、健康向上的娱乐活动已成为旅游者在旅游生活中必不可少的重要内容，是参观游览活动的延续和补充。这就要求旅行社计调人员与剧场、戏院、各文艺团体等娱乐行业部门建立必要的合作关系，将健康向上、具有民族风格、代表民族精神的艺术奉献给旅游者，见表3-6。

表3-6　旅行社与娱乐单位的合作

项目	内容
合作步骤	1. 与娱乐单位就以下事宜进行合作洽谈，并签订协议书： 　①旅行社可以通过电话预订文艺节目票； 　②旅行社还可以为旅游者（团）进行包场演出； 　③文艺单位送戏上门演出。 2. 将下列事宜整理、列表、打印后分发给接待部，并报审计、财务备案，主要包括： 　①签约娱乐单位的名称、地址、电话、联系人等； 　②演出节目的种类和演出时间； 　③每张票的价格。 3. 随时与娱乐单位保持联系，有新节目上演时，了解节目内容，索取节目简介并通报给接待部。 4. 根据接待计划或订票单实施订票，并把订票情况如实转告接待部或陪同。 5. 财务部按协议统一结账或一次一报、一团一清。
注意事项	1. 旅行社要与各娱乐单位保持良好的协作关系，以丰富旅游产品的多样性。 2. 娱乐活动多安排在晚间，目的为丰富旅游者旅游生活、提高情调，同时，司陪、接待旅行社又可获得酬劳。

六、与保险公司的合作

旅游保险是旅游活动得到社会保障不可忽视的重要因素。因此，旅行社与实力强、信誉好的保险公司建立合作网络也是非常必要的，见表3-7。

表3-7　旅行社与保险公司的合作

项目	内容
合作步骤	1. 认真阅读国家旅游局关于旅游保险的相关规定和保险公司的有关规定。 2. 与保险公司就旅行社旅游者的旅游保险事宜签订协议书。 3. 将协议书上的有关内容进行整理打印，分发给外联部门并通知其对外收取保险费。 4. 将每一个投保的旅游者接待通知及时发传真给保险公司，并请保险公司及时回复传真确认，以此作为投保依据。 5. 注意接收和保存保险公司的《承保确认书》。

项目	内容
注意事项	1. 按照投保的准确人数每季向保险公司交纳保险费。 2. 旅游途中发生意外事故或遇到自然灾害，必须及时向在第一线的导游员了解情况，必要时去现场考察并以最快速度通知保险公司。还应在3天之内向保险公司呈报书面材料，其中包括： ①旅行社旅游者旅游保险事故通知书； ②旅行社旅游者保险索赔申请书。 3. 索赔时，须向保险公司提供有关方面的证明，其中包括： ①医院的"死亡诊断证明"； ②民航或铁路部门的"行李丢失证明"； ③饭店或餐厅保卫部门的"被盗证明信"等。

七、与接待旅行社的合作

旅行社向旅游者销售的旅游产品，通常有1至多个旅游目的地。采购异地接待服务的目的，是使旅游计划如期如愿实现。应该说，旅游产品的质量在很大程度上取决于各地接待质量，尤其是各旅行社的接待质量。因此，选择高质量的接待旅行社，是采购到优质接待服务的关键，见表3-8。

表3-8　旅行社与接待旅行社的合作

项目	内容
合作步骤	1. 收到组团旅行社的接待计划后，仔细核对各团的每项要求，尽可能按计划要求落实执行。 2. 当组团旅行社在遇到困难向接待旅行社提出要求帮助时，接待旅行社要积极配合，协力解决。
注意事项	1. 接待旅行社的资质、实力、信誉； 2. 接待旅行社的体制、管理； 3. 接待旅行社的报价； 4. 接待旅行社的作业质量； 5. 接待旅行社的接待质量； 6. 接待旅行社的结算周期； 7. 接待旅行社的合作意愿。

任务5　加强采购业务管理

一、正确处理保证供应和降低成本的关系

保证供应与降低成本，是旅行社采购工作中同等重要的两大任务。正确处理保证供

应和降低成本的关系的含义，就是"既要保证供应，又要降低成本"，听上去有点自相矛盾。的确是这样，因为保证供应与降低成本本身就是一对矛盾。因此，在实际工作中，旅行社要针对不同情况在这两者之间有不同的侧重，或者说，是在不同时期采用不同的策略来协调这对矛盾。在供应紧张时，侧重供应，调动所有关系，全力以赴保证供应；在供应充足时，侧重降低成本，尽可能多地扩大利润空间。例如，在旅游旺季时，机票常常是旅游业务最大的顽敌，报名参团的人数很多，可是机位却迟迟不能确认。此时"交通运输网"的作用就显现出来了。谁的网络范围广泛、合作关系良好，谁就能拿到更多的机位，也就能保证更多的成团率，这不仅能显示自己的运营实力，还能赢得潜在的客源市场。而在旅游淡季时，机位充足，客源紧缩，为了吸引尽可能多的旅游者，旅行社就要凭借良好的"交通运输网"，拿到优惠的价格，降低成本，提高产品的市场竞争力，保证自己旺季不慌、淡季不淡。

二、正确处理集中采购与分散采购的关系

集中采购是旅行社最主要的采购策略。旅行社是旅游中间商而不是旅游者，它把旅游者的消费需求集中起来向旅游服务供应企业采购，这种采购是批量采购而不是零星分散的采购。按照商业惯例和一般规律，批发价格应该比零售价格低，而且批发量越大，价格也就越低。因此，旅行社计调部门应该集中自己的购买力以增强在采购方面的还价能力。集中购买有两个方面的含义：一是把本旅行社各部门和全体销售人员接到的全部订单集中起来，通过一个渠道对外采购；二是把订单尽可能集中地投向一个供应商进行采购，用最大的购买量获得最优惠的价格。

分散采购也是旅行社采购时常用的策略，其重要性不亚于集中采购。在供不应求的紧张情况下，分散采购可能更易于获得旅游者所需的服务。另外，在供过于求十分严重的情况下，分散采购往往能够得到便宜的价格。这是因为，集中采购数量虽大，但其中远期预订较多，而远期预订具有较大的不确定性。例如，当旅行社和供应单位谈判来年的采购合同时，旅行社可以提出一个量很大的采购计划，但到来年，可能会由于种种原因使实际采购量比计划采购量减少很多。也就是说，计划量大，"水分"（即取消率）含量可能也高，供应单位会因此对买方计划的可靠性缺乏信心，也就不一定愿意把价格定得很低。反之，分散采购多是近期预订，预订时旅行社一般已有确定的客源，供应单位迫于供过于求的压力，常常愿意以低价出售。对于上述问题，旅行社计调可以采取两种策略：其一，计调人员和卖方商定适当的数量折扣，不论今后的实际采购量如何，买卖双方都以事先商定的折扣进行集中交易，从而双方都有利可图；其二，如果计调人员判定来年将出现严重的供过于求情况，则也可以用分散采购的策略，用近期预订的办法获得优惠价格。但是要注意，不论对卖方采取集中还是分散的采购策略，旅行社计调部门都应该把内部的购买力集中起来统一对外。

三、正确处理预订与退订、增订的关系

旅游属于预约性交易，旅行社一般在年底根据其计划采购量，与旅游相关行业洽谈

第二年的业务合作。计划采购量一般是由旅行社参照前几年的实际客流量，并根据对来年的市场预测确定的。计划数额与实际需求之间总会有差距，这就要求旅行社具有良好的预测、约定和应急能力，能处理好预订与退订、增订的关系。也就是说，在正常情况下，即在没有突发和意外事件时，旅行社要对自己往年的客流量有精确的统计，对来年市场的预测有理有据、准确率高。在与相关行业签订合约时，充分考虑到各种特殊情况发生的可能性，细致入微地约定好临时退订和临时增订条款，尤其是对非常事件和不可抗力造成的退订约定，并且要详尽明确，合理维护自己的权益，避免买卖双方发生不必要的纠纷。在实际运作过程中，如果计划预订量大于实际需求量，就需要临时退订，产生退订费用；反之，计划预订量小于实际需求量时，就需要临时增订，产生增订费用。增订一般还会有一定的数额限制。买卖双方因立场不同，对退订和增订的期限、数额和相应的费用，有着截然相反的期望。买方旅行社希望退订的期限越晚越好，增订的限额越高越好，退订的费用越少越好；而卖方则正好相反。总之，退订期限越晚，退订费用就越高，最高可达到销售价格的 100%。

一般情况下，如果买卖双方能本着互惠互利、相互理解、相互支持的原则，着眼长久和未来，是能够达成共识的，也是可以共同解决好预订与退订、增订的矛盾关系的。买卖双方协商的结果不可避免地要受到市场供求状况的影响。一方面，供过于求的市场状况有利于旅行社获得优惠的交易条件；另一方面，双方协商的结果还取决旅行社的采购信誉。如果在过去几年中旅行社的采购量一直处于稳步增长状态，其计划采购量与实际采购量之间的差距比较小，卖方就愿意提供较为优惠的条件。

四、正确处理计划变更的采购

旅游计划的变更以及突发事件的发生，都会影响到旅游活动的进程，并影响到原先的采购，这就需要计调部门对采购工作进行调整。一般来讲，计划变更后的采购工作，应遵循以下 3 条原则：

（1）变更最小原则。将计划变更所涉及的范围控制在最小限度，尽可能对原计划不做大的调整，也尽量不引起其他因素的变动。

（2）宾客至上原则。旅游计划是进行旅游活动的依据，旅行社同旅游者一旦约定后，一般不随便更改，尤其是在旅游活动过程中。对于不可抗拒因素引起的行程变故，应充分考虑旅游者的意见，并求得他们的谅解。

（3）同级变通原则。变更后的服务内容应与变更前的安排在级别、档次上力求一致，尤其是在酒店设施和服务方面。由于计划变更而造成旅游者利益损失的，旅行社应给予合理的赔偿或补偿，也可采取加菜、赠送纪念品等形式弥补因变更给旅游者带来的损失。

 **实训项目**

实训项目	本地旅游六大要素调查
实训目的	通过实训，让学生了解本地旅游六大要素的基本情况；分析旅游六大要素对旅游活动的影响。
实训地点	本地相关旅游企业。

实训步骤	1. 确定调查地点。
	2. 把学生分成六个小组，每个小组负责一个要素的调查。重点调查该地旅游六要素的特点、利用率等基本情况：
	  (1) 餐饮信息调查：收集本地特色餐馆，整理其位置、口味特点、特色菜肴、接待能力等信息，并列出一览表；
	  (2) 住宿信息收集：收集 2～3 家不同星级饭店的相关信息（位置、接待能力、房价、联系电话等），并列出一览表；
	  (3) 旅游车队信息搜集：走访旅游汽车公司，收集不同旅游车的概况（车内设施、座位数等），并列出一览表；
	  (4) 景区（点）信息收集：收集本地各景区（点）的接待信息，包括所处位置、开放时间、票价、游览所需时间、游览线路、周边交通等，并列出一览表；
	  (5) 进行购物点和娱乐单位信息的收集；
	  (6) 将各分项信息汇总、制表。
	3. 对调查结果总结，并归纳整理出来，以小组为单位进行交流。

实训成果	1. 本地旅游六要素基本情况分类汇总表。 2. 本地旅游六要素基本情况分析报告。

 **任务实践**

1. 根据所学理论知识及本地旅游六要素基本情况汇总表，结合某一旅行社的工作计划，为该旅行社与将合作的餐厅、酒店、购物商店、旅游景区、交通部门、娱乐部门分别拟订一份"合作协议书"。

2. 根据所学理论知识，了解在与酒店、餐饮、交通、景区、旅游商店等部门合作中存在的主要问题，为旅行社设计与各个旅游接待单位合作时所使用的费用结算单。

项目四
计调报价流程

[知识目标]

通过学习，学生要了解旅行社的产品价格，以及制定价格的基本目标、方法和策略，掌握旅行社产品价格的构成要素，掌握计调人员计价和报价的基本技巧。

[能力目标]

通过实训，学生能够为旅行社产品迅速、准确计价，对外报价，并能计算出利润。

 引导案例

忽略使用"计价表"的教训

某旅行社入境部欧洲业务处的小张，做计价业务已经快1年了。聪明伶俐、一学就会的他，进步飞快。师傅老王对他很满意。小张自己也觉得可以出徒了。小型团队和零散客户的计价工作，师傅也已经让他独立操作了。在此之前，每次算完价后，师傅都要仔细审核，确认无误后才能发给客户。适逢年末，一年一度的计价高峰如期而至，其间，所有的业务人员都在埋头苦干，忙得不亦乐乎，刚刚开始独立操作的小张也不例外。

为了能多做成几笔订单，小张也顾不得师傅教过的流程，怎么快就怎么来，效率倒是高了，一大摞的报价也都如期完成，大家总算能缓口气。在小张的报价中，有一家很快就回复确认了，而且还要预订好几个团队。小张很高兴，赶紧把这个好消息告诉了师傅。可是当师傅看过小张的报价后，原本满是喜悦的脸上突然阴云密布。师傅指出小张的报价有漏项，所以直观价格才显得那么诱人。他在附加费用中少算了风味餐和索道费。因为忙，小张没有严格按师傅所教的流程，一步步地计价、审核，也没有用"计价表"，仅根据客户的行程进行核算。行程中的需求很分散，有很多还隐藏在字里行间，很容易被忽略，只有按照"计价表"中的内容逐一核对，才可避免漏项。小张觉得自己对计价的内容和项目已经很熟悉了，甚至可以"倒背如流"，用不用"计价表"都无关紧要了。其实不然，人们往往对越是熟悉的东西，越容易忘记和忽略。少算的这几项，金额加起来也不少，核算后，该团亏损，这是小张始料不及的。经与客户联系，该报价已打在客户的广告上，无法追加。一言既出，驷马难追，该团的价格唯有如此了，只能赔本赚教训。根据公司规定，小张承担了部分经济损失。

 案例分析

计价中不可漏项，一定要反复审阅行程，逐项进行核对，最好能由具体报价人员和业务主管双向审核，确保万无一失后，再报出，防止差错，避免损失。错误的价格一经报出就像泼出去的水，报价不讲信用，出尔反尔，会影响公司声誉和业务合作。另外，不要拒绝"计价表"这类的工具，它是经验和智慧的结晶，学会利用它，可使工作事半功倍。

任务1 认知旅行社产品价格

一、旅行社产品价格的含义

旅行社产品的价格是直接成本与毛利之和。这里的毛利已包含了旅行社各种直接和间接费用及税金和折旧在内的利润，它通常根据直接成本的一定比例来确定。这个比例可以是旅行社预期的利润率，也可以是旅行社经营管理人员的经验数据，但无论如何，这一比例的大小都受本地区旅行社行业平均利润率的影响。各种产品毛利率不同，一般来说，国际游大于国内游，长线游大于中短线游，专项游大于观光游。

旅行社产品价格有两层含义：一是指旅行社提供各项服务的收费价格，包括导游服务收费、接送旅游者服务收费以及代办其他各项服务的收费等，这类价格一般针对散客要求的单项服务。二是指旅行社组织旅游者旅游期间，安排各项旅游活动项目价格的总和。它包括旅行社安排活动代付的食、住、行、游、购、娱费用，也包括旅行社的综合服务费，这种价格针对包价旅游的旅游者，又称旅游包价。

以接待业务为主的旅行社，其工作核心是如何以适当的价格将旅行社的产品通过适当的渠道推向选定的细分市场，销售过程的管理和售后服务，对旅行社来说具有非常重要的意义。而对旅游产品价格的具体操作，则是由旅行社计调人员来完成的。所以，计调人员要熟知旅行社产品的定价策略、定价依据等，才能准确、快速地计算出产品价格并对外报价。

二、旅行社产品价格的分类

价格是最直接、最敏感的影响旅游者购买行为的因素。但对旅游企业而言，它又是获得收入和赢利的主要手段。因此，价格必然成为营销策略中的重要因素之一。从不同角度，可对价格进行不同的划分。

（1）从旅游者对旅行社产品的需求程度角度划分。从旅游者对旅行社产品的需求程度出发，旅行社产品价格可分为基本旅游价格和非基本旅游价格。基本旅游价格是旅游活动中不可缺少的部分旅游产品价格，如交通价格、食宿价格等，是为了满足旅游者基本的旅游需求。非基本旅游价格是指旅游活动中对旅游者来说，可购买也可不购买的旅游产品的价格，包括纪念品价格、娱乐服务价格、参加保险的价格等。

（2）从旅游者的购买方式角度划分。从旅游者的购买方式出发，旅行社产品价格可分为单项服务价、包价和部分包价。旅游者可以根据需要选择不同的购买方式。如果是散客，可以零星的单项价格向旅行社购买。这种单项价格，就是各个具体服务项目所规定的价格。如交通费中的机票、车票及船票价格；食宿费中的房间价格、饮食价格；参观游览中的门票价格等，其中包括了旅行社的成本与利润。如果旅游者参加的是团队全包价旅游，就会一次性预付旅游活动所需的全部费用。全包价费，是按旅游行程所涉及城市的远近，旅游团的人数、等级和所要求的各项服务的多少来决定的。包价费用，一经双方最后确认，原则上不再重新结算，如遇人力所不可抗拒的原因，必须在改变行程、增减服务天数时才应重新计算包价费用。

（3）从游览范围角度划分。从游览范围出发，旅行社产品价格可分为国际旅游价格和国内旅游价格。国际旅游价格一般包括从客源国（或地区）到目的地国（或地区）之间的往返交通费、旅游产品价格，与本国及外国旅行社相应费用及利润之和。随着旅游活动的不断发展，在国际旅游价格中，部分包价与单项价格被越来越多的旅游者选择，有的旅游者甚至只订购往返机票，从而使旅游价格出现多种形式并存的局面。国内旅游价格也可分为单项价格、包价及部分包价几种。通常情况下，发展中国家的国际旅游价格比国内旅游价格高得多，但随着经济发展、全球一体化进程的加深，服务贸易将日益世界化，国际与国内旅游价格的差异将逐渐缩小。

（4）从消费层次角度划分。从消费层次出发，旅行社产品价格可以划分为豪华等旅游价格、标准等旅游价格、经济等旅游价格。第一，各等级根据旅游者的消费水平而收取不同的费用。同样的景点线路，大交通是往返飞机，还是往返火车相差甚远，就算是往返火车，卧铺和座位价格也不一样。第二，同样的行程和交通方式，如果住宿酒店星级不等，价格则不等。

三、旅行社产品定价目标

旅游产品的定价目标，是指旅行社在为产品定价时，预先设定的通过价格手段所要达到的预期目的和标准。旅行社在确定了明确具体、现实可行的定价目标之后，才能进一步按照适当的定价方法和策略去进行价格管理。因此，旅行社计调人员必须首先明确定价目标。

（1）维持生存目标。维持生存目标，也叫生存导向目标，这也是旅行社的最低目标。当旅行社面临竞争态势异常恶劣、客源大减、资金周转不灵、产品卖不出去等困难时，为避免破产倒闭，度过经营危机，以保本价格甚至亏本价格出售产品，以争取客源维持营业，并努力研制新产品的时机，重新占领市场。这种定价目标往往只作为特定时期的过渡性目标，一旦旅行社出现转机，它将很快被其他定价目标所取代。

（2）利润导向目标。利润导向目标，也叫当期利润最大化目标，这种目标通常都侧重于争取在短期内获得最大利润。以此为目标的前提条件，是旅行社及其产品在市场上居领先地位，旅游产品在市场上供不应求，而其他竞争对手则力量不强。此时，旅行社可采取扩大销售量和提高价格的策略来实现这一目标。但利润最大化并不意味着价格最高，这一目标可能会影响到市场占有率，为竞争者提供机会，所以旅行社应慎重采用这一目标，必须有长远的经营战略。

（3）预期收益目标。预期收益目标，也叫收益导向目标。旅行社对投入的资金，一般都希望在一定时期内收回，并获得一定的利益。因此，往往以获得一定的销售利润为目标来进行产品定价，采取"成本加成"定价法。这样难免会忽略市场需求、竞争状况等其他因素，所以，这一定价目标更适用于一些资产庞大、市场控制力强、竞争力强的大型旅行社，这些旅行社价格决策受弱小竞争者的影响较小。

（4）扩大市场占有率目标。扩大市场占有率目标，也叫销售导向目标，这是一种注重长期利益的定价目标。市场占有率也称市场份额，是指企业产品的销售量在同类产品销售量中所占的百分比。市场占有率高，可以通过规格的高低和市场占有率来降低成本，并可以取得一定控制市场和价格的能力，从而提高产品竞争力。通常产品价格的高低与市场占有率呈反比，所以，对于新创立或不满足自己所占市场份额的旅行社，一般可采取将自己产品定价低于主要竞争对手同类产品价格的方法，实行市场渗透，以取得更大的市场占有率，这是放弃眼前利益获得长远利益的一种战略。

（5）应付或防止竞争目标。应付或防止竞争目标，也叫竞争导向目标。在旅游市场竞争中，价格是最有效且又最敏感的竞争手段，旅行社可以有影响力的竞争对手的价格为基础，再根据自身条件对自己的产品进行定价。在一个竞争激烈的旅游产品市场中，若本旅行社实力较弱，一般价格应定低些。只有具备特别优越的条件，如资产雄厚、产品质量优异、服务水平很高等，才可能把价格定得高一些。

（6）树立或维持良好形象目标。树立或维持良好形象目标，也叫形象导向目标。旅行社形象，是旅行社通过长期市场营销等活动，而给予旅游者的一种精神感知。旅行社良好的企业形象会存在于旅游者的心目中，给旅行社带来可观的利润。良好的形象与产品销售、市场占有率、竞争能力等密切相关，且会通过价格表现出来。所以旅行社为建立或保持良好的形象，对产品价格的制定就要符合企业形象的要求。这种定价目标有利于改变目前我国旅游市场上恶性削价竞争的局面，提高旅行社的产品销售和利润率，也会受到旅游者的欢迎。

四、影响旅行社产品价格的因素

影响旅行社产品价格制定的因素，包括产品的内部因素和外部因素两个类型。产品的内部因素，是指构成旅行社产品的各项成本和利润；产品的外部因素，则包括旅游市场的供求状况、竞争状况、汇率、季节、替代产品价格等，见表4-1。

表4-1 影响旅行社产品价格的因素

分类	因素	内容
内部因素	固定成本	即在一定范围内和一定时间内总额不随经营业务量的增减而变动的产品成本，包括旅行社的房屋租金或房屋折旧、其他固定资产折旧、宣传促销费用、销售费用（电话、传真、往来信函的邮寄费用）、员工工资等。固定成本应分摊到旅行社所销售的全部产品中。 固定成本分摊到单个产品里的份额，同旅行社的总销售量成反比关系，产品的销售量越大，分摊到每个产品中的固定成本份额就越小。
	变动成本	即随着旅行社产品销售量的变化而变化的各种成本，与产品的销售总量成正比例关系，包括旅游者的交通、餐饮、住宿、导游讲解、景点门票、旅游保险、旅游团陪同人员的交通和住宿等项成本费用及旅行社交纳的营业税金等。 变动成本通常是旅行社产品的主要成分，是决定产品价格的主要因素。旅行社产品销售越多，变动成本就越大。
	利润	指旅行社通过销售其产品所获得的收入与旅行社为生产和销售产品所付出的各项成本费用相抵后的余额，是旅行社经营的财务成果。 旅行社产品的价格中必须包含一定比例的利润。
外部因素	供求状况	当旅游市场上对于旅行社的某种产品的需求增加时，旅行社常常提高该产品的销售价格；当旅游市场上对某种产品的需求量减少时，旅行社往往降低产品的销售价格。
	竞争状况	如果旅游市场上经营同类产品的旅行社数量众多，且呈现供大于求的局面时，旅行社通常将价格定得较低；如果旅游市场上经营同类产品的旅行社数量较少，甚至是某旅行社独家经营，形成供不应求的局面时，旅行社一般将价格定得较高。
	汇率	当本国货币贬值时，入境旅游产品的实际价格下调而出境旅游产品的实际价格上涨；当本国货币升值时，入境旅游产品的实际价格上涨而出境旅游产品的实际价格下降。 旅行社在制定入境旅游产品和出境旅游产品的价格时，必须关注货币汇率的变化，根据具体情况对产品价格做出相应调整。
	季节	一般情况下，旅行社在旅游旺季时会保持其产品售价不变或将产品售价上调，在旅游淡季时则往往将产品售价适当地降低，以吸引更多的旅游者。
	服务特色	服务特色是无形的，但只要它是独特的、有吸引力的，能激发旅游者精神上和心理上满足的，就是价格附加的基础。 特色越明显越具有垄断性，其价格就可定得越高。 旅行社产品市场要改变恶性削价竞争，就必须以产品差异代替价格竞争，而产品差异竞争在很多情况下是以服务特色竞争的形式出现的。

五、旅行社产品的定价方法

旅行社所经营的产品具有很强的波动性，在其成本结构中，变动成本所占的比例较高，这也造成了旅游产品价格的灵活性很大。在实际工作中，计调部门定价的方法有很多种。但无论采用哪种方法，都必须分析市场需求、产品成本和竞争状况这三大因素。

（一）成本导向定价

这类定价方法是以旅游产品的成本作为主要依据，再综合考虑其他因素来制定价格。不同旅游产品的成本构成存在差异，在成本基础上核算利润的方法也有多种，成本导向定价可以分为成本加成定价法、目标利润定价法、盈亏平衡定价法、边际贡献分析定价法等几种。

1. 成本加成定价法（赢利）

成本加成定价法，是指将单位产品的变动成本总额和一定比例的利润加在一起后确定产品价格的定价方法。其计算公式：

单位产品价格 = 单位产品成本 × （1 + 加成率）

例如，某旅行社的一个旅游行程的单位变动成本是 2 000 元，固定成本是 300 000 元，假设报名参加这个旅游行程的旅游者为 100 人，旅行社的预期利润为 15%，请问单位产品销售价格是多少？

$$\begin{aligned}单位产品价格 &= 单位产品成本 × （1 + 利润率）\\ &= [2\ 000 + （300\ 000 ÷ 100）] × （1 + 15\%）\\ &= 5\ 000 × （1 + 15\%）\\ &= 5\ 750\ 元\end{aligned}$$

成本加成定价法是旅行社的一种常见定价方法，其主要优点是计算简便，而且在市场环境基本稳定的情况下能够保证旅行社通过销售产品获得一定比例的利润。然而，这是以成本为中心的定价方法，它只是从保证旅行社本身的利益角度制定产品价格，忽视了市场需求多变的现实。所以，利用这种方法制定出来的产品价格有时不能够被广大旅游者所普遍接受，甚至会因此造成旅行社产品在市场上缺乏竞争力的后果。

2. 目标利润定价法（赢利）

目标利润定价法，又称投资回收定价法，是指旅行社为在一定时期内收回投入企业的资金而采用的一种定价方法。首先，旅行社为所投入的资金确定一个回收期限，然后根据投资额和回收期限计算出目标利润率和目标利润额，最后根据目标利润额、固定成本、单位产品变动成本和预期销售量制定出产品的销售价格。其计算公式为：

单位产品价格 = 固定成本/预测销售量 + 单位产品变动成本 + 单位产品目标利润

其中：单位产品目标利润 = 目标利润总额/预测销售量

例如，某旅行社以接待国内旅游团为主营业务。该旅行社 2015 年的目标利润总额是 800 000 元，固定成本 1 000 000 元。根据预测，该旅行社将于 2015 年接待 50 000 人天的国内团体包价旅游者。据调查，该旅行社所在地区适于接待国内旅游团的饭店平均房价是 200 元/间夜；旅行社接待每人天的综合变动成本为 50 元。

那么，该旅行社接待国内旅游者的每人/天收费是：

1000 000/50 000＋200/2＋50＋800 000/50 000＝20＋100＋50＋16＝186（元）

目标利润定价法的优点是旅行社可以通过这种定价方法保证实现既定的目标利润和目标收益率，在预定的回收期内收回投资，从而保护了投资者的利益。然而，同成本加成定价法一样，目标利润定价法也是一种从保护旅行社的利益角度制定产品价格的方法，没有充分地考虑到市场需求和竞争的实际情况。此外，这种方法是以预测产品销售量为基础计算产品价格，而旅行社的产品需求弹性大，其销售量往往取决于产品的价格，因此，用这种方法计算出来的产品价格难以确保预测的销售量得以实现。

3．盈亏平衡定价法（保本）

这种方法，又称保本定价法，指旅行社根据产品的成本和估计销量计算出产品的价格，使销售收入等于生产总成本。其计算公式为：

单位产品的价格＝单位产品的变动成本＋（固定成本总额/估计销售量）

例如：某旅行社的一个旅游行程的单位变动成本是2 000元，固定成本是300 000元，假设报名参加这个行程的旅游者为300人，请问单位产品销售价格是多少？

单位产品价格＝单位产品成本×（固定成本总额/估计销售量）

＝2 000＋（300 000÷300）

＝2 500＋1 000＝3 500（元）

盈亏平衡定价法是企业对各种定价方案进行比较选择的参考标准，以其他方案制定出来的价格如果高于盈亏平衡价格，企业就有钱赚；如果低于盈亏平衡价格，企业则亏损。

4．边际贡献分析定价法（不求赢利，只求少亏）

这种方法，又称变动成本定价法，是旅游企业在定价时只计算变动成本，不计算固定成本，只要价格高于单位产品的变动成本，企业就可以继续生产和销售，否则就应该停产、停销。

即：单位产品售价＞单位产品的变动成本

边际贡献＝单位产品售价－单位变动成本

例如：某一旅游产品的总成本为800元。其中，变动成本为600元，固定成本为200元。现在，产品销售十分困难，旅行社为了减少亏损只能采用边际贡献定价法来确定产品的价格。单位产品的价格至少要定在高于600元的水平。

边际贡献分析定价法的优点，是使旅行社在市场条件不利的情况下仍能保住市场份额，并可随时根据市场需求和季节的变化对价格进行调整，具有较大的灵活性。这种方法的缺点是使旅行社蒙受一定的利润损失。另外，产品的变动成本经常因旅游服务供应市场变化而发生变动，迫使旅行社需不断地重新计算和调整产品的价格。

（二）需求导向定价

这类定价方法是以旅游产品的市场需求为主要依据，综合考虑旅行社的营销成本和市场竞争状况而制定或调整营销价格的定价方法。由于和需求有关的因素很多，而且旅行社对各种因素的重视程度和认识情况不尽相同，因此其具体形式有很多种，主要介绍以下三种：

1．需求差异定价法

需求差异定价法，可以说是"看客下单"，是指旅行社根据旅游者对产品的价值认识及旅游者对产品需求的差异基础上的定价。也就是对单位成本相同或相近的同类产品，根据不同细分市场的需求，制定不同的价格。实施差异定价是有条件的。一般而言，必须是在市场细分之后，细分市场在不同的条件下表现出的需求强度有明显的差别。同时，实行差别定价必须以不引起旅游者的反感为条件。

2. 认知价值定价法

认知价值定价法，也称"感受价值定价法""理解价值定价法"。这种定价方法认为，某一产品的性能、质量、服务、品牌、包装和价格等，在旅游者心目中都有一定的认识和评价。旅游者往往根据他们对产品的认识、感受或理解的价值水平、综合购物经验，对市场行情和同类产品的了解而对价格作出评判。当商品价格水平与旅游者对商品价值的理解水平大体一致时，旅游者就会接受这种价格；反之，旅游者就不会接受这个价格，商品就卖不出去。

3. 价格需求弹性定价法

当旅游产品价格发生变动后，其市场的需求量一般都会有所变化。价格需求弹性定价法就是利用需求弹性系数的大小来判定产品定价的合理与否，以便为旅行社调整价格提供依据。当需求弹性系数大于1时，说明这种旅游产品富有弹性，降价可以大幅度提高销售量和销售额；若弹性系数等于1或接近1时，说明没有弹性或弹性较低，此时降低价格会增加销售量，提价会减少销售量，但无论是提价或是降价都不会影响最后的销售额，当然降低价格后增加了销售量可以提高市场占有率；若需求弹性小于1，说明缺乏弹性，提高价格可以使销售量小幅下降，但销售总收入会增加。

（三）竞争导向定价

旅行社以同类旅游产品在市场供应中的竞争状况为依据，以竞争对手的价格为参照的定价方法即是竞争导向定价法。这种定价方法是围绕竞争状况展开的，同时考虑旅行社自身的实力和市场定位及战略目标等因素。

1. 随行就市定价法

随行就市定价法，是指旅行社通过对市场竞争、市场需求及旅游者反应的不断监测，以随机的方式对产品价格进行相应调整，以期在可能的范围内获得最大利润的定价方法。这种定价方法充分考虑了市场竞争的因素和旅游者的反应，所制定出的产品价格容易为旅游者所接受，并能够使旅行社在市场竞争中取得优势地位。这种定价方法的不足之处是，旅游者的态度因受众多因素影响而不断变化，从而导致旅行社在判断旅游者态度方面困难很大；旅行社无法预测产品的销售量和经营利润；旅行社采用随行就市定价法与其他同类旅行社竞争，容易引起竞争对手的报复，从而导致恶性削价竞争的局面。

2. 率先定价法

率先定价法比较主动，一般被那些实力较强或产品具有很强独特性的旅行社所采用。首先，将市场上存在竞争关系的产品价格与自身的产品价格进行比较，将其分为高于、一致、低于三种层次；其次，对产品的质量、成本、产量、性能等要素进行比较和分析，找出造成价格差异的原因；再次，根据分析的结果确定本旅行社产品的定位，按照营销目标确定销售价格；最后，根据竞争对手的价格变化做必要的分析，适时进行价格调整。

这种定价方法相对灵活，更重要的是可以使自己处于主动地位。一些实力雄厚的旅行社或产品独具特色的旅行社可以采取这种主动竞争的定价法。自行制定价格后，在对外报价时先于同行报出，可以在同行中取得"价格领袖"的地位，获取较高的利润。

六、旅行社产品的定价策略

（一）新产品定价策略

新产品定价策略是否适当，对新产品的推广起着十分重要的作用。一般而言，新产品的定价策略主要有以下三种：

1. 撇脂定价策略

撇脂，原意是指将牛奶上的那层奶油撇出。撇脂定价，是指新产品投放市场时，在短时期内采用高价，获得高额利润的定价策略。新产品刚上市时，需求弹性较小，旅游者对产品价格的反应不敏感，竞争对手也较少，因而可能在短时期内获得最大的利润。

撇脂定价策略的优点是利润大，可及时回收成本投资。高定价也有利于树立高质量的产品形象，并给旅行社留有一定的降价空间，以吸引对价格敏感的旅游者。但是，如果最初定价太高，则不利于开拓市场，也会引来大批竞争者的加入，因竞争激烈而造成利润下降，所以，撇脂定价是一种短期的价格策略。旅行社若想长期使用这种策略，就必须不断进行产品创新。可以看出，这种定价策略适合创新能力较强的旅行社。

2. 渗透定价策略

渗透定价策略与撇脂定价策略恰恰相反，它是一种低价策略。旅游新产品进入市场时，为迅速打开市场，获取市场份额，以较低的价格吸引旅游者。这种价格策略不仅可以迅速打开销路，扩大市场销量，增加赢利，而且可以阻止竞争者的进入，有利于控制市场。但这种策略的运用也有可能导致因投资期较长而遭受损失。采用渗透价格策略应具备以下条件：市场对价格高度敏感；旅行社能逐步降低产品的成本；低价格有助于阻止竞争者的进入。

3. 满意定价策略

满意定价策略介于上述两种策略之间，是一种折中策略。其价格比撇脂定价低但比渗透定价高，既能保证旅行社获得较满意的初期利润，又能使较多的旅游者接受。这种定价策略也称为"温和价格"或"君子价格"。

（二）心理定价策略

很多旅游者对产品价格较为敏感，因此，在实际操作中可以利用旅游者对价格的心理反应制定价格。心理价格策略主要有以下四种。

1. 整数定价策略

整数定价策略是在定价时采用合零凑数的方法，制定整数价格。旅游产品的内容和服务十分丰富，旅游者很可能用价格来衡量产品的质量。制定整数价格可以提高产品的身价，显得质优价高，从而刺激旅游者的购买意愿。

2. 尾数定价策略

尾数定价策略，也称非整数定价策略，即给旅游产品定一个以零头数结尾的非整数价格。很多旅游者认为，整数价格是概括性定价，是不准确的。尾数定价可以使旅游者产生价格精确的最低价格的心理，即使对一些价格较高的产品也觉得可以接受。

3. 分级定价策略

由于大多数旅游者不大会感觉到价格的细微差别，并且对很多旅游产品的需求曲线呈阶梯状。因此旅行社可以把旅游产品划分为几档，为每一档制定一个价格，使旅游者觉得各档次价格反映了产品质量和内容上的差异，以简化其选购过程。旅行社经常采用这种定价策略，将同样的旅游行程产品划分为豪华、标准和经济三种档次，分别制定不同的价格吸引不同层次的旅游者。在实际操作中，一定要注意级别不宜太多，要使不同等级的产品在质量、性能、内容等各方面有明显的区别和差异。

4. 声望定价策略

这种定价策略实际上是利用旅游者"价高者质必优"的心理，针对旅游者心目中信誉较高的旅游产品制定较高的价格。旅游者在识别名优产品时，这种质优价高的心态尤为突出。为独特、高质量、高性能的产品制定高价格不仅可以显示产品特色，给旅游者留下良好的印象，而且可以使旅游者在购买时感觉到提升了自己的声望。一般而言，旅行社采用这种策略制定的价格，多为同行业同类产品中的较高价格或最高价格。

5. 招徕价格策略

招徕价格策略带有很强的促销导向作用，是指旅行社借廉价销售某几项产品之机，吸引旅游者在购买这些产品的同时顺便购买其他常规价格的产品，从而使旅行社整体上实现收入增加和赢利。这种策略主要运用于连带性较强的旅游产品。

（三）折扣定价策略

折扣定价策略是指旅行社在确定基本价格的基础之上，给予旅游者一定价格折扣的策略，以此吸引购买或增加消费。常见的折扣策略有数量折扣、现金折扣、交易折扣、时间折扣（包括季节折扣）、实物折扣等。

1. 数量折扣

数量折扣是旅行社为鼓励中间商大量购买，根据购买的数量或金额而给予一定的折扣。数量折扣又可分为累计数量折扣和非累计数量折扣。累计数量折扣，是指在一定的时期内，按照购买的总数量或总金额给予折扣；非累计数量折扣，是指根据一次性购买的数量或金额给予折扣。这种策略可鼓励旅游者多次购买本旅行社的产品。运用数量折扣时，要注意确定好基点量和各数量档次的折扣率。

2. 现金折扣

现金折扣，也称提前支付折扣，是指旅行社在赊销情况下，对那些提前付款的旅游者，给予一定比例的价格优惠。这种折扣可改善旅行社的现金流通，减少坏账损失。

3. 交易折扣

交易折扣，也称功能折扣，是指旅行社对提供某些宣传、推销等营销功能的中间商，给予一定的价格折扣。旅行社采取此种策略，可减少营销费用，从而省下成本费用，以折扣的形式转让给客户。交易折扣作为中间商发挥销售职能的报酬，也是稳定销售渠道的重要措施之一，是现代旅游产品交易中普遍采用的措施。

4. 季节折扣

季节折扣，又称季节差价，是指旅行社为吸引、鼓励旅游者或客户在淡季购买本社产品而给予的价格优惠。此策略可使旅游产品生产与销售保持相对稳定，减少淡季时设施与人员的闲置。

旅行社可以选择的定价方法和定价策略是多种多样的，但适合自己的毕竟是少数。而且，由于环境状况的不断变化，某些方法或策略可能只在某些情况下适用。旅行社计调人员一定要遵循客观规律的要求，在全面、准确地调查及预测基础上，作出准确的判断，使用科学的方法确定价格，充分与市场相吻合。

七、旅行社产品定价程序

价格是调节经济利益、传递经济信息、影响经济形象的重要因素。旅行社产品定价的程序主要包括如图4-1所示的几个步骤。

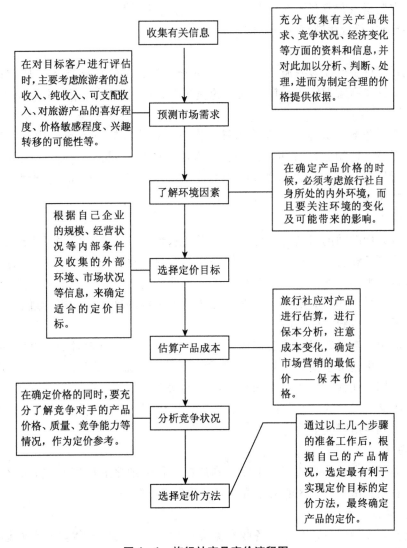

图4-1 旅行社产品定价流程图

八、旅行社产品价格构成

（一）组团旅行社旅游产品价格构成

组团旅行社旅游产品价格主要由城市间交通费、地接费用、全陪费用、接送费用等部分构成。其中，城市间交通费主要指飞机、火车、轮船、内河及古运船和汽车客票价格，因受到人民币汇率、供求关系以及设施改善等各方面因素的影响，都要作出相应的调整。地接费用，主要是指异地接待旅行社接待组团旅行社旅游者的各种费用。全陪费用，主要指组团旅行社派出全陪全程陪同旅游者游览的费用，它由全陪导游差旅费加上劳务费构成。全陪导游差旅费按照国内一般公务人员差旅费标准计算，包括全陪导游赴首站至终站陪同期间及返程的全部交通费、住宿费、陪餐费（不含宴会）和差旅补助费。接送费用，主要指旅游者客源地至主要交通港的往返交通费。

（二）接待旅行社旅游产品价格构成

1. 餐费

主要包括接待旅行社为旅游者（团）提供一天早、中、晚三餐（包括饮料、水果）的收费标准；许多酒店为住店旅游者提供免费早餐，因此旅行社报价时含的餐费多指正餐的费用。

餐费一般由基本餐费加上地方风味餐差构成，餐费按旅游天数的顿数与标准计算。其中，基本餐费由计划旅行时间内旅游者每天用餐收费标准之和构成；地方风味餐差，是指接待旅行社宴请旅游者品尝地方风味的费用。地方风味餐的标费，通常由当地基本餐费加上标准风味餐差构成。

2. 房费

一般指双人标准间的房费，也可按旅游者要求预订高、中、低档酒店或由旅游者自订房、委托代订房和委托代订指定房，但一律加收自订房手续费。团队价和散客价相差很大，淡季价、平季价和旺季价也有很大差异。计调人员必须熟悉业务，充分了解每个地区酒店的淡、平、旺季的划分，否则将无法保证报价的准确性，报价过高会失去竞争力，报价过低会造成旅行社亏损。

房费一般由基本房费和房差费构成。基本房费由计划旅行地各饭店既定的客房日租单价之和组成。房差费包括：自然单间房差费，即由于旅行团人数、性别构成的不同，而可能引起实用房间数超过预订房间数所发生的房差费；客房时差费，即由于旅游者离店退房时间不同所发生的房差费；夜房差费，即由于旅行团在晚餐后到翌日凌晨4时前抵达饭店，并占用客房时发生的房差费。

3. 市内交通费

市内交通费，也称小交通费，主要指到达旅行目的地之后游览参观时的交通费，包括市内接送费用和市区到景区的交通费及景区的观光车费等。

4. 游览景区门票

即游览参观点门票费，它包括各收费景点门票、景点内站车等垄断专营运载工具和观光索道、电梯费等。当前，我国旅行社推出的全包价，一般只包括各景点的首道门票，而不包括景点内小景点门票和索道等其他门票。

5. 导游服务费

导游服务费也称地方陪同费，主要是地方陪同导游劳务费。这部分费用也是按照旅行团人数等级确定标准，并按每人每天平均收费计入导游费成本。我国各旅游相关单位一般都对导游实行免费接待，其陪同交通费、住宿费和陪餐费成本相应会减少。

6. 旅游保险费

即旅游者的人身意外保险费。为了使旅游者在旅游期间发生伤亡、疾病、被盗等意外事件时能得到必要的补偿，在对外报价时每人加收保险费。这种保险费一般由旅游者自行办理，旅行社也可以为旅游者牵线搭桥，进行义务代办。万一发生旅游者保险索赔事宜，则应由旅游者与保险公司按双方合同规定办理，旅行社不参与。

7. 附加费

即上述计划费用以外的、旅行团在游览期间临时发生的费用，包括汽车超公里费、游船（游艇）临时加收的服务费以及各游览参观点由于种种原因临时加收的费用，如会议室费、娱乐活动费、体育比赛场地租用费、赠送礼品费、资料费等。这部分费用也应按照一定的标准进行计算，并按每人每天平均费用计入成本。

8. 综合服务费

即旅行社的综合毛利，由组团旅行社和接待旅行社手续费构成。这部分费用要按照旅行团人数等级和质量标准进行计算，通常与旅行团的人数呈反比，与旅行团的服务规格标准呈正比。综合服务费的分配比例由组团旅行社与接待旅行社按双方协定分配。

9. 不可预见费

即由于种种不可预见原因而临时发生的费用。主要有因非旅行社直接责任引起的旅行社违约损失赔偿费以及其他难以预料而又必须支付的费用，如由于飞机延误本该在下一城市用晚餐，却在出发地用了晚餐，这顿餐费从"不可预见费"中支出，原定在下一城市用晚餐的餐费予以照付，以减少接待旅行社的损失；再如意外情况乘坐的出租车费等。这部分费用也要按照一定的标准计算，并摊入收费成本。由于不可预见费不一定每个旅行团都能用上，计算尺度比较难以掌握。目前，多数旅行社还没有把这项费用正式列为成本项目，只是在其他成本项目收费中考虑了这方面的因素。

任务 2　接待社计调计价与报价

内部计价是计调人员一项重要的基本功，也是旅行社计调部门一项非常重要的工作，要根据市场需求制定合理的价格，并及时对外报价，才能最大限度地占领市场份额。

一、接待旅行社计调内部计价

接待旅行社计调内部计价是指接待旅行社在向组团旅行社报价之前，对接待旅行社的各项成本进行计算的过程。根据行程安排，确定各服务单位的价格，把各服务单位的价格加起来就是接待旅行社的内部计价。

计调内部计价的基础是对旅游产品和服务的各项成本的掌握。一般来说旅行社的成本费用包括直接成本和间接成本。

$$实际成本 = 直接成本 + 间接成本$$

其中，直接成本包括导游服务、食住行游购娱、各项附加费（如机建费、意外保险、房差、减免人数等）等。间接成本包括员工工资、保险、房屋租金、电话费、广告费（如平面、报纸、印刷品、网络、电视、推介会等）、税金、不可预见费等。

实际计算中往往不含导游服务费、车价高低浮动、员工变更、广告投入等费用，所以计算出来的成本通常低于实际成本。

 范例

北京—华东5日游

一、旅游产品介绍及旅游行程安排：

D1：上海机场接团，上海老街—豫园商城—城隍庙商业区观光（90分钟）；晚上可自费欣赏国际大都市上海璀璨夜景（游览时间：150分钟）。住：上海（晚餐）

D2：早餐后，乘车赴杭州（车程约150分钟），游西湖（游览时间120分钟），漫步苏堤，花港观鱼，乘船游西湖（游览时间：40分钟）：观三潭印月、苏堤、白堤、断桥、雷峰塔、湖心亭；车游钱塘江、观六和塔外景；游览中国爱情故事《梁山伯与祝英台》发祥地之一的万松书院（游览时间：60分钟）；晚上可自费欣赏《宋城千古情》（时间：150分钟）。住：杭州（早中晚餐）

D3：早餐后，赴淳安（车程约120分钟），乘船游览千岛湖，登湖区中心3~4个岛屿，乘车赴黄山（车程约210分钟）。住：山下（早中餐）

D4：早餐后，步行上山，黄山一日游，步行下山。住：南京（早中晚餐）

D5：早餐后，游国家AAAA级旅游景区中山陵陵寝、明孝陵、音乐台和灵谷景区（游览时间：150分钟）；游览江南四大明楼之一、国家AAAA级旅游景区阅江楼景区（游览时间：60分钟）；南京南站送团（G152次）。（早中餐）

接待标准：

1. 住宿：全程三星酒店双人标准间。

2. 用餐：正餐8菜1汤，10人1桌，团餐不含酒水。最后晚餐现付。

3. 门票：含景点大门票。乘船游西湖、万松书院，乘船游览千岛湖（门票+船票），黄山一日游（门票+景交），阅江楼景区、中山陵景区（如因政府原因不开放的景点，按照旅行社与景区协议价退还门票）。

4. 交通：当地空调旅游车，55座空调旅游车。

5. 导游：优秀持证导游服务。

6. 保险：含旅行社责任险。

7. 儿童：如果景点免票，按旅行社与景点协议价返还。

自费项目：

1. 自费欣赏国际大都市上海璀璨夜景（自理200元/人，含黄浦江游船票、金茂大厦88

层观光票、车游夜景等）。

2. 自费欣赏宋城千古情（自理：普通席 200 元/人，贵宾席 220 元/人，含宋城门票、表演剧场票等）。

二、招待社计调计价

根据上述资料，上海接待旅行社计调人员要认真核算各项成本价。

房费：全程三星酒店双人标准间，240 元/（间·晚），含桌早。

餐费：全程含 7 正，350 元/人。

车费：8 500 元（当地空调旅游车，55 座空调旅游车）

导服费：1 000 元（优秀持证导游服务）

景点门票：乘船游西湖 19 元/人，万松书院 5 元/人，乘船游览千岛湖（门票＋船票）165 元/人，黄山一日游 258 元/人，阅江楼景区 8 元/人，中山陵景区 85 元/人。

高铁票：445 元＋5 元＝450 元/人。

人数：50 人

以上为分解报价，按此行程，每人综合费用粗略计算如下：

房费：240 元/间÷2 人×4 晚＝480 元/人

餐费：50 元×7 正餐＝350 元/人

车费：8 500 元÷50 人＝170 元/人

导游服务费：1 000 元/团÷50 人＝20 元/人

景点门票：19 元/人＋5 元/人＋165 元/人＋258 元/人＋8 元/人＋85 元/人＝540 元/人

返程火车票：450 元/人

上海接待旅行社的计价：480 元/人＋350 元/人＋170 元/人＋20 元/人＋540 元/人＋450 元/人＝2 010 元/人

（以上仅考虑普通情况下，如：人数为偶数，住房不出单男单女等。出入之处按团队实际情况计算。）

二、接待旅行社的对外报价

报价就是将旅游行程的内容结合价格以信息的形式传播给旅游者或旅游中间商，做到产品质量与销售价格相符。旅游行程报价要体现等价原则。一方面，旅游行程中各个项目，包括交通、餐饮、住宿、景点、娱乐等在接待质量上一定要与产品价格相符，不得有"水分"或"偷工减料"；另一方面，导游提供的服务在接待质量上必须做到规范化、标准化，与行程中所含的导游服务费相符。

接待旅行社的对外报价，是指接待旅行社在内部计价基础上加上一定利润后向组团旅行社报出的接待价格。组团旅行社接到传真后，将对几家接待旅行社的报价进行比较，最后选择某一家旅行社。进行接待对外报价有两种方法：一种是直接在计价上加 10% 的利税；另一种是采用成本加成法进行分项计算。

（一）直接加成法

直接加成法，就是计调人员直接在接待旅行社内部计价的基础上加上一定比例的利税。接待旅行社对外报价，就是把上述计价加上旅行社的税金，传真或报知组团社和外联人员，组团旅行社接到传真后，将对几家接待旅行社的报价进行比较，最后选择某一家旅行社进行接待。

接待旅行社主要是向组团旅行社报价，按照上述接待旅行社的计价结果，加上10%的利税就可以对组团旅行社报价了。

以前文中的"北京—华东5日游"为例，接待旅行社对组团旅行社的报价为：

例：接待旅行社对组团旅行社的报价 = 2 010 元/人 + 2 010 元/人×10%（利税）= 2211 元/人

其中，201元是接待旅行社的利税。

（二）分项计算法

分项计算法，就是根据服务单位的价格，对每一项旅游服务进行计算，然后计算出接待旅行社的报价。

如上例"北京—华东5日游"中，上海接待旅行社的报价为2 126元/人。分解如下：

房费：300 元/间 ÷2 人×4 晚 =600 元/人（其中，300 元是接待旅行社在每间房240元住宿费成本的基础上加了60元的利润）

餐费：50 元 ×7 正餐 =350 元/人

车费：8 800 元 ÷50 人 =176 元/人（其中，8 800 元是接待旅行社在8500 元车费成本的基础上加了300 元的利润）

导游服务费：1 000 元/团 ÷50 人 =20 元/人

景点门票：24 元/人 + 10 元/人 + 170 元/人 + 263 元/人 + 13 元/人 + 90 元/人 = 570元/人（其中，570 元是接待旅行社在每个景点门票成本的基础上加了 5 元的利润）

返程火车票：450 元/人

上海接待旅行社的报价：600 元/人 + 350 元/人 + 176 元/人 + 20 元/人 + 570 元/人 + 450 元/人 = 2 166 元/人

上海接待旅行社利润：接待旅行社总报价 – 接待旅行社的计价（总成本）= 2 166 元/人 – 2 010 元/人 = 156 元/人

上海接待旅行社总利润：156 元/人 ×50 人 =7 800 元

接待旅行社对组团旅行社进行报价时可以通过 QQ、MSN 等方式进行联系和沟通，但最后的确认环节必须通过行程报价单，以传真的方式进行。传真件上要有双方单位操作人员的签字和单位盖章。

 范 例

团队行程报价单

团号		团队等级		人数	
接团时间地点		接待旅行社标志			
送团时间地点		组团旅行社标志			
全陪姓名电话		地陪姓名电话			

行程安排	
接待标准	1. 住宿：　　　　　　　　　　　2. 用餐： 3. 导游：　　　　　　　　　　　4. 门票： 5. 交通：　　　　　　　　　　　6. 保险： 7. 其他：

分解报价	项目	单价（元／人）	人数	合计（元）	备注
	餐费				
	房费				
	门票				
	交通费				
	导服费				
	保险费				
	其他				
	合计				

说明	付款方式：于出团前 3 天预付团款不少于 80％，余款于团队离开前由全陪现付。 感谢贵社的支持与厚爱！祝生意兴隆！ 请看清内容，确认无误后盖公章并签字回传后为最终确认。 请填写你社账号信息： 户名：　　　　　　　　　　　银　行： 账号： 组团旅行社确认：　　　　　　　接待旅行社确认： 负责人（签字）：　　　　　　　负责人（签字）： （公　章）　　　　　　　　　　（公　章） 　　　　　　　年　月　日　　　　　　　　年　月　日

任务3　组团旅行社计调计价与报价

一、组团旅行社的内部计价

组团旅行社内部计价是组团旅行社根据接待旅行社报价、城市间交通费、接送费、全陪费用等计算组团旅行社总成本的过程。组团旅行社的计价方式，可以根据接待旅行社的地接价加上组团旅行社的往返交通费用、接送费用、全陪费用来进行计价；也可以根据目的地的食、住、行、游分项进行计价。

（一）组团旅行社内部计价第一种方法

组团旅行社计价 = 接待旅行社地接价 + 组团旅行社的往返交通费用 + 接送费用
　　　　　　　 + 全陪费用 + 其他费用

如上例"北京—华东5日游"中：

1. 上海接待旅行社的报价为 2 126 元/人
2. 北京至上海机票：650 元/人
3. 旅游帽：10 元/人
4. 旅游包：20 元/人
5. 机场送站费：200 元
6. 全陪费用：全陪机票 650 元，全陪服务费 1000 元，全陪补助 500 元

北京组团旅行社计价 = 2 126 元/人 + 650 元/人 + 10 元/人 + 20 元/人 + 4 元/人 + 44 元/人 = 2 854 元/人

（二）组团旅行社内部计价第二种方法

根据目的地的食、住、行、游分项进行计价。

以上例"北京—华东5日游"为例，北京组团旅行社的计价为：

1. 北京至上海机票：650 元/人
2. 旅游帽：10 元/人
3. 旅游包：20 元/人
4. 机场送站费：200 元/团 ÷ 50 人 = 4 元/人
5. 全陪费用：（650 + 1 000 + 500）元 ÷ 50 人 = 44 元/人
6. 目的地房费：300 元/间 ÷ 2 人 × 4 晚 = 560 元/人
7. 餐费：50 元 × 7 正餐 = 350 元/人
8. 目的地车费：8 800 元 ÷ 50 人 = 176 元/人
9. 导游服务费：1 000 元/团 ÷ 50 人 = 20 元/人
10. 目的地景点门票：24 元/人 + 10 元/人 + 170 元/人 + 263 元/人 + 13 元/人 + 90 元/人 = 570 元/人
11. 返程火车票：450 元/人

北京组团旅行社计价 = 650 元/人 + 10 元/人 + 20 元/人 + 4 元/人 + 44 元/人 + 560 元/人 + 350 元/人 + 176 元/人 + 20 元/人 + 570 元/人 + 450 元/人 = 2 854 元/人。

二、组团旅行社的对外报价

组团旅行社对外报价是指组团旅行社在内部计价的基础上加上一定的利润向旅游者报出参团价格。组团旅行社对外报价有两种方法：一种是直接在计价上加 10% 的利税，另一种是采用成本加成法进行分项计算。

（一）直接加成法

直接加成法就是直接在组团旅行社内部计价的基础上加 10% 的利税。组团旅行社对外报价，主要是向旅游者报价，就是把上述计价加上旅行社的税金，传真或报知旅游者，旅游者接到传真后，将对几家组团旅行社的报价进行比较，最后选择某一家旅行社。按照上述组团旅行社的计价结果，加上一定比例的利税就可以对旅游者报价了。

以前文"北京—华东 5 日游"为例，组团旅行社对旅游者的报价为：

北京组团旅行社计价：2 854 元/人。

北京组团旅行社对旅游者的报价：2 854 元 + 2 854 元 × 10% = 3 140 元/人

北京组团旅行社在上海地接旅行社报价的基础上加了 10% 的利税。其中，286 元是组团旅行社的利税。

（二）分项计算法

分项计算法，是根据接待旅行社的价格，对每一项旅游服务进行计算，然后，计算出组团旅行社的报价。

以前文"北京—华东 5 日游"为例，北京组团旅行社计价为 2 854 元/人。

北京组团旅行社报价：650 + 6 + 44 + 700 + 350 + 200 + 20 + 570 + 450 = 2 990 元/人。分解如下：

1. 北京至上海机票：650 元/人
2. 机场送站费：300 元/团 ÷ 50 人 = 6 元/人（其中，300 元是接待旅行社在 200 元车费成本的基础上加了 100 元的利润。）
3. 全陪费用：（650 + 1000 + 500）元 ÷ 50 人 = 44 元/人
4. 目的地房费：350 元/间 ÷ 2 人 × 4 晚 = 700 元/人（其中，350 元是组团旅行社在接待旅行社每间房 300 元报价的基础上加了 50 元的利润）
5. 餐费：50 元 × 7 正餐 = 350 元/人
6. 目的地车费：10 000 元 ÷ 50 人 = 200 元/人（其中，10 000 元是接待旅行社在 8 800 元车费成本的基础上加了 1 200 元的利润）
7. 导游服务费：1 000 元/团 ÷ 50 人 = 20 元/人
8. 目的地景点门票：24 + 10 + 170 + 263 + 13 + 90 = 570 元/人
9. 返程火车票：450 元/人

北京组团旅行社利润 = 组团旅行社总报价 − 总成本 = 2 990 元/人 − 2 854 元/人 = 136 元/人。

组团旅行社总利润 = 136 元/人 × 50 人 = 6 800 元。

任务 4　计调报价技巧

一、注意计调报价的影响因素

（一）旅游变动成本对旅游报价的影响

（1）航空公司对旅游团价格的影响。航空机票是旅游成本的重要组成部分，团队机票政策的好坏直接影响到旅游产品的市场价格竞争力。机票政策受市场状况、票量大小、公关力度的影响极大，因此，获得一手机票价格成为旅游团成本控制的关键。航空机票一般分机票代理出票和航空公司直接控票两种。

（2）饭店、餐饮对旅游团价格的影响。酒店价格及餐费标准由于旅游线路、地理位置、新旧程度、旅游时间及有无星级差别很大，在设计行程及价格核算时必须做好充分的市场调研工作。特色餐（如海鲜餐、水席、烤鸭、烧烤、风味餐）一般费用较高，需另加费用，报价和结算价格会有差异，从而影响旅行社的成本构成。

（二）特殊情况对旅游报价的影响

（1）关于特殊人核价。计调人员在核价时还要考虑到不同身份、不同年龄及不同国籍人员的相关规定，比如老年证、军官证、儿童门票的优惠问题，一般在不确定情况下先收全价后所有优惠当地现退或采取当地现付的方式。此外，外国人参加国内旅游团若办旅游保险按入境旅游保险执行，部分特殊门票有内外之分，计调人员在核价时应综合考虑。在核算旅游报价时，计调人员要掌握不同交通工具及不同人员的核价常识，如儿童航空机票按年龄计价方式：12 岁以下儿童不买机场税，不满 2 岁收全价票款 10%、2～12 岁收全价票款的 50% 及成人燃油附加费的半价；儿童火车票按身高计价，1.2 米以下不收费，1.2～1.5 米为半价，1.5 米以上为全价（火车卧铺票价无身高区分）。

（2）住宿核价。在住宿核价时要注意是否出现单房差；一旦由于人数变化引起房间数变化，要随时通知接待旅行社和导游；领导有无住商务或总统套房的；全陪、司机的陪同房要算在成本内。

（3）餐饮核价。在餐饮核价时要注意就餐的次数有无变化；有无增加特色餐；个别晚餐餐标有无提高；早餐是否由原订桌餐改为自助，增加多少费用。

二、掌握计调报价的技巧

按照接待旅行社的计价结果报价，能否通过洽谈与组团旅行社成交，关键是看计调人员的报价技巧。如果不能成交，计调人员前面所做的一切工作都属于无用功，这样既耽搁时间，又没有工作效率。所以，报价技巧至关重要。

（1）知己知彼。一方面，要了解本地区其他接待旅行社的接待价格。知己知彼，百战不殆。在本地区同样行程的接待价格中选择最高和最低的进行比较，从中选择一个平衡点。价格过高会导致组团旅行社另找他家，价格过低会使接待旅行社的利润受到影响。

另一方面，要清楚地知道本旅行社的优势、劣势，洽谈中所存在的风险，以及可能出现的机会，并运用 SWOT 分析法进行科学的分析。

（2）注重细节。报价的细节影响接待旅行社的利润。与组团旅行社联系时，计调人员要问清对方单位、姓名、电话、传真、所需产品、等级标准、团队大概人数、出行日期、旅游者有无特殊要求、是公司哪位业务员的客户及相关信息，并在台账上做好详细记录。

（3）作业速度要快。报价的速度影响旅游产品的销售。在旅行社激烈竞争的今天，时间就是金钱、时间就是利润。计调人员在报价时速度一定要快，这会给组团旅行社留下快速高效的印象。国际过去的规范是 24 小时回执，随着资讯逐渐发达和竞争日益加剧，如今的回馈速度从 8 小时缩短到 2 小时，甚至 10 分钟。很多组团旅行社将会不自觉地从回执速度上判断报价方的业务熟练程度，从中拿捏交付团队的服务水平。

（4）报价要准确。计调人员应该在接到传真预报时认真审查、核实，尤其是要确认人数，发生人数变更的情况应该重新核定价格，如有利润空间可以不改变价格。报价一经报出就不要轻易变更，否则会给组团旅行社留下言而无信的印象，从而影响接待旅行社的信誉。在给予组团旅行社承诺时，要实事求是地讲明特殊情况，如"旺季""调价""不可预见"等情况。

（5）报价要合理。计调人员应该按照市场规律办事，报价合理，并且能够有商量和回旋余地，这样才能提高交易成功的概率。计调人员应充分认识到，在获取合理利润的前提下，提高市场占有率是旅行社的首要任务，所以原则上对外报价要合理，要具有一定的竞争力。

（6）体现合作的诚意。在报价的过程中，计调人员要付诸合作诚意。当今旅行社业的合作早就不再囿于团来团往、账款两清的商业交际。旅行社的不同在于"信任"，在于"交给你可以放心睡觉"。一忌"乱开价"，一定要留给组团旅行社利润空间；二忌"没商量"，一定要设身处地地为组团旅行社着想；三忌"不作为"，一定要用心呵护对方的询价。

 **实训项目**

实训项目	计调行程计价
实训目的	通过行程计价的实训，让学生熟悉当地主要旅游景点门票、各级别饭店及常用旅游车型等方面的价格信息，在此基础上熟练掌握计价、报价的程序。
实训地点	学生所在地。
实训步骤	1. 了解本地区团队食、住、行、游、购、娱等的分项价格信息； 2. 收集食、住、行、游、购、娱等旅游企业的名称、地址、联系电话、门市价、团队价格、团队优惠方式等信息，注重信息收集的准确； 3. 设计相关表格，将各分项信息汇总、制表，做好信息统计工作； 4. 熟记各主要行程价格，注意了解旅游者最想知道的信息； 5. 根据组团旅行社的行程安排，"接待社计调人员"准确计价并报价，注意旅行社的利润点； 6. 根据接待社的报价，"组团旅行社计调人员"准确计价并报价，注意组团旅行社相关费用及旅行社的利润点。

续表

实训项目	计调行程计价
实训成果	1. 旅行社主要旅游行程分项价格汇总表。 2. 能够准确为旅行社某一行程快速计价、报价。

任务实践

1. 实训教师现场指导，以小组为单位，轮流扮演旅游者向"计调人员"询问旅行社产品价格，要求学生计价准确，报价快速。

2. 利用所学知识制作一个"北京夏令营5日游"行程，具体情况如下：

旅游者：沈阳市某中学初中生32名

时间：暑假期间

行程名称：我的假期我做主

交通工具：火车

住宿标准：经济型酒店3~4人间

用餐要求：标准团餐

要求：结合旅游者及夏令营特点，自行选择景点，设计一个北京5日游行程，并根据所含的服务项目，核算出该行程的价格。

项目五

组团计调业务操作流程

[知识目标]

通过学习，学生要了解旅游线路设计原则及发团管理相关知识，熟悉计调业务操作的基本流程及国内旅游团的特点，掌握组团旅行社发团业务的实施步骤。

[能力目标]

通过实训，学生能够独立进行国内组团业务操作，并能为本地中小型旅行社设计合理的发团业务流程。

 引导案例

加强管理，把握好每个环节

某年10月1日，"大规模"沙湖专列宁夏4日游开通。在宁夏的游玩中，地接社宁夏 CL 旅行社承担接待工作第一天的游程。游程很顺利，游客们玩得也很开心。当天晚上，CL 旅行社安排游客在宁夏银川市就餐，晚餐却出现问题。一是，分量不足，上菜速度慢，承诺8菜1汤，可是直到客人离桌前却只上了7菜1汤；二是，座位不足，致使一些客人站立就餐。最后，经双方协调，使问题及时得以解决。

第二天一大早，CL 旅行社安排早6：30起床，7：00就餐，7：30出发，赴宁夏沙湖。两个团中有一个团行程按时进行，而另一辆车却迟迟不到，足足推迟了一个多小时，致使另一个团未能按时出发，游客只能等在酒店大厅里，耽误了游程。究其原因是头天晚上 CL 社未联系好所需车辆。在返回银川途中，车胎坏了又无备胎，游客既要回来吃饭又要赶火车，被迫在20分钟内草草就餐。在整个游程中，游客意见很大，特别是对宁夏 CL 旅行社的接待极不满意。

地陪的服务更是不如人意，时常出现游客在车上等地陪的情况。宁夏 CL 旅行社对此游程中出现的问题，自始至终没有给游客一个合理的解释，也未表示道歉。

 案例分析

在选择地接社时一定要慎重，选择的标准也要明确。旅行社一定要负责任，从上到

下都必须具有极强的责任心，要通过对游客负责来树立自身的良好形象。

接待一个旅游团，常要在几天之内，由好几个城市的数家旅行社及数十家提供食、住、行、游、购、娱等服务的企业，按预订程序提供相应的服务才能完成，因此，是一项相当复杂的工作。接待部门应加强质量管理：第一，要抓住各个接待岗位和工种的工作规范和程序，同时制定必要的纪律；第二，推行全面素质管理，调动员工关心质量的积极性，在接待的有关业务部门建立全面质量管理小组，自觉地寻找质量问题；第三，旅行社各级领导直至总经理都应注意抓突出的或带有倾向性的质量问题，如重大责任事故、餐饮质量下降等。

全陪或领队代表组团旅行社对地接社的接待服务质量负有督察责任，应该随时检查地接社接待服务的准备情况和旅游过程中的服务状况。本例中的这个旅游团第二天要分成两个小团队，如果接待旅行社的计调人员注意到所需增加车辆和车况落实等问题，在前一天就做了周密的核实和检查工作，第二天的整个行程就不会出现工作人员和游客像跑"接力赛"那样的情况了。

任务1　组团计调业务认知

一、国内团的特点

（1）准备时间短。国内旅游团的预订期一般比较短，而且由于不需要办理护照、签证等手续，所以成团时间较短。有些时候，从旅游者提出旅游咨询到旅游团成团出发，只需要一周的时间，使得旅游者客源地的组团旅行社来不及用书面形式及时通知旅游目的地接待旅行社，只好先用电话通知，然后再补发书面旅游计划。旅行社在接待国内旅游团时常会感觉准备时间不像接待入境旅游团或出境旅游团那样充裕。针对这个特点，旅行社应一方面在平时加强对计调人员的培训，使他们熟悉国内团体旅游接待的特点和要求，以便能够在接到旅游接待计划后在较短时间内制定出当地的活动日程，做好各项接待准备；另一方面，旅行社应根据当地旅游资源和本旅行社计调人员的特点，设计出针对不同国内旅游团的接待规范、标准及活动日程，使计调人员能够按照接待规范、标准及活动日程进行接待准备，提高接待准备工作的效率。

（2）日程变化小。国内旅游者一般对于前往的旅游目的地具有一定程度的了解，并能够在报名参加旅游团时对旅游活动日程作出比较理智的选择，因此他们很少在旅游过程中提出改变活动日程的要求。另外，国内旅游者往往把旅行社是否严格按照事先达成的旅游协议所规定的活动日程，安排在旅游目的地及旅行途中的交通，看成旅行社是否遵守协议、保证服务质量的重要标志。所以，他们对于旅行社更改活动日程的反感比入境旅游团和出境旅游团更加强烈。旅行社在接待国内旅游团时，必须注意到这一特点，尽量避免修改活动日程。

（3）消费水平差别大。参加国内旅游团的旅游者生活水平参差不齐，他们在旅游消费水平方面的差异很大。例如，有些消费水平高的旅游者可能要求在档次较高的星级酒店下榻和就餐，乘坐豪华客车、增加购物时间，而另一些消费水平较低的旅游者则可能对住宿、餐饮、交通工具等要求不高，希望增加参观游览时间，减少购物时间。旅行社在接待不同的国内旅游团时，应根据他们的消费水平和消费特点，在征得旅游团全体成员或绝大多数成员同意的前提下，对活动日程做适当的修改，以满足不同旅游者的需要。

（4）讲解难度小。国内旅游团在游览各地旅游景点时，一般对这些景点事先有所了解。另外，除了少数年龄较大的旅游者外，多数国内旅游者具有一定的文化水平，能够听懂导游员的普通话讲解，对于导游员在讲解过程中所使用的历史典故、成语、谚语、歇后语等比较熟悉，容易产生共鸣。因此，导游员在导游讲解中可以充分运用各种方法，生动地向旅游者介绍景点的情况，而不必向接待入境旅游团那样，因担心文化上的差异和语言方面的困难而不得不放弃一些精彩的历史典故介绍，也不必担心因旅游者无法理解导游讲解中所使用的各种成语、谚语、歇后语等而影响导游讲解的效果。

二、计调业务操作基本要求

（1）操作流程要熟练。旅行社组团计调人员工作的核心就是要知道自己在这个岗位上应该做哪些工作。在旅行社中，每一个岗位都有自己的工作范围和责任权限，组团计调人员每天都有大量的工作需要处理。如果不清楚自己在工作岗位上的工作流程，就会缺少条理性和计划性，从而大大降低工作效率，工作起来不知从何入手，造成工作中重要步骤和信息的缺失。严重的则会给旅行社造成经济损失，给旅游者带来麻烦，失去合作单位对自己的信任。可见，旅行社计调人员熟悉自己岗位的工作流程是十分重要的。

（2）灵活处理常见问题。组团计调人员在实际团队操作过程中会遇到各种各样的问题，有些是由可控因素造成的，有些是由不可控因素造成的。组团计调人员处理具体问题时要灵活多变。在不违反国家法律和相关政策的情况下，组团计调人员有权在自己的职权范围内处理团队在操作中遇到的各种问题，控制事态扩大，使各方的损失减少到最低。

（3）执行请示汇报制度。请示汇报制度已经成为各行各业普遍遵守的法则，旅行社组团计调人员也不例外。在实际工作中，组团计调人员对各种事件，包括有利的和不利的都要坚持请示汇报。即使组团计调人员处理完的事件，事后也要向上级部门汇报，使上级清楚地掌握一线信息，这对上级进行战略决策、及时调整经营策略起着至关重要的作用。

任务 2　策划、设计产品

每个旅行社都有很多已向社会公开推出的、成形的旅游产品，在接受团体和散客的咨询时，可以向旅游者详细介绍产品的情况、产品的亮点、产品的报价及产品的价格构成等。如果是独立成团，组团计调人员就必须根据旅游者的要求来重新设计旅游产品。计调人员在设计旅游产品时，一定要根据旅游者的要求进行设计，并经常与旅游者沟通，经过双方多次协商和修改，最后设计出旅游者满意的旅游产品。同时对相关成本（往返交通、地接综费）进行调研，对综合成本进行预估。

一、常规旅游产品的策划

常规旅游产品策划的流程及工作内容，见表 5 - 1。

表 5 - 1　常规旅游产品策划

流程	工作内容
收集现有的旅游产品	可以通过网络查询、旅行社现有的行程资料、同行旅行社的朋友来收集各种旅游产品资料。
找出优点和缺陷	1. 收集完成后，找出这些旅游产品的优点，并借鉴应用在自己所做的旅游产品中； 2. 找出这些产品的不足之处，并在自己制作的旅游行程中尽量避免不足。
模拟制作	根据行程制作要素，开始制作旅游产品
核实检查	制作完成后，检查旅游产品要素是否全面、内容是否正确。
完善改进	在实际使用过程中发现问题及时改正，并存档以备后用。

二、特色旅游产品的设计

现在国内各大城市的大型组团旅行社，基本上都已经具有了自己设计开发旅游产品的能力。他们通过企业对区域市场消费特点的及时把握，根据当地旅游市场的消费趋向调查，确定主要的旅游目的地，与旅游目的地的主要接待旅行社协商，并获得其支持，同时利用自己多年来在当地旅游要素市场奠定的基础，与航空公司、铁路运输、旅游车公司等交通运输部门签订包机、专列、包车合同，以大批量的采购获得各项要素的价格优势，将采购的接待产品和大交通进行有机组合，这样，就完成了一个旅游产品的设计与开发。

（1）获得大交通部门的支持。这是组团旅行社产品设计成功的关键。大交通（如航空、铁路、旅游车等）的提供者，出于平衡不同销售渠道利益和掌握更多话语权的需要，往往对当地组团大社和旅游目的地来的办事处一视同仁，给予同样的价格政策。从旅游目的地来的办事处的营销服务人员，由于办事处的中性地位，一般情况下可以获得接待旅行社更多的价格支持，而更多的中小型旅行社愿意与大交通的提供者合作，这就给大型组团旅行社旅游产品的销售带来了很大的挑战。因此，现在大型组团旅行社一般采取航线或专列买断的方式进行产品操作。

（2）了解客户旅游需求。计调人员通过与旅游者的沟通向其介绍产品，提供顾问服务。根据旅游者的需求，完成特色旅游产品的设计并提出旅游方案。

（3）根据旅游吸引物确定景点。景点是构成旅游行程的基本空间单位，每一景点都是一个有特色的旅游目的地。

（4）形成初步的旅游行程。结合前两个阶段的背景材料，对相关的旅游基础设施和专用设施进行选择和配置，并以一定的交通方式对各景点合理串联，组成一个旅游行程。缺少设施保障的旅游点一般不宜编入旅游行程中。

（5）完善改进。可根据旅游者或旅游中间商的要求对旅游产品作相应调整，把旅行社要卖出的旅游产品变成旅游者想购买的旅游产品。

任务 3　选择接待社

一、接待旅行社的定义

接待旅行社，是直接为旅游者提供有关旅游目的地的线路、交通工具、餐饮、观光，以及其他旅游事项等信息和相关服务的旅行社。接待旅行社受组团旅行社的委托，向到达本地的旅游者提供合同约定的各项旅游服务。

二、组团旅行社与接待旅行社的关系

组团旅行社与接待旅行社之间的关系主要表现在以下几个方面：

（1）相互协作、互惠互利。组团旅行社一般情况下只有通过旅游目的接待旅行社的协助，才能圆满完成旅游产品的销售。一般说来，接待旅行社对当地的旅游景区、交通、食宿等要素更加熟悉，也能很方便地购买这些旅游服务。所以，组团旅行社通过接待旅行社来组织和安排旅游者在旅游目的地的旅游活动，能减少组团旅行社的负担，便于组团旅行社的操作，而接团活动也是旅行社经营业务的重要组成部分，接待旅行社通过这种接待活动获取利润。组团旅行社和接待旅行社之间的精诚合作，能使旅游团的旅游活动计划顺利、有序地完成；反之，则有可能引起争议和矛盾，影响旅游活动和旅游者的利益。因此，组团旅行社和接待旅行社之间是一种协作和互惠的关系。

（2）监督和被监督的关系。组团旅行社通过出团计划书与接待旅行社之间约定有关接待事项，如交通工具的选择、食宿标准、行程中所包含的游览景点以及付费方式等。因此，接待旅行社在团队接待过程中要受到组团旅行社的监督和约束，不能随意更改事先约定的有关接待事项。否则，组团旅行社可根据有关约定扣减团费或通过法律手段解决问题。

（3）可以相互转化。组团旅行社和接待旅行社是相对而言的，同一家旅行社，既可做组团业务成为发团社，也可做接团业务成为接待旅行社。一般说来，旅游客源地旅行社的主要角色是组团旅行社，而旅游资源条件比较好的、旅游目的地的旅行社可以兼做组团和接团两种业务。因此，组团旅行社和接待旅行社不是截然分开的，而是可以相互转化的。

三、接待旅行社选择的标准

组团旅行社的旅游团能否按计划顺利完成旅游活动，在很大程度上取决于旅游目的地接待旅行社的接待情况。因此，对接待旅行社的选择十分重要。组团旅行社应根据旅游市场的需求及其变化趋势，有针对性地在旅游目的地旅行社中进行比较和挑选，选择合适的、符合条件的旅行社作为自己的合作伙伴。

在旅游目的地众多的旅行社中，组团旅行社应该怎样选择接待旅行社，才能既圆满地完成旅游计划，又能取得良好的经济效益呢？组团旅行社在选择接待旅行社时，应注意以下几点：

（1）考察旅行社的合法性。组团旅行社在选择接待旅行社时，要考察该旅行社是否按照合法程序设立、有无旅游行政主管部门颁发的旅行社业务经营许可证、旅行社的注册资金多少、证件是否齐全、质量保证金是否缴纳等；还要明确该旅行社的性质、业务范围和许可证期限，导游人员是否为持证导游员，是否遵守旅游行业相关政策法规和惯例等情况，以免错将旅游团交给非法经营的旅行社，从而导致旅游者利益得不到保障，或者使组团旅行社经济利益受损。

（2）考察旅行社的经营管理模式。组团旅行社应注意考察接待旅行社采用何种经营管理模式。管理模式先进的旅行社，经营管理目标明确，在管理上实行负责制，有完善的激励机制、人性化的经营理念、良好的公众形象、蓬勃发展的朝气和潜力；而有些传统的旅行社，基本上是吃大锅饭，做多做少都一样，优秀的没有奖金，没完成任务也不用受罚，员工的积极性不高，领导也是频繁更换，整个旅行社处于半死不活的状态；另外，有一些私人承包的"野马"式旅行社，他们只是出钱租用某旅行社的名号，在经营管理上没有科学性，目光短浅，为了短期利益互相压价，随意增加旅游项目，乱收旅游者费用。对这类旅行社，组团旅行社应避而远之。

（3）考察旅行社规模大小。一般说来，规模较大的旅行社在资金、人才、管理等方面，比规模较小的旅行社更有优势，在旅游供给方面有更大、更成熟的网络，在业务操作方面更先进、熟练，效率更高。因此，选择规模较大的旅行社可以更好地保障旅游者利益，也更让人放心。但是，规模较小的旅行社有自身的优势。例如，其经营方式比较灵活，在价格、线路、服务等方面可回旋的余地更大；而且，接团旅行社的选择也是一个双向的过程，因此，选择接待旅行社时，不能只盯着规模大、实力强的旅行社，而应根据组团旅行社自身的实际情况来选择合适的旅行社。

（4）考察接团记录。组团旅行社可查看接待旅行社的接团记录，从这些记录中了解接待旅行社的接团经验、对各行程的熟悉程度、服务质量、旅游者评价、奖惩情况，以及是否严格按照组团旅行社拟定的接待标准和计划向旅游者提供服务、是否有良好的信誉等。通过对这些情况的了解、把握，组团旅行社可以从中挑选出接团经验丰富、熟悉接待线路、服务质量优、旅游者评价高、重合同、讲信用的旅行社作为接待旅行社。

（5）考察旅行社的商誉。商誉不好的接待旅行社会给组团旅行社带来很大的负面影响，因此考察接待旅行社的商誉是极其重要的。一个商誉良好的旅行社应该管理有序、操作规范，在旅游者心中有较好的声誉，在业界有良好的口碑，很少发生恶性投诉或债务纠纷，无不良诚信记录。

（6）考察接待旅行社的业务能力。这包括考察接待旅行社的主营产品、接团经验、服务质量、旅游者评价、年接团量等情况。重点考察接待旅行社主营产品是否与组团旅行社力推的产品一致，是否具备优质接待组团旅行社团队的能力。通过考察，筛选出接团经验丰富、服务质量优良、旅游者评价高、重合同、有诚信的接待旅行社备选。

（7）审核接待旅行社的报价是否合理。接待旅行社的报价直接关系到组团旅行社的产品成本和经济效益，因此，组团旅行社应在同等条件下选择报价低的接待旅行社作为合作伙伴。但不是报价越低越好，低价极可能导致低质，关键是看报价的合理性，要兼顾团队质量、市场情况、旅游淡旺季、团队特殊性以及双方旅行社合理的收益等因素，从中选择性价比高的报价方开展合作。

（8）其他因素。组团旅行社在选择接待旅行社时，还要考虑接待旅行社的报价、接待旅行社对本旅行社及某项业务的依赖性、接待旅行社的发展潜力等因素。接待旅行社的报价直接关系到组团旅行社的成本和经济效益。有些旅行社专门从事某项业务，一般来说，这种旅行社很认真负责，也能够以很专业的操作为组团旅行社完成接待任务。而有的旅行社则经营多种项目，对某一组团旅行社的依赖性非常有限，故服务的积极性也很一般。在选择接待旅行社时，还应注重合作的长期性，以追求长期的最大经济效益为目标。有的接待旅行社一开始并不能很好地完成接待任务，但有合作诚意，有发展潜力，就应考虑将其发展为合作伙伴。

总之，组团旅行社对接待旅行社的选择应该慎之又慎，一个好的接待旅行社不仅能为旅游者提供良好的服务，而且能为组团旅行社赢得良好的声誉和回头客源。接待旅行社选择失误，会导致旅游者和组团旅行社的利益受到损害。

四、接待旅行社的选择程序

接待旅行社的选择是发团管理中的一个重要环节，对整个旅游活动的成功与否起着关键性的作用。组团旅行社对旅游目的地接待旅行社要多方选择、重点培养，建立长期、稳定的合作关系。组团旅行社在掌握了众多接待旅行社的情况后，要根据本次旅游团队的特点和要求，综合考虑各种因素，选择最合适的旅行社作为接待旅行社。有时一个团队的旅游目的地不止一个，那么，就会涉及两家以上的接待旅行社，所以，还要考虑备选接待旅行社之间的衔接和协作等因素，见表5-2。

表5-2　接待旅行社的选择程序

流程	工作内容
发放表格	请被选对象填写旅行社基本情况表及导游人员情况表。
上门考察	1. 组团旅行社可以组织专业人士赴各地访问备选接待旅行社，实地调查其规模、设备、办公场地、经营制度、纪律、人员素质和作业规范等情况； 2. 核对备选接待旅行社所填表格； 3. 必要时可约见备选接待旅行社的主要负责人、业务员及导游人员，与之深入交谈，以了解该社的经营理念和业务能力。
发团考察	1. 发团考察是一种很实际的考察方式。通过与接待旅行社实际合作，可以获得切身感受和可靠的第一手资料； 2. 组团旅行社通过业务联系可得知对方的人员素质、办事效率，通过本社的全陪导游，可以了解接待旅行社的导游素质、业务水平、接待用车、用餐情况、业务网络的广泛程度等； 3. 组团旅行社还可组织专门的考察团，对接待旅行社各方面的情况进行详细的考察。
实地考察	组团旅行社可以委派本社经验丰富、资历较深的工作人员赴目的地实地考察，走访当地各接待旅行社，进行比较分析，挑选出满意的接待旅行社建立合作关系。
参加行业组织	组团旅行社可以积极参加一些旅游行业协会和组织，以获取全面、可靠的信息，结识更多的旅行社和相关的旅游企业，形成广泛的合作网络。这样，才不至于在发团之前勿忙选择接待旅行社。

旅行社旅游业务委托合同书

编号：

甲方：_____ 旅行社有限公司（简称甲方）

系依照中华人民共和国法律设立的法人，依法享有组织中国公民旅游的经营权。

地址设在_____

法人代表：_____ 电话：_____ 传真：_____

营业执照注册号：_____ 旅行社业务经营许可证号：L-_____

开户行：_____ 账号：_____ 全称：_____

乙方：_____ 旅行社有限公司（简称甲方）

系依照中华人民共和国法律设立的法人，依法享有组织中国公民旅游的经营权。

地址设在_____

法人代表：_____ 电话：_____ 传真：_____

营业执照注册号：_____ 旅行社业务经营许可证号：L-_____

开户行：_____ 账号：_____ 全称：_____

甲乙双方为保证旅游团（者）的服务质量，维护旅游者及合作双方的正当权益，在公平、自愿、友好合作基础上，就双方旅行社旅游业务互为委托代理达成如下协议：

一、双方身份界定及总则

1. 甲乙双方按组团、地接业务划分，都具有承担组团社（方）与地接社（方）称谓的双重身份，即：当其作为"送团方"时称谓"组团方"，当其作为"接团方"时称谓"地接方"。甲乙双方都具有旅游业务的委托权与接受委托的被委托权。

2. 组团方将自组旅行团（者）（以下简称旅游者）业务交给地接方负责安排接待，地接方同意按照组团方提出的接待标准来安排旅游者的旅行游览活动。具体行程安排及标准费用详见《旅游行程表》。

3. 地接方应保证服务内容和质量，保证旅游者的安全，并接受组团方的质量监督。

二、旅游行程

1. 组团方同意根据实际情况在所属地组织旅游者前往地接方所属旅游目的地发团计划，为地接方提供客源。

2. 地接方应及时向组团方提供行程与报价。

3. 组团方应当在旅游者进入地接方所属地域前3天（有大交通的应提前10天以上），用书面传真形式向地接方提供《旅游行程表》并注明：①接待标准；②行程安排；③旅游者人数；④所需房间数；⑤到达接待地的航班或车次；⑥其他组团方认为必需的条件。地接方应当在接到组团方《旅游行程表》传真件之日起1天内予以确认。

三、旅游费用

根据"旅行社条例"规定，约定组团方应在发团日前3天，将"团队"团款总额的80%汇入地接方所提供的账号内。如需为团队预订大交通票务，应不晚于售票处规定的出票时间前将全额票款先行汇至地接社；余款 20% 于"团队"安全返回出发地后 3 日内汇入地接方所提供的账号内（以上汇款期限以汇款单上的日期为准）

四、组团方的权利与义务

1. 组团方应确保所提供给地接方的相关资料的准确性、真实性、有效性。就《旅游行程表》事项告知旅游团（者）并签订组团合同。

2. 组团方有权利了解地接方服务接待质量情况并有义务协助、配合地接方共同解决旅游行程中可能出现的突发事件。

3. 对在合作过程中出现有异议的问题，双方应秉承互让互谅的原则协商解决；协商解决不成的，已经发生的事实按照原协议内容、条款执行，任何一方不得有抵制行为。

五、地接方的权利与义务

1. 地接方应当按照国家旅游局颁布实施的《旅行社国内旅游服务质量》标准来遵照执行。有为旅游者提供有证导游、安排有国家认可资质安全完备的旅游设施等条件，以保障旅游者的人身及财产安全。

2. 地接方有义务使组团方及组团方的旅游者知晓地接方旅游地区民风民俗和有关规定及注意事项。

3. 地接方导游不得在《旅游行程表》规定外擅自增加购物点。地接方导游不得诱导旅游者涉足色情赌毒场所及强迫旅游者参与行程以外的自费项目。

六、违约责任

1. 如因组团方原因造成旅游团（者）延误、更改、取消的，由此产生的经济损失及法律责任由组团方承担。

2. 地接方应按照双方确认的行程安排和接待标准为旅游者提供服务。如造成损失的，赔偿按照国家有关规定执行。

七、损害赔偿

1. 旅游者因自身原因受损害或违反当地政府的法律法规的，地接方应当立即通知组团方，并协助妥善处理。由此产生的一切责任由旅游者自行承担。

2. 旅游者在行程中非因自身原因导致人身意外伤害或财务损害的，如属于地接方责任的，地接方应在当地及时为旅游者处理解决，并承担相应的赔偿责任。如不属于地接方责任的，地接方应尽人道主义义务协助事发地处理。

3. 因不可抗力因素造成旅游者人身伤害或财产损害的，甲乙双方均不承担任何责任，但应在事发后尽量采取补救措施，使损失减轻到最低程度。

八、合同附件

1. 甲乙双方均应提供合法有效的企业营业执照、经营许可证、当地旅游责任险保单复印件及其他相关材料等作为本合同的附件。分支机构应加盖总部公章。

2.《旅游行程表》《团队接待委托合同书》原件及合同期间业务往来的传真确认件作为本合同不可分割的组成部分，与合同主件一并具有同等法律效力。

3. 针对不同的团队，《旅游行程表》《团队接待委托合同书》根据双方协商签订，传真有效，经双方签字确认无误后，任何一方不得以任何非人为不可抗拒理由提出变更或终止。

九、争议解决

1. 本合同未尽事宜，双方应本着从实际出发、互谅互让的原则，协商达成补充协议解决。已发生并协商不成的，按合同原始约定办理。

2. 如一方严重违约并不能通过双方协商解决时，经旅游仲裁机关或司法判决，明确违约方责任，被侵权方有权决定本合同的效力是否延续或解除。

3. 与本合同相关并产生的一切争议均受我国法律的管辖，诉讼地管辖应依据相关法律规定或由原告选择。

4. 合同违约金及滞纳金按法律规定及惯例执行。

十、合同期限

本合同期限自_____年_____月_____日起至_____年_____月_____日止。

十一、合同效力

本合同一式两份，双方各执一份（传真件有效），对双方均有约束力。本合同自签字盖章之日起生效。

甲方：（旅行社合同专用章）　　　　　　　　乙方：（旅行社合同专用章）

法人代表：　　　　　（签字章）　　　　　　法人代表：　　　　　（签字章）

任务4　产品询价、报价

一、产品询价

（一）向接待旅行社询价

调阅资料库资料，同时向两家以上的接待旅行社询价，包括房价、旅游汽车、内路交通、景点门票等，确认相对稳定的要素，如门票、中间段的火车票等有无调整，经常变化的旅游汽车的现行价格，确认接待旅行社的基本价格区间。国内团如果去 N 个城市，组团旅行社一般也会选择 N 个接待旅行社，一地一个，要熟悉情况，以降低成本。

（二）向交通部门询价

旅游产品基本确定后，计调人员应按照旅游行程的安排立即向航空公司、火车站询价，预订国际机票、国内机票或火车票，使大交通基本有保障。交通费用包括往返大交通费及市内接送交通费。大交通方面要向航空公司询问近期的机票政策、可以选择的航班时间等；向铁路部门、轮船客运单位、汽车客运单位询问火车票、船票、汽车票的价格，火车票可以通过网络查询自行核算时间、车次和价格。

通过询价，不仅要掌握旅行行程的基本价格，而且还要确定接待旅行社。

二、产品报价

（一）基本要求

报价是成交的关键环节之一。很多旅行社都对计调人员和客户接待人员的报价速度提出了不同程度的要求，并规定接待人员必须正确填写来电（客户来访）登记表，注明客户需求类型、进度情况及必需的客户资料。这就使客户来访登记表成为旅行社信息管理的重要文件。旅行社可以从客户接待登记表中了解接待人员的工作效率和客户的旅游需求。

计调人员需将询价的情况汇总，与组团人员一起共同核算产品的成本，综合市场定位、营销策划、产品销售等因素后开始进行内部计价。在内部计价的基础上加上一定的利润后，即可向客户报价。报价的项目包括往返大交通费、接待旅行社综合服务费、全陪服务费、市内接送费和一定的利税。

（二）基本技巧

（1）快。根据旅游者的要求，迅速了解旅游者需求产品的供求状况，目的地有无大型会议或节庆活动等，将旅游者的产品需求向接待合作伙伴通报并询问接待价格，然后根据旅游者选定的大交通手段（铁路或飞机折扣率），再加上旅行社规定的利润率水平，合成后报给旅游者，同时准备该产品的替代性产品。如果旅游者对报价不满意，还可进一步对旅游者需求作再次引导，尽量争取旅游者购买旅行社的主打产品或优势产品。

（2）准。给旅游者的报价除要求一定的速度之外，还要求计调人员对产品的核准定价水平比较高，尽可能地准确。对于价格敏感度比较高的旅游者，由于报价的准确性，以及比竞争对手低一点，达成交易的可能性就会大增，同时要对产品的分解报价非常清楚，有时旅游者在达成意向的时候，又会要求一定程度的优惠，这时就需要旅游者接待人员灵活对待。一方面，强调利润率已经很低，没法再让；另一方面，仔细观察旅游者的反应，灵活应变，但不能做过多的让步，以避免团队利润太低或没有利润。

任务5　签订合同、成交签约

一、签订合同

（一）基本要求

与旅游者确定价格之后，便可签订正式的旅游合同了。计调人员在与旅游者签订旅游合同时，应对旅游合同的具体内容作出真实、准确、完整的说明，并根据《旅行社条例》第二十八条规定，注明下列事项：旅行社的名称及其经营范围、地址、联系电话和旅行社业务经营许可证编号；旅行社经办人姓名、联系电话；签约地点和日期；旅游行程的出发地、途经地和目的地；旅游行程中交通、住宿、餐饮服务安排及其标准；旅行社统一安排游览项目的具体内容及时间；旅游者自由活动的时间和次数；旅游者应当交纳的旅游费用及交纳方式；旅行社安排的购物次数、停留时间及购物场所名称；需要旅游者另行付费的游览项目及价格；解除或者变更合同的条件和提前通知的期限；违反合同的纠纷解决机制及应当承担的责任；旅游服务监督、投诉电话；双方协商一致的其他内容。

（二）基本内容

与旅游者达成协议，签订合同，主要包括以下内容。

（1）与旅游者约定付款方式和金额。

（2）与旅游者约定签订合同的时间和地点。

（3）提醒旅游者签约时的注意事项，提醒旅游者签约时应准备的资料和物品，如身份证等。

（4）向旅游者说明签约合同的种类，以及签订合同时的注意事项，并在敏感的条款上加以重点说明和提示。

（5）签约完成后应认真审核，然后再确认，避免出现纰漏。

（6）收足团款。收款，是业务收入得到确认的关键环节。与旅游者达成服务协议后，一般情况不能答应旅游者先旅游后付款的要求。在出游前，至少要让旅游者支付旅游的基本成本和大交通的所有费用，如果能收全款最好。

国内旅游组团合同范本（试行）

合同编号：

甲方：（旅游者或单位）

住所或单位地址：

电话：

乙方：（组团旅行社）

地址：

电话：

甲方参加由乙方组织的本次旅游的有关事项经平等协商，自愿签订合同如下：

第一条（旅游内容）本旅游团团号为：_____。

旅游线路为：_____。

旅游团出发时间为_____年_____月_____日，结束时间为_____年_____月_____日，共计_____天_____夜。

前款所列旅游线路、行程安排详见《旅游行程表》。《旅游行程表》经甲、乙双方签字作为本合同的组成部分。

第二条（服务标准）本旅游团服务质量执行国家旅游局颁布实施的《旅行社国内旅游服务质量》标准（或由甲、乙双方约定）。

第三条（旅游费用）本旅游团旅游费用总额共计_____元人民币。签订本合同之日，甲方应预付_____元人民币，余款应于出发前_____日付讫。

第四条（项目费用）甲方依照本合同第三条约定支付的旅游费用，包含以下项目：

1. 代办证件的手续费：乙方代甲方办理所需旅行证件的手续费。

2. 交通客票费：乙方代甲方向民航、铁路、长途客运公司、水运等公共交通部门购买交通客票的费用。

3. 餐饮住宿费：《旅游行程表》内所列应由乙方安排的餐饮、住宿费用。

4. 游览费：《旅游行程表》内所列应由乙方安排的游览费用，包括住宿地至游览地交通费、非旅游者另行付费的旅游项目第一道门票费。

5. 接送费：旅游期间从机场、港口、车站等至住宿旅馆的接送费用。

6. 旅游服务费：乙方提供各项旅游服务收取的费用（含导游服务费）。

7. 甲、乙双方约定的其他费用：＿＿＿＿＿＿＿＿＿＿＿＿。

前款第2项的交通客票费，如遇政府调整票价，该费用的退、补依照《合同法》第六十三条办理。第3项的餐饮住宿费，如甲方要求提高标准，经乙方同意安排的，甲方应补交所需差额。

第五条 （非项目费用）甲方依照本合同第三条约定支付的旅游费用，不包含以下项目：

1. 各地机场建设费。

2. 旅途中发生的甲方个人费用：如交通工具上的个人餐饮费；个人伤病医疗费；行李超重费；旅途住宿期间的洗衣、电话、电报、饮料及酒类费；私人交通费；自由活动费用；寻回个人遗失物品的费用与报酬及在旅程中因个人行为造成的赔偿费用等。

3. 甲方自行投保的保险费：航空人身意外保险费及甲方自行投保的其他保险的费用。

4. 双方约定的由甲方自行选择的由其另行付费的游览项目费用。

5. 其他非第四条所列项目的费用。

第六条 （出发时间地点）甲方应于 ＿＿＿＿＿ 年＿＿＿＿＿ 月 ＿＿＿＿＿ 日＿＿＿＿＿ 时＿＿＿＿＿ 分于 ＿＿＿＿＿＿ （地点）准时集合出发。甲方未准时到约定地点集合出发，也未能中途加入旅游团的，视为甲方解除合同，乙方可以按照本合同第八条的约定要求赔偿。

第七条 （人数约定）本旅游团须有 ＿＿＿＿＿＿ 人以上签约方能成团。如人数未达到，乙方可以于约定出发日前 ＿＿＿＿＿＿ 日（不低于5日）通知到甲方，解除合同。

乙方解除合同后，按下列方式之一处理：

1. 退还甲方已缴纳的全部费用，乙方对甲方不负违约责任。

2. 订立另一旅游合同，费用如有增减，由乙方退回或由甲方补足。

乙方未在约定的时间通知到甲方的，应按照本合同第九条约定赔偿甲方。

甲方提供的电话或传真须是经常使用或能够及时联系到的，否则乙方在本条及其他条款中需要通知但通知不到甲方的，不承担由此产生的赔偿责任。

第八条 （甲方退团）甲方可以在旅游活动开始前通知乙方解除本合同，但须承担乙方已经为办理本次旅游支出的必要费用，并按如下标准支付违约金：

1. 在旅游开始前第5日以前通知到的，支付全部旅游费用扣除乙方已支出的必要费用后余额的10%。

2. 在旅游开始前第5日至第3日通知到的，支付全部旅游费用扣除乙方已支出的必要费用后余额的20%。

3. 在旅游开始前第3日至第1日通知到的，支付全部旅游费用扣除乙方已支出的必要费用后余额的30%。

4. 在旅游开始前1日通知到的，支付全部旅游费用扣除乙方已支出的必要费用后余额的50%。

5. 在旅游开始日或开始后通知到或未通知不参团的，支付全部旅游费用扣除乙方已支出的必要费用后余额的100%。

第九条（乙方取消）除本合同第七条约定的情形外，如因乙方原因，致使甲方的旅游活动不能成行而取消的，乙方应当立即通知甲方，并按如下标准支付违约金：

1. 在旅游开始前第5日以前通知到的，支付全部旅游费用的10%。

2. 在旅游开始前第5日至第3日通知到的，支付全部旅游费用的20%。

3. 在旅游开始前第3日至第1日通知到的，支付全部旅游费用的30%。

4. 在旅游开始前1日通知到的，支付全部旅游费用的50%。

5. 在旅游开始日及以后通知到的，支付全部旅游费用的100%。

第十条（合同转让）经乙方同意，甲方可以将其在本旅游合同上的权利义务转让给具有参加本次旅游条件的第三人，但应当在约定的出发日前 _____ 日通知乙方。如有费用增加，由甲方负担。

第十一条（甲方义务）甲方应当履行下列义务：

1. 甲方所提供的证件及相关资料必须真实有效。

2. 甲方应确保自身身体条件适合参加旅游团旅游，并有义务在签订本合同时将自身健康状况告知乙方。

3. 甲方应妥善保管随身携带的行李物品，未委托乙方代管而损坏或丢失的，责任自负。

4. 甲方在旅游活动中应遵守团队纪律，配合导游完成本次旅游行程。

5. 甲方应尊重目的地的宗教信仰、民族习惯和风土人情。

第十二条（乙方义务）乙方应当履行下列义务：

1. 乙方应当提醒甲方注意免除或限制其责任的条款，按照甲方的要求，对有关条款予以说明。

2. 乙方应当按照有关规定购买保险，并在接受甲方报名时提示甲方自愿购买旅游期间的个人保险。

3. 乙方代理甲方办理旅游所需的手续，应妥善保管甲方的各项证件，如有遗失或毁损，应立即主动补办，并承担补办手续费，因此导致甲方的直接损失，乙方应承担赔偿责任。

4. 乙方应为甲方提供导游服务；无全陪的旅游团体，乙方应告知甲方旅游目的地的具体接洽办法和应急措施。

5. 甲方在旅游中发生人身伤害或财产损失事故时，乙方应作出必要的协助和处理。如因乙方原因导致甲方人身伤害或财产损失，乙方应承担赔偿责任。

6. 乙方应当按照《旅游行程表》安排甲方购物，不得强制甲方购物，不得擅自增加购物次数。当甲方发现所购物品系假冒伪劣商品，如购物为甲方要求的，乙方不承担任何责任；如购物为行程内安排的，乙方应当协助甲方退换或索赔；如购物为乙方在行程外擅自增加的，乙方应赔偿甲方全部损失。

7. 非因乙方原因，导致甲方在旅游期间搭乘飞机、轮船、火车、长途汽车、地铁、索道、缆车等公共交通运输工具时受到人身伤害和财产损失的，乙方应协助甲方向提供上列服务的经营者索赔。

第十三条（合同变更）经甲、乙双方协商一致，可以书面形式变更本合同旅游内容。由此增加的旅游费用应由提出变更的一方承担，由此减少的旅游费用，乙方应退还甲方。如给对方造成损失的，由提出变更的一方承担损失。

第十四条（擅自变更合同）乙方擅自变更合同违反约定的，应当退还甲方直接损失或承担增加的旅游费用，并支付直接损失额或增加的旅游费用额一倍的违约金。

甲方擅自变更合同违反约定的，不得要求退还旅游费用。因此增加的旅游费用，由甲方承担。给乙方造成损失的，应当承担赔偿责任。

第十五条（旅游行程延误）因乙方原因，导致旅游开始后行程延误的，乙方应当征得甲方书面同意，继续履行本合同并支付旅游费用5%的违约金；甲方要求解除合同终止旅游的，乙方应当安排甲方返回并退还未完成的旅游费用，支付旅游费用5%的违约金。

甲方因延误旅游行程支出的食宿和其他必要费用，由乙方承担。

第十六条（弃团）乙方在旅程中弃置甲方的，应当承担弃置期间甲方支出的食宿和其他必要费用，退还未完成的行程费用并支付旅游费用一倍的违约金。

第十七条（中途离团）甲方在旅程中未经乙方同意自行离团不归的，视为单方解除合同，不得要求乙方退还旅游费用。如给乙方造成损失，甲方应承担赔偿责任。

第十八条（不可抗力）甲、乙双方因不可抗力不能履行合同的，部分或者全部免除责任，但法律另有规定的除外。

乙方延迟履行本合同后发生不可抗力的，不能免除责任。

第十九条（扩大损失）甲、乙一方违约后，对方应当采取适当措施防止损失的扩大；没有采取适当措施致使损失扩大的，不得就扩大的损失要求赔偿。

甲、乙一方因防止损失扩大而支出的合理费用，由违约方承担。

第二十条（委托招徕）乙方委托其他旅行社代为招徕时，不得以未直接收取甲方费用为由免责。

第二十一条（其他）本合同其他事项（略）。

第二十二条（争议解决）本合同在履行中如发生争议，双方应协商解决，协商不成，甲方可以向有管辖权的旅游质量监督管理所投诉，甲乙双方均可向法院起诉。

第二十三条（合同效力）本合同一式两份，双方各执一份，具有同等效力。

第二十四条（合同生效）本合同从签订之日起生效，至本次旅行结束甲方离开乙方安排的交通工具时为止。

附：旅游行程表

甲方：	乙方（盖章）：
身份证号码：	负责人：
电话或传真：	电话或传真：
通讯地址：	通讯地址：
日期：　年　月　日	日期：　年　月　日

二、成交签约

（一）向接待旅行社发传真，再次确认最终行程及结算方式

组团旅行社计调人员应向选定的接待旅行社发出正式的团队预告，将产品的旅游行

程计划书正式发给接待旅行社，以方便接待旅行社提前做好准备工作。以传真或电传形式向接待旅行社预报计划，紧急情况也可先用电话预报，后发传真。预报的目的，是为了使接待旅行社将此团纳入该社的接待计划，要接待旅行社及早订房、订票。预报应尽可能在团队到达前 30 天发出。预报内容有：团号、旅游团人数、团员构成情况（性别、年龄、民族、有无特殊旅游者）、抵离时间、旅游线路、交通工具要求、食宿标准、要求等；特别应标明离开的交通工具、车次、航班及其他内容，并要求接待旅行社在 3 ~ 5 天内予以回复。预报传真如下：

北京 X 旅行社：

我社组织的 BJ150912 一行 20 + 1 人于 2015 年 9 月 12 日乘 K28 次火车于 13 日上午 8：38 抵达北京火车站；餐饮标准是 80 元/人/天；全程住宿标准是挂牌三星酒店双标房；客人不进购物店；自费项目以当地导游员推荐、客人自愿参加为主；游览长城、颐和园、北戴河等地，并请即预订 9 月 16 日晚 K27 次 21 张回丹硬卧车票。此团系重点客户，请务必保证晚上硬卧离京。另，此团 9 月 14 日、15 日宿北戴河，请代订标准房 10 间，加全陪房一间，正式计划及旅客名单后发。谢谢合作！

祝　　贵公司昌盛！

丹东 X 旅行社

2015 年 9 月 5 日

（二）等待接待旅行社回传确认出团事项

组团旅行社计调人员应等待接待旅行社回传确认，落实好团队的所有细节。

1. 书面确认

团队预报发出后，接待旅行社应在最短的时间给予书面回答，主要是对预报的内容逐一加以确认。如遇变更，组团旅行社应及时作出变更通知，以传真方式向协议接待旅行社发送，并要求对方书面确认。预报的目的，是为了使接待旅行社将此团纳入该社的接待计划，要接待旅行社及早订房、订票。预报应尽可能在团队到达前 30 天发出。

2. 旅程变更

如果旅游行程或旅游人数有变化，4 小时内通知到各门市部及相关收客部门，在黑板上、网上作变更动作，并以"加急通知"形式在网上发布，或及时书面告知接待旅行社，并要求对方书面确认。计划变更的原因主要有两个：

（1）组团旅行社方面的原因。组团旅行社未能按计划招徕到足够的旅游者人数，在旅游团预定的出发日期前不能成团或在旅游团启程时原参团的人因各种原因（生病、死亡、家庭变故等）而临时退团，使旅游团原定人数减少或者旅游团出发前有人加入旅游团而使旅游团原计划的人数增加。还有旅游团性质发生变化，如，原计划的散客包价旅游团因新的旅游者加入而变成团体包价旅游团、原计划的豪华团变为经济团等。上述原因使得接待旅行社在安排旅游团的饭店客房、餐食和旅行交通工具等方面均须作出相应调整。

（2）接待旅行社方面的原因。第一，目的地交通情况变化使旅行社制订的旅游计划发生变更，如，民航部门因气象条件恶劣或机械故障，决定推迟航班的起飞时间或取消航班的飞行,使旅行社无法按照原定计划组织旅游者前往下一站旅行,因而被迫改变旅游计划。第二,接待旅行社工作上的差错或失误引起的旅游计划的变更,如导游人员对旅游活动安排不当或疏忽导致旅游团误机等。

(3)旅游团方面的原因。旅游团在旅游过程中,个别旅游者因突发状况而中止旅行或要求提前退团引起旅游团人数的变化,也需旅行社对旅游团的住房、交通工具等进行调整。

(4)不可抗力的原因。不可抗力,包括气候突变(如暴风雪、沙尘暴等)、自然灾害(如洪水、地震、泥石流等)、疫病流行、政治动乱和恐怖活动等。它们常迫使旅行社变更其原先制订的旅游计划。如果旅游行程或旅游人数有变化,应及时书面告知接待旅行社并要求对方书面确认。

 范 例

重要计划变更

北戴河××旅行社国内部 XX 小姐:

您好!我社组织的 BJ150912 一行 20 + 1 原报 2015 年 9 月 14 日乘 D15 次列车中午 9 时 36 分发车抵达北戴河,有误。应乘 D21 次列车 2015 年 9 月 14 日上午 7 时发车,于上午 9 时 18 分到达北戴河,请予回复确认。

北京××旅行社

业务部×××

2015 年 9 月 6 日

(三)计划的发出

计划发出环节主要包括以下几个方面:

(1)团队预报计划以后,经过双方多次更改确认后,在基本内容,如人数、日程无大变化的情况下,应该在团队到达第一站前 10 ~ 15 天内,将正式计划邮寄或传真至接待旅行社。正式计划以正式文件打印、盖公章,每地寄出两份以上。它既是计划,也是对方的结算收款依据,应力求正确。一般在正式计划发出以后,不应再有大的变更。

(2)正式计划也应发至本社有关各部,如接待、财务、档案等部门。计调人员向各有关单位发送计划书,逐一落实如下项目:

①用房。根据团队人数、要求,以传真方式向协议酒店或指定酒店发送"订房计划书"并要求对方书面确认。如遇人数变更,及时作出"更改通知",以传真方式向协议酒店或指定酒店发送,并要求对方书面确认;如遇酒店无法接待,应及时通知旅游者,经同意后调整至同级酒店。

②用车。根据人数、要求安排用车,以传真方式向协议车队发送"订车计划书"并要求对方书面确认。如遇变更,及时作出变更通知,以传真方式向协议车队发送,并要求对方书面确认。

③返程交通。仔细落实并核对计划,向票务人员下达"订票通知单",注明团号、人数、航班(车次)、用票时间、票别、票量,并由经手人签字;如遇变更,及时通知票务人员。

国内旅游团书面计划

北京××旅行社、北戴河××旅行社国内部及本社接待、财务各部：

现将我社组织的 BJ150912 一行 20+1 人计划发给贵社，请贵社接计划后按约以内宾标准团接待。订妥车票，按计划内容安排游览，并做好上、下站联络。如有更改请即通知我社和下站接待旅行社。团款已按约预付 80% 的费用，差额部分由全陪结清。此团系重点团，请各社予以关照。谢谢！

祝　合作成功！

丹东××旅行社

2015 年 9 月 11 日

（3）明确具体行程，同时附一份打印的正式名单，名单要写明姓名、性别、年龄和身份证号码。这样的一份计划就比较明白清楚，便于接团作业。

如该行程的活动日程安排如下：

①日程安排

第一天 9 月 12 日（周五）乘坐丹东—北京 K28 次火车，宿火车上。

第二天 9 月 13 日（周六）上午 8：38 抵京，游览天安门广场、故宫博物院、恭王府、什刹海历史文化风景区，王府井步行街自由活动，建议游览：老北京一条街；天主教东堂；王府井百货大楼。宿北京。

第三天 9 月 14 日（周日）上午 9：18 抵北戴河，餐后乘坐长城号游船，观赏秦皇岛港的风采，之后前往黄金海岸沙雕大世界，游玩碧螺塔酒吧公园。宿北戴河。

第四天 9 月 15 日（周一）清晨在鸽子窝公园观赏海上日出，赶海拾贝，早餐后游览奥林匹克公园、五佛山、山海关、三宝海产品市场，体验北戴河风土人情。晚餐后乘大巴返京。宿北京。

第五天 9 月 16 日（周二）到达北京中关村科技园区，参观游览清华大学、北京大学，途中观览中华世纪坛，午休后游览圆明园。晚餐后乘坐北京—丹东 K27 次火车，宿火车上。结束愉快旅程，回到温馨的家。

②注意事项：

· 请北京××旅行社一定订妥 9 月 14 日 D21 次软座 20+1 张，确保 9 月 16 日 K27 次硬卧 20+1 张；

· 请北戴河××旅行社订妥 9 月 14 日长城号游轮船票 20+1 张；

· 名单中第 4、第 5 位客人喜素食；

· 请北京××旅行社 9 月 13 日晚餐加标准每人 50 元作为欢迎宴；

· 各地请一律派空调车观光。

③联系人：

北京××旅行社联系人×××

电话：010-×××××

传真：010－×××××

北戴河××旅行社联系人×××、×××

电话：0335－×××××××

传真：0335－×××××××

本社联系人×××

电话：0415－××××××

传真：0415－××××××

（4）发计划应附上回执，以便对方寄回，确认无误。

 范 例

计划回执
丹东 X 旅行社： 　　贵社发来 BJ150912 团计划收悉。我社将按贵社计划接待此团。 　　此致 　　敬礼！ 　　　　　　　　　　　　　　　　　　　　　　　　　　　　北京×旅行社 　　　　　　　　　　　　　　　　　　　　　　　　　　　　2015 年 9 月 11 日

（四）再确认

团队出发前 24 小时以内，计调人员还应对计划进行一次最后的再确认，以防接待旅行社疏忽和遗漏，发现问题可及时补救。特别要强调的是，计调人员千万不能因怕麻烦而不确认。

有时在团队出发前还会发生特殊情况，如旅游者家中发生重大事情而不能外出旅游。因此，要发紧急通知。

 范 例

紧急通知
北京×旅行、北戴河×旅行社及本社有关部门： 　　现因我社组织的 BJ150912 团名单 20＋1 人中，第 13、第 14 两位旅游者家中主要亲属生病住院，不能参加此团，请取消这两位旅游者的一切车票、船票和住房。各社关照，尽量减少损失，如产生必需的费用请报我社，由我社承担。 　　谢谢，不便之处请谅解！ 　　丹东×旅行社 　　　　　　　　　　　　　　　　　　　　　　　　　　　　业务部××× 　　　　　　　　　　　　　　　　　　　　　　　　　　　　2015 年 9 月 12 日

任务6　发团管理

一、发团准备

（一）建立团号

旅行社计调人员流动相当频繁，每个计调人员都带有原有习惯留下的烙印。很多旅行社编制的团号五花八门，不合理与不规范的现象非常明显。如不改变书写不规范的随意团号，就无法正确使用网络化管理，引发诸多"对账困难、操作繁杂、项目不明、容易混淆"的问题。因此，规范的旅行社团号的设定尤为重要。

1. 设置行程团号

设置团号，命名应通俗易记、一目了然。关键词为：旅行社、旅游目的地、时间等。例如：

DDCYTS－SD4－0052（丹东中青国际旅行社，山东半岛4日游，编号0052）

DDCYTS－C4－150828（丹东中青国际旅行社，朝鲜4日游，2015年8月28日出境）

DDCYTS－YN7－150910（丹东中青国际旅行社，云南7日游，2015年9月10日发团）

SH/HO/OX/（上海、港澳、澳新）

旅游团的建档，首先应建立团号。命名应通俗易记、一目了然。例如：

CEF　　150910　　TSMH　　15　　VIP　　A
_____

A　 B　　 C　　　D　　E　　F

A：三个英文字母代表这个团的英文缩写，例如CEF代表中国家庭旅游团。

B：六位数代表该团预定出发日期为2015年9月10日。

C：英文字母代表前往目的地国家或地区的缩写。TSMH分别代表泰国、新加坡、马来西亚和中国香港。

D：数字代表该旅游团出游的天数为15天。

E：英文缩写代表特别团的意思。VIP代表贵宾团。

F：A或B。如果第一至第五项不变，而在第六项后出现A或B时，即表示该旅行社有两个以上的旅游团。

2. 旅游团人数的表示方法

人数在规范团号中应如何书写是个很严谨的问题，如果太过随意可能会带来很大的麻烦。比如：30个成人、4个儿童（其中1个是不满2周岁的婴儿），此外旅行社还派了一个全陪，应该如何书写呢？

标准规范的人数写法为：成人有多少人，就用相应的阿拉伯数字表示，1人就是"1"，10人就是"10"；儿童写作1/2，如4个儿童写作"4/2"；婴儿在旅游费用的核算中通常是不产生费用的，故用1/0表示。则30个成人、4个儿童（其中1个是不满2周岁的婴儿）、1个全陪正确规范的写作方式为：30+3/2+1/0+1。

（二）核对团款

出团前24小时将《团队核算表》《旅游者信息表》、团队原始资料等交财务部核对团款，坚持"团款不到账不操作"的原则。

（三）确认大交通票据

在航空公司要求的最后名单递交日前，根据旅游者报名人数和旅行社的营销目标，确定机票机位，并在航空公司要求的最后出票日出票，尽可能地避免退票损失；同样，火车票也是在铁路部门规定的最后日期出票。出票后检查票面信息是否正确。计调人员所操作团队如遇乘早航班必须将机票发到旅游者手里。

（四）安排接送

组团旅行社应按照旅游行程特点预订旅游大巴车，安排接送站。同时将航班、车次、船次起止地点、时间以传真形式传给接待旅行社，以保证地接人员准时接站。

（五）计划登录

将旅游团的团号、人数、国籍、名单、陪同数、抵/离机（车）时间、住宿酒店、餐厅、参观景点、接待旅行社、接团时间及地点、其他特殊要求等逐一登记在"团队动态表"中。将团队的各项具体事宜制作成团队项目明细表，把团队的基本情况、各种资料归档，便于今后查找和做统计工作。

二、选派导游

组团旅行社在发团时都会选派全陪导游人员随团行动，任务是代表组团旅行社协调团队关系，监督接待旅行社执行旅游接待计划并保证接待的质量。全陪与接待旅行社导游的密切配合，是团队正常运行的重要因素。

（一）全陪的选派标准

旅行社计调人员应从具备以下几个条件的工作人员中选拔全陪人员。

（1）熟悉业务，知识丰富。团队运行过程中涉及的业务部门繁多，各方面关系都需要协调，各种情况都可能发生，知识丰富并熟悉业务的全陪人员善于处理各种关系，善于预测可能发生的各种变故，并能采取恰当的应对措施，使旅游者满意、旅行社放心。

（2）有职业道德，责任心强。全陪是旅游者合法利益的维护者，是保证旅游行程圆满完成的责任人。其工作十分辛苦，且不容出一点差错。只有爱岗敬业、责任心强的导游，才能胜任全陪工作。

（3）有较强的独立工作能力。全陪必须具有较强的亲和力和语言表达能力，能与旅游者充分沟通交流并有熟练处理各种突发事件的能力。组团旅行社选择全陪时，应对其工作能力进行全面评估，尽可能选择独立工作能力强的导游从事全陪工作。

（二）召开出游说明会

出游说明会是在临出行前全团旅游者的第一次集中开会，向旅游者说明此次旅游的注意事项。出游前的说明会对出境旅游尤其重要，会议内容主要包括向旅游者说明集中出行的时间、地点及携带有关证件、安全、纪律，以及目的地的天气、风俗习惯、旅游者着装及言行举止方面的基本要求。说明会对于散客拼团的团队更为重要。一次成功的出游前说明会，一方面可以使全陪与旅游者拉近感情，另一方面可增强旅游者的团队观念，避免团队运行过程中出现不必要的麻烦。说明会上，须向旅游者说明自费项目有多少、行程中安排的购物点有多少、需要消费的金额有多少，使旅游者做到心中有数，最后给旅游者发放旅游包、旅游帽或胸牌。

三、下发出团通知单

出团通知单包括两类，一类是发给全陪导游人员的，包括旅游团的名称或团号、旅游团成员的姓名、性别、年龄、职业、民族、宗教信仰、旅游团所到各地接待旅行社的联系人姓名和电话、地陪的姓名和电话、旅游团在沿线各站的抵离时间、所乘交通工具、交通票据的落实、旅游团所经各地下榻酒店的基本信息、本团饮食规格和标准等内容。另一类是发给旅游团成员的，包括集合的时间和地点、基本行程安排、旅游过程中的注意事项、全陪的姓名和联系方式、主要费用等内容。出团通知单应在发团前三天交到全陪和旅游团成员手中。

 范 例

出团通知单

发至单位：　　　　　　联系人：　　　　　　电话：　　　　　　传真：

出自单位：　　　　　　联系人：　　　　　　电话：　　　　　　传真：

某某单位负责人您好：

　　为顺利参加我社××游（旅游行程名称），请您于_____月_____日_____在_____准时集合，届时请认_____标志，请务必带好本人身份证原件（请核查身份证是否过期），持临时身份证及16岁以下儿童必须同时持户口本原件，导游举_____旗帜伴您快乐之旅。请您按车号乘车。

导游电话：

团号		团队等级		人数	
接团时间地点		接待旅行社标志			
送团时间地点		组团旅行社标志			
全陪姓名电话		地陪姓名电话			
行程					
安排					

续表

接待标准	1. 住宿：　　　　　　　　2. 用餐： 3. 导游：　　　　　　　　4. 门票： 5. 交通：　　　　　　　　6. 保险： 7. 其他：
接待约定	1. 携带身份证件。 2. 持有优免证件的参团旅游者均不享受景区任何优惠政策。 3. 行程内的自付费项目也是行程安排内容，但旅游者可自由选择参与，不参与的旅游者需在景区门口下车自由活动等候。 4. 在旅游行程中因不可抗力危及到旅游者人身、财产安全，旅行社不得不调整或者变更旅游合同约定的行程安排时，应当在事前向旅游者作出说明；确因客观情况无法在事前说明的，应当在事后作出说明。 5. 旅游者须自行保管自己的贵重物品。 6. 不允许旅游者擅自离团。如旅游者私自离团，则视为旅游者自愿提前终止合同，并自愿放弃合同中未发生的接待事项和费用，我社概不受理因此而产生的一切后续争议。
温馨提示	1. 患有心血管、心脏病的旅游者要依据身体状况选择适度的活动和时间，带好急救药。 2. 天气较为炎热，请带好防晒霜、太阳镜、太阳帽等。 3. 现在处于汛期，请旅游者带好雨具。

四、发团监督

组团旅行社计调人员应在出团前 24 小时再次与接待旅行社落实和确认，以防接待旅行社疏忽和遗漏，发现问题可及时补救。在旅行进行过程中，计调人员应和接待旅行社、陪同、领队及旅游者保持联系，掌握团队的行程，发现问题及时沟通和解决。

 范 例

团队接待质量反馈表

尊敬的旅游者：

为不断提高旅游服务质量，树立我社企业新形象。诚请阁下对本次旅游提出宝贵意见，使我们的服务不断改进，让您下次旅游更加满意！

×× 旅行社

年　月　日

请您在所列项目内打"√"

团　　号		单　　位	
全陪导游		地陪导游	
旅游行程		旅游日程	

项目	住宿			餐饮			用车服务			景点完整		购物			全陪导游			地陪导游		
	好	中	差	好	中	差	好	中	差	是	否	好	中	差	好	中	差	好	中	差

导游是否履行安全责任		安全工作是否到位	

评价或建议	

1. 旅游者代表签名：_____联系电话：_____
2. 全陪注明团队实到人数：_____
3. 全陪签字：_____地陪签字：_____
4. 旅游监督电话：

　　组团旅行社在将团队交予接待旅行社后，并不意味着工作的结束，组团旅行社还应对接待旅行社接待过程中的服务质量进行监督，在团队旅游结束后对接待旅行社的服务进行评估，目的是维护旅游者和旅行社的利益，为今后再次与接待旅行社合作积累资料。这项工作主要从以下几个方面开展：

　　（1）监督接待旅行社的接待情况。组团旅行社要与接待旅行社保持密切联系，及时获取团队运行的有关信息，督促接待旅行社按照合同提供质、价相符的服务。遇到突发事件，发团社要负责协调各个方面的关系，及时排除困难因素，确保旅游活动的顺利进行；碰到由于天气等不可预见因素而导致旅游活动中断或旅游行程更改，发团社要与接待旅行社配合做好旅游者的思想工作，并按有关规定及时处理理赔事宜，避免事态扩大、扩散。

　　（2）监督全陪的工作情况。组团计调人员在团队发出后应该要求全陪定期向组团旅行社汇报团队的情况，组团旅行社要随时处理全陪的要求和建议，有重大情况及时向旅行社高层汇报，并负责领导指示的贯彻落实，同时还要向接待旅行社了解全陪在工作中是否认真履行自己的职责。要求全陪认真填写"全陪日记"；要求全陪在团队返回后三天内汇报情况写出团总结、交旅游者意见反馈表；旅途中如果发生重大事故，要求全陪应单独撰写事故报告，就事故原因、经过、处理办法及旅游者满意程度进行专项汇报。

 范 例

全陪日记

团号		组团旅行社	
接待旅行社		导游姓名	
接待时间	年　月　日至　年　月　日	人数	

途经城市	
团内重要旅游者、特别情况及要求	
旅游者的意见、建议和对旅游接待工作的评价	
该团发生问题和处理情况（意外事件、旅游者投诉、追加费用等）	
全陪意见和建议	

导游对全过程服务的评价：		合格		不合格	
行程状况	顺利		较顺利	一般	不顺利
客户评价	满意		较满意	一般	不满意
服务质量	优秀		良好	一般	比较差
导游签字			日期		
部门领导签字			日期		

　　（3）监督旅游者的游览情况。组团计调人员在团队发出后应该向全陪、接待旅行社了解旅游者游览的情况，在第一时间发现问题，并及时与接待旅行社协商加以解决，保证团队顺利游览。对旅游者违规要收集证据，为以后处理问题留下依据。

　　团队按计划结束行程后返回客源地，如果是重要的组织型客户，旅行社一般应该安排主要领导到机场、火车站接机（车），同时为客户的主要出游决策人接风，以进一步稳固客户对旅行社服务的良好印象,确保将该客户发展成为 VIP 客户。如果在行程中出现一些小的接待问题,旅行社领导的接机和接风则是一个很好的弥补机会,同时可为旅行社收回剩余团款打下良好基础。

任务7 后续工作

一、团队报账

(1)全陪报账。如果组团旅行社派出了全陪,则全陪应向计调人员报账,将其出行前所借的备用金与旅行社结清,在计调部报账,经审核无误后,报财务部。财务退回其借款单,并根据规定支付相应的出团补助。全陪须在导游费领取单上签字。有的旅行社配备了实力较强的财务管理部门,计调部的团队计划须同时报送财务部,最后由财务部进行单团核算,并向全陪支付导游补贴。

(2)支付赔偿。如果团队发生接待质量问题,则根据旅游合同和与旅游者协商的结果,向旅游者支付一定金额的赔偿金。如旅行社出现违约情况,一般支付20%的违约金。

(3)与接待旅行社结账。团队结束,接待旅行社均会很快传来团队催款账单,组团计调人员应根据团队实际运作情况进行单据和费用的审核及结算,实事求是,纠正差错,在无接待质量问题和企业资金允许的情况下,根据和接待旅行社的合作合同向接待旅行社支付团款,并将汇款单传真给对方,以保证企业在接待合作伙伴中的良好信誉。此时确定接待旅行社账号、开户行、开户名称、联系人、电话,并将汇款单据传真给接待旅行社交财务部以便查询。

(4)成本核算。根据陪同及财务提供的有关费用情况,登记团队收入台账、成本核算单(如下表所示),详细记录每个团队的收支及利润情况。成本核算单一式两份,一份报财务记账,一份留计调部,与团队其他资料一起备案。

 范 例

旅行社成本核算单

团号		组团旅行社		国籍			成人_____人
抵离时间	_____月___日___时___机(车)到后用___餐			入住酒店		人数	
	_____月___日___用___餐乘___机(车)离开						儿童_____人

续表

项目				成本核算			
				人天数	单价	金额	备注
综合服务费	餐费	餐厅					
		餐厅					
		餐厅					
	门票	景点					
		景点					
		景点					
		景点					
	房费	饭店					
		饭店					
	去＿＿＿＿地汽车费						
	过路过桥费停车费						
交通费	乘飞机、火车、汽车去＿＿＿＿地						
	订票费						
其他							
实收		成本结算总额				毛利	
备注				总经理（签字）			

二、客户回访

（1）在团队顺利结束行程返回后，组团计调人员应通过电话或登门对旅游者进行回访，了解旅游者对团队的满意程度，如果旅游者对于接待有意见，则应予以安抚，同时答应以后一定改进。回访体现了旅行社的周到服务，也是建立客户忠诚度的重要手段。

（2）回访结束后，认真填写客户管理档案。将旅游者做成回头客，开发一个新客户的成本要比维持一个老客户的成本大得多，详细地记录旅游者信息，便于以后与旅游者进一步联系。根据了解到的客户信息确立定期的对客户电话或登门拜访计划，以实现持续性销售。

（3）如果发生投诉事件，计调人员首先要调查情况，了解事实真相，分清责任方；其次，要积极主动地在自己的职权之内解决问题，将事态控制在最小的范围内；最后，要最大限度地维护旅游者利益。实践证明，如果计调人员能够妥善处理投诉，旅游者的回头率会在67％左右。

三、资料归档

团队结束后，要将所有操作传真及单据复印件留档，作为操作完毕团队资料归档。团队归档包括以下内容：①标准行程；②旅游者原始报名表；③旅游合同；④收款凭证；⑤旅游者信息表；⑥询价传真；⑦确认传真；⑧订票单；⑨订车单；⑩退款单；⑪付款单；⑫结算单；⑬出团通知；⑭接待旅行社质量跟踪表；⑮全陪服务及质量跟踪表；⑯全陪出团领取明细表；⑰全陪出团日志等。

 **实训项目**

实训项目	撰写旅游预报计划、变更通知、正式计划
实训目的	通过实训，让学生熟悉发团业务的工作流程以及发团过程中相关文本的拟定和使用。
实训地点	学生所在地。
实训步骤	1. 以情景模拟的形式进行； 2. 设计组团旅行社计调人员、接待团计调人员若干； 3. 组团旅行社计调人员据此拟订旅游预报计划，并发往接待旅行社，接待旅行社计调人员据此拟定接待计划； 4. 报告人数、时间等变更情况，计调人员拟订相应的变更通知； 5. 作出相应的正式计划； 6. 要求撰写速度较快、文本规范。
实训成果	1. 组团旅行社与接待旅行社之间发团过程中比较完整的沟通记录和文件； 2. 正式的旅游接待计划。

 **任务实践**

根据组团旅行社计调业务操作相关理论知识，为本地某旅行社设计一个发团业务流程，要求程序完整，具有一定的可操作性。

项目六
接待计调业务操作流程

[知识目标]

通过学习，学生要熟悉接团管理的相关知识，掌握每一个完整的接待计划都应包含的内容及接待计调业务的实施步骤。

[能力目标]

通过实训，学生能够撰写旅游接待计划、独立进行国内接待业务操作，并能为本地中小型旅行社设计合理的接团业务流程。

 引导案例

口头变更的教训

某旅行社诉称，请某市一家三星级酒店接待该社40名福建游客，并以传真形式进行了确认，由该酒店负责团队当天的晚餐及住宿，同时向该酒店全额支付了本次接待费用。在旅游过程中，客人想品尝当地的风味美食，提出不想在该酒店用餐。为了满足游客的需求，旅行社随即电话通知酒店销售部经理，要求取消原订的晚餐。该团队到达酒店准备入住时，酒店方面称已接到该旅行社电话通知，取消了当日的晚餐及住宿，现所有房间均已售完，无法进行接待。而旅行社表示，在电话中取消的仅是晚餐，住宿仍然需要保留。经双方紧急协商，由该酒店负责将客人安排到郊区某二星级宾馆。旅游接待活动结束后，该旅行社要求该酒店退还晚餐费用，以及由于降低住宿等级标准赔偿给游客的损失，并支付因变更住宿地点而支出的交通、通信等费用共计2 000元。

 案例分析

本案焦点为：旅行社与酒店以口头形式变更的合同是否能够成立。

由于客观原因及实际行程的需要，旅行社在业务操作中，经常会遇到诸如变更接待计划等情况。根据《合同法》第七十七条规定，除法律、行政法规规定变更合同应当办理批准、登记等手续外，当事人协商一致，可以变更合同。同时，《合同法》第七十八条

又规定，当事人对合同变更的内容约定不明确的，推定为未变更。

在调查过程中，由于双方就口头变更的内容持有截然不同的意见，而且，双方均不能出具有效证据证明合同变更的具体真实内容，所以，依据《合同法》有关规定，该合同推定为未变更，双方原来以传真形式确认的书面合同应该有效。

后经质检所调解，双方协商一致，该酒店退还了旅行社晚餐费用，并承担赔偿给游客客房价差以及 20% 的违约金及交通、通信费共计 1 200 元。

从本案例中，我们可以得出如下启示：第一，旅行社应严格规范业务操作流程，不能为了方便而简化操作程序，从而造成不必要的经营风险。第二，旅游接待各单位之间订立书面合同后，如果因客观原因需要就合同内容进行变更，在双方协商的基础上，可以就变更的内容重新进行约定，但要尽量采取书面形式。避免因双方均存在过错或举证困难等因素而产生不必要的损失或纠纷。

任务1　旅游接待计划认知

计调业务都是围绕接待计划来完成的。一个完整的接待计划，一般都必须包括旅游团的基本情况和要求、日程安排、旅游者名单这三部分内容。制订接待计划的步骤如下所述：

一、核实接待项目

在编写接待计划前应当核实以下项目：

（一）旅游团的基本情况和要求

（1）旅游团的基本信息。主要包括：①组团社名称（计划签发单位）、联络人姓名、电话号码、客源地组团社名称和全陪姓名；②旅游团的团名、团号、国别、语种、人数、结算方式、等级等情况；③是否有自订和代订项目；④在食、住、行、游等方面是否有特殊要求，有无特殊要求的游客；⑤对地陪在语种、水平、性格等方面有什么要求；⑥接待各方联系人的姓名及联络方式。

（2）旅游团成员的基本情况。主要包括：①客源地、领队姓名、游客姓名、性别、职业、年龄、宗教信仰、民族等；②全程旅游线路、海外旅游团的入出境地点。

（3）所乘交通工具情况，包括抵离本地时所乘飞机（火车、轮船）的班次、时间和机场（车站、码头）的名称。

（4）掌握交通票据的情况。主要包括：①该团去下一站的交通票据是否已按计划订妥、有无变更及更改后的情况、有无返程票、机场建设费的付费方式；②接海外团应了解该团机票有无国内段，要弄清机票的票种是 OK 票还是 OPEN 票。

（二）日程安排

（1）游览日期。

（2）出发时间、出发城市和抵达城市。

（3）各城市间交通工具（飞机、轮船、火车等）及离抵时间，海外团还需了解出入境口岸。

（4）在各地所安排的主要参观游览项目、就餐地点、风味品尝、购物、晚间活动、自由活动时间以及会见等其他特殊项目。

（5）住宿情况（饭店、火车上等）。

 范 例

旅行社旅游团队行程表

团号		组团社		领队或全陪		客源地	
人 数		旅游运输公司		司机（电话）		车号	
到达日期	月　日	交通工具（到达）		地陪（电话）		质监结算员	
离开日期	月　日	交通工具（离开）		团费			

月	日	行程安排及游览景点	早餐	中餐	晚 餐	入住饭店	娱乐场所	购物场所	备 注
景点、购物、消费等单位签章栏									

填写单位（盖章）	填写人：	旅行社总经理签章：

（三）旅游者名单

旅游者名单要有旅游者的姓名、性别、国籍、生日、护照号码、分房要求（单间和双间），若为重点团队还应注明旅游者身份，接待方联系人的姓名、电话等。

二、编写接待计划

在以上事项得到确认后，可以按下列内容编写接待计划：

（1）按旅游行程所经城市的先后，排列出各地接待单位，并注明印发份数（每个合作单位一式三份）。

（2）注明旅游线路。

（3）注明旅游团的类别（如游览团、参观团、学习团、考察团、专业团、重点团等）。

（4）注明服务等级。

（5）注明住房的预订方式（如旅游者自订、本社代订、委托接待旅行社代订或其他），用早餐情况。

（6）注明风味餐的标准、次数。

（7）若为海外团，注明旅游团出境机票情况（OK 票/OPEN 票）。

（8）注明全陪姓名、性别及返程票的日期、航班、车次等，如无全陪人员则注明"该团无全陪，请上下站接待旅行社加强联系"字样。

（9）注明旅游团的航班、车次、船次的抵离时间。

（10）注明加收费用的服务项目，如超公里数、特种门票、游江游湖项目、风味标准及次数、专业活动及次数等。

（11）注明旅游团详细名单，包括姓名、性别、年龄、职业、国籍及证件号码等。

（12）注明组团旅行社名称、地址、电话、传真及联系人姓名。

三、接待计划操作规范

编制接待计划后要发送给有关接待单位。发送日期应尽量提前，以便接待旅行社做好各项接待准备，特别是提早预订好交通客票、文娱节目、酒店及安排落实接待人员等。计划通知要对团队接待要求和基本情况作出详尽说明，其程序和标准是：

（1）首先书写标题和编号。标题应按规定格式写清旅游团组团客户所在国名、客户简称、旅游团号及编号，应注明编发部门和编序号码。

（2）文件书写发送单位，即委托接待单位名称。要求名称书写准确，发送单位与文内委托接待事项吻合，不出现漏发、重发、错发等现象。

（3）文件正文要书写接待标准和接待服务要求。接待服务一般分为综合服务、小包价、零星委托接待、选择旅游、组合团旅游等几类。接待标准通常有豪华等、标准等、经济等的不同，淡季价销售应予以特别注明；若旅游者还要求其他服务内容或超常规标准服务，文中应尽可能予以详述。

（4）正文包括旅游团旅游者名单、人数和基本情况。人数应有男女人数和总人数，名单应按序号注明旅游者身份、护照号码、夫妻关系、性别、职业、民族、国籍、住房要求等，如了解到旅游者其他特殊情况，如个人饮食习惯、爱好、兴趣、病史、特殊要求等，应尽可能书写全面，反映清楚。

（5）正文还包括预订要求。根据客户要求委托办理预订，如委托接待单位代订饭店、城市间交通工具、市内游览用车、文娱节目及要求安排专业考察、参观、座谈、访问活动等，都应一一予以注明。若是属于客户或组团旅行社预订内容，且已进行了预订和确认，应将其有关情况在文中加以备注，以便使接待单位全面了解接待安排情况。

（6）正文主体书写规范。正文主体是旅游日程安排。书写时，要求写清旅游团抵离城市（包括出入境）的航班（车次）、日期和时间，市内游览应注明参观项目，就餐和风味安排等。若以上内容尚有不明确之处，应在文中注明"待告"，并在得到确切消息时，及时补发通知给有关接待单位。

（7）文件签写要齐全。要签写联系人员姓名、单位、电话、编发日期等，以备遇到特殊情况进行联系，或变更有关委托事项等。

××××××××公司×××部

关于××国 201508－1425 团的接待计划

［2015］××字第 1425 号

组团旅行社：

××公司　　××部　　高××　　电话：010－6513×××

传真：010－6513×××　　手机：133×××××××

接待单位：

旅游票务部、酒店预订部、北京王府饭店、洛阳国旅、洛阳牡丹、西安国旅、西安唐华、重庆招商、东方皇家、湖北国旅、武汉天安假日、上海外航、上海恒升半岛、浙江青旅、杭州香溢、桂林中旅、桂林帝苑、阳朔新世纪。

联络方式：

洛阳国旅：郑××　　电话：0379－4323×××　　传真：0379－4325×××

手机：1380××××××

西安国旅：冯××　　电话：029－8526×××　　传真：029－8525×××

手机：1390××××××

重庆招商：李××　　电话：023－6351×××　　传真：023－6351×××

手机：1390××××××

东方皇家：胡××　　电话：027－8576×××　　传真：027－8576×××

手机：1303××××××

湖北国旅：闵××　　电话：027－8284×××　　传真：027－8284×××

手机：1397××××××

上海外航：林××　　电话：021－3304×××　　传真：021－6351×××

手机：1330××××××

浙江青旅：贾××　　电话：0571－8578×××　　传真：0571－8578×××

手机：1380××××××

桂林中旅：张××　　电话：0773－2880×××　　传真：0773－2880×××

手机：1303××××××

团队基本情况及要求：

（1）×国×××旅行社团队系列，共 25＋1 人，采取标准等综合服务，用餐见计划，需英语陪同。

（2）总社自订西安—重庆/武汉—上海/杭州—桂林机票（含全陪），总社自订全陪返京机票，桂林中旅代订桂林—香港票（含出境机场税），所有机票请提供最低折扣；各地代订软卧/座火车票；各地代付国内机场税，桂林出境机场税报团费。

（3）总社自订各地饭店 11 个双间、3 个单间、1 张陪同床（含北京），含西式早餐；总社自订 9 月 27 日洛阳牡丹酒店团队西式早餐。

（4）总社自订东方皇后号游船 11 个双间、3 个单间、1 张陪同床。

（5）本团四川、湖北段地接分别由重庆招商和湖北国旅负责，请提前与游船联系，确保团队顺利交接。

（6）在客人同意前提下，各地最多安排一次购物活动，禁止医疗咨询。如有投诉，各地自行负责。

（7）陪同接机/站时，请打"×××"牌子。入境站陪同请核对客人手中的计划，如有重大出入，请及时与我部联系。

（8）全陪兼领队：Mr. Chen，手机：1391019×××，身份证号：110101×××××××

附日程安排、游客名单。

日程安排：   打印时间：2015 年 8 月 5 日

日期	出发城市抵达城市	交通工具离抵时间		观光日程	饭店
9 月 23 日周三	入境北京	LH722	抵 12：10	接机、天坛、晚餐	北京王府饭店
9 月 24 日周四				广场、故宫、家访、居委会、幼儿园、午餐	北京王府饭店
9 月 25 日周五				八达岭、长陵、神路、午餐、晚餐风味烤鸭	北京王府饭店
9 月 26 日周六	北京西	K507 次	离 21：23	颐和园、午餐、下午自由活动、送火车	火车上
9 月 27 日周日	洛阳	K507 次	抵 7：52	接火车、饭店早餐、少林寺、午餐	洛阳牡丹
9 月 28 日周一	洛阳西安	G833 次	离 14：34 抵 16：10	龙门石窟、送火车、接火车、晚餐	西安唐华
9 月 29 日周二				兵马俑、大雁塔、碑林、午餐	西安唐华
9 月 30 日周三	西安重庆	HU7667 东方皇后	离 15：40 抵 17：20 离 22：00	城墙、午餐送机、接机、送船	船上
10 月 1 日周四					船上
10 月 2 日周五	宜昌武汉	东方皇后	抵 11：30	接船、午餐、送武汉	武汉天安假日
10 月 3 日周六	武汉上海	MU2691	离 14：40 抵 16：15	省博、午餐、送机、接机	上海恒升半岛
10 月 4 日周日				豫园、老城、外滩、短程游江、午餐、晚上杂技	上海恒升半岛
10 月 5 日周一				玉佛寺、南京路、午餐、夜游浦东、登东方明珠	上海恒升半岛

续表

日期	出发城市抵达城市	交通工具离抵时间	观光日程	饭店
10月6日周二	上海杭州	D3131次	离7：38 抵8：41	送火车、接火车、灵隐寺、游西湖、六和塔、午餐	杭州香溢
10月7日周三	杭州桂林	JD5546	离10：25 抵12：15	胡雪岩故居、送机、接机、午餐、两江西湖	桂林帝苑
10月8日周四	桂林阳朔	游船		游漓江、途中参观冠岩、午餐、印象刘三姐	阳朔新世纪
10月9日周五	阳朔桂林香港	汽车 FM9370	离20：50 抵23：10	骑自行车游览阳朔周边、午餐、送机	

游客名单：

姓名	性别	国籍	出生日期	护照号码
双间11个				
01 Braukmueller，Rolf	男	×国	06. 12. 49	0335××××
02 Braukmueller，Karin	女	×国	26. 11. 54	0335××××
03 Lehmann，Margit	女	×国	01. 11. 60	2672××××
04 Ihlefeldt，Marlies	女	×国	30. 07. 61	2672××××
……	……	……	……	……
单间3个				
23 Wollmann，Hansjoaschim	男	×国	22. 03. 40	8219××××
24 Zapf，Gabriele	女	×国	28. 05. 49	8752××××
……	……	……	……	……

任务2　接待客户

组团业务的客户接待环节，包括客户来电接待和客户登门拜访登记两项工作。

一、客户来电接待

在接听客户的咨询电话时，计调人员首先要在电话铃声响起的2～3声接起，这样既让对方不会感到突然，又不会让对方感觉等待的时间太久；拿起电话时要自报家门，告知你是旅行社的哪一个部门和你是谁；交谈时语气要平和，态度要友好；结束谈话时，要向对方表示良好的祝愿及再次与对方合作或谈话的愿望。同时，一定要做好电话记录，问清客户的基本情况和要求。如，是散客团还是团队、出团时间、往返大交通、住宿标准、人数、主要旅游景点、是否需要全陪及特殊要求等。认真记录与客户谈话的要点，留下电话咨询客户的联系方式。为了减少和避免工作中的失误，计调人员应该重复确认客户提出的要求。

接听客户来电时应该注意"答、问、讲、记"四字要诀。

（一）答

一名优秀的计调人员应该具有优秀的倾听技巧，了解客户真实的旅游需求，解答客户来电问询旅游行程的价格及具体的产品行程。解答客户来电询问的旅游行程价格及行程问题，一定要熟悉该旅游产品的价格，才能做到报价准确，具体行程的介绍可以简明扼要，娓娓而谈，让客户感觉到企业的服务水平和员工的服务素质。

（二）问

与客户的沟通中，注意按照一定的顺序询问客户的旅游需求，弄清楚客户想到什么地方去旅游，对什么类型的产品更感兴趣，旅游的时间（天数、具体出游时间）、人数（成人、儿童、老人各多少人；男女比例如何）、出游类型（独立成团还是拼团出游）、主要旅游景点、是否需要全陪、联系方式（手机、办公室电话、传真、电子邮箱）、特殊要求等。

一次条理清楚、要素齐全的询问，对于确定一个团队至关重要。在接待旅行社纷纷设立办事机构、主动促销的市场状况下，接待旅行社接到的每一个电话，都是由于付出了数额不菲的市场宣传费用换来的。因此，一定要珍惜每个客户的来电，以确保和客户电话沟通的高效性。

（三）讲

讲述该行程的特征和突出的卖点，强调自身的服务优势。作为接待旅行社的计调人员，应该对本企业的产品特征非常熟悉，将各种类型的产品特征和卖点提炼熟记于心，与客户沟通的时候恰当地表达企业产品的卖点和与众不同之处是获得客户认可的重要手段。因此，提炼产品卖点也是企业提升产品品质的重要工作。可从以下几个方面来强调产品的质量和服务优势：

（1）产品卖点的介绍。包括景点的等级、景点的特点、合理的行程安排、独到的服务细节、精心选择的风味餐、精心安排的集体互动主题活动等。

（2）熟练业务队伍的介绍。包括导游员的业务水平、导游员获得的荣誉称号、导游的特点等。

（3）产品基本要素的介绍。包括酒店、餐馆、旅游用车、自选娱乐项目的等级和服务水准、标准的客户用餐单等。

（4）企业实力的介绍。包括企业获得的各种荣誉称号、企业实力的体现（经营历史、注册资金、分支机构的多少、上年接待人数、固定合作伙伴的数量，以及其他客户的评价等）。

（四）记

与客户沟通时，还要及时记录一些与客户沟通的关键点。如上述所问及的事项，认真填写接待登记表，特别注明客户的需求类型及进度情况，与组团旅行社确定"产品内容、来团日期、什么地方接团、多少人、旅游者男女比例、有无儿童、有无特殊要求（少数民族饮食生活习惯、孕妇、残疾人、病人）及其返程方式（火车还是汽车、飞机）"等。即使当时不能实现产品销售，也可以及时对客户进行跟踪，以确保销售的顺利完成。

二、客户登门拜访登记

（一）接待旅游者

接待旅游者时，计调人员要注意仪容仪表，使用规范的肢体语言，讲话语速放慢，语气平和，使用标准普通话及礼貌用语。

（二）有效服务

一名合格的计调人员，要能够在旅游者提出出游要求时，迅速、及时地完成旅游产品的组织、设计、报价；能够在旅游者举棋不定时，迅速汇总信息，找到最恰当的替代品。

（三）指导旅游者填写报名单

具体包括：

（1）指导旅游者填写报名单，不得代写，以防旅游者推卸责任。

（2）填写旅游者姓名，必须与有效身份证件相符，否则无法登机。

（3）填写身份证栏，便于计调部了解旅游者年龄及证件号码，因出境旅游须办理签证。

（4）旅游行程须尽量写得清楚、详尽。

（5）旅游人数栏，如2名成人带1名儿童（收儿童价），应填写2+1人。

（6）旅游日期，应注明全程往返的日期×月×日～×月×日。

（7）交通栏，应填写往返大交通，如双卧、卧飞、飞卧、双飞等。

（8）人身意外保险栏，由旅游者自愿决定取舍并填写。

（9）备注栏主要填写旅游者的特殊要求，如"不含餐、延住、不要返程票等"。

因此对于计调人员来说，拥有一个完善的、全面的客户档案资料是必需的，所以，即使客户没有购买旅游产品，计调人员也应该想办法留下客户的信息资料，以便今后向其宣传介绍其他旅游产品。

任务3 产品询价、报价

一、产品询价

（1）接组团旅行社询价计划。询问对方的联系方式、人数、时间、具体景点行程、需要接待的标准、往返交通、旅游者身份及其他要求。

（2）向协作单位询价。与交通部门、酒店、餐厅、旅游景区联系，确定机票、火车票、船票、住宿、餐饮、景点游览等价格，并进行审核。

二、产品报价

根据客户的要求对行程进行报价，应填写本社接待登记表，且特别要注明进度情况。要做好不同地区组团旅行社的报价，应一团一议，要熟悉房、餐、车的情况，对利润多少胸有成竹，方能作出准确报价；应根据客户的要求，将客户选定的产品打印出来，然后报出产品价格，同时还应为同客户进行第二次价格谈判，准备好适当的应对措施。

双方议价，在发出报价后，对方会根据报价议价，在坚持"成本价＋合理毛利"的原则下，经部门经理签字后与对方确定最终价格，并编制地接团队行程报价确认书表。

给客户报价后，应该在较短的时间内进行二次跟踪，询问客户情况，争取客户确认，达成合作意向。由于客户在确定每个团队接待合作伙伴时，总是要进行多轮询价，最终选定他感觉比较信得过、服务态度好，并且价格较低的那家旅行社进行合作。因此，主动进行第二次问询是非常重要的，即使你的价格比别人有竞争力，如果不主动向客户靠拢，客户选择你的概率也会大打折扣。如果客户要求进行二次价格减让，在保住基本利润的前提下，可以根据实际情况进行适当地再让利，或者采用赠送礼品等方式进行感情沟通，争取尽快成交。

接待旅行社计调人员报价应具有一定的灵活性，如针对接待难易程度和季节差异给予不同的报价。譬如，国内部分景区、购物店、自费项目点会按照旅游者人数给予接待旅行社和司机、导游一定的佣金或回扣，接待旅行社计调人员在报价时同样可以考虑给予长期合作的组团旅行社一些让利，使组团旅行社可以借机降低参团价格，吸引更多的客源。

任务4　业务确认

一、确认程序

当组团旅行社与接待旅行社之间就旅游行程和报价达成一致后，双方即进入旅游接待计划确认阶段。这一阶段有下列两种情形：

（1）组团旅行社要求确认接待计划。组团旅行社把团队接待计划传真给接待旅行社时，在计划中会附有一份回执，要求接待旅行社在收到接待计划后，将团队计划落实情况确认后盖章回传给组团旅行社。这样，组团旅行社收到回执后就可放心发团。接待旅行社对确认的接待计划负有法律责任。

范 例

旅游团接待计划单

团号			团队等级		人数	
组团旅行社名称			接待旅行社名称			
接团时间地点			接待旅行社标志			
送团时间地点			组团旅行社标志			
全陪姓名电话			地陪姓名电话			
行程安排						
行程		项目	饭店	联系人	电话	
D1：		早				
		中				
		晚				
		住				
D2：		早				
		中				
		晚				
		住				
D3：		早				
		中				
		晚				
		住				
结算	单位				付款方式	
	住宿：				付现□　挂账□	
	餐饮：				付现□　挂账□	
	景点：				付现□　挂账□	
	旅游车：				付现□　挂账□	
	保险：				付现□　挂账□	
	导游服务：				付现□　挂账□	
	其他：				付现□　挂账□	
	总计	挂账	付现金	全陪现付团款	带现金	

备注	
组团旅行社确认： 负责人（签字）： （公 章） 　年　月　日	接待旅行社确认： 负责人（签字）： （公 章） 　年　月　日

（2）接待旅行社无法确认接待计划。接待旅行社计调部收到组团旅行社发来的接待计划后，应立即落实接待事宜。遇有别人不能确认的团队或团队计划中不能确认的项目，要及时通知组团旅行社，以便组团旅行社及时作出调整。

二、确认内容

如能确定双方达成合作意向，可采取传真方式确认，并填写旅行社团队确认书。确认书内容包括：价格、行程、时间、人数、住宿标准、餐饮标准、用餐人/次数、车型、区间交通票、返程交通票、全陪姓名、联系电话等。此外，确认工作还包括与对方协商付款方式及付款时间；与对方确定违约补偿办法；与组团旅行社拟订协议书，协议书的基本内容包括旅游时间、付款方式及付款时间、交付金额，以及双方的权利、义务、违约责任等。与旅游者签订旅游合同，在双方没有任何异议的情况下，签字生效。计调人员一定要注意，如果任何一方没有签字，则协议或旅游合同将视为无效。如遇变更，及时作出《团队接待计划更改单》，以传真方式向协议组团旅行社发送，并要求对方书面确认。

任务5　接团管理

一、落实接待计划

接待旅行社在收到组团旅行社接待计划后应及时予以落实。由于计划落实的情况将直接影响到接待工作的成败，所以绝不可掉以轻心。接待旅行社的计调人员应委派专人负责，逐项落实。

（一）订票业务

计调部在落实订票业务时，一定要仔细核对接待计划，根据组团旅行社要求向票务人员下达订票计划单，注明团号、人数、航班（车次）、用票时间、票别、票量，并由经手人签字。如遇变更，及时通知票务人员。如果团队中有小孩，要单独注明；订轮船票要注明船舱等级；订飞机票千万不可将姓名、护照号码或身份证号码写错。

订票计划及订票通知单发出后，经常会出现组团旅行社人数增减，团队行程或航班、车次更改，甚至订票取消等情况，当接待旅行社计调部收到组团旅行社的变更通知后，要及时通知票务科调整计划。

（二）订房业务

一般来说，国内旅游团主要以二星、三星级酒店为主，计调人员可适当寻找一些有特色或特价的四星、五星级酒店。接待旅行社计调人员要根据团队人数（含司陪人数）、要求，以传真方式向协议酒店或指定酒店发送《订房计划书》并要求对方书面确认（注意男女比例、是否产生自然单间或住三人间、儿童是否占床位、付费方式及人数）。如遇人数变更，及时作出《更改通知》，以传真方式向协议酒店或指定酒店发送，并要求对方书面确认；如遇酒店无法接待，应及时通知组团旅行社，经同意后调整至同级酒店。

多数组团旅行社将订房权交给接待旅行社负责，但也有个别组团旅行社采用委托代订房或自订房的方式。

1. 委托代订房

委托代订房是指组团旅行社在接待计划中注明某团队要求住在哪家酒店，然后委托接待旅行社向该酒店订房。接待旅行社计调部在接到接待计划后，要根据组团旅行社要求及时向指定酒店办理订房委托业务。办理委托一定要以书面的形式进行，用传真将订房委托书发给指定酒店，原件存档备案。

一般情况下，酒店销售部会在收到委托 3 日内给予确认（或不能确认），并将确认单发回接待旅行社。计调人员收到酒店的确认单后，要仔细核对酒店确认的入住时间及天数、客房间数、餐食标准等，如有误差应及时与酒店联系，予以更正。计调人员应妥善保管确认单，并在接待计划上注明该团住房确认情况。如果发出订房委托书 3 日后仍未接到酒店的确认单，计调人员应及时与酒店销售部取得联系，查询该团的住房预订落实情况。能确认的应催发确认单，不能确认的也要求发书面回执，以便及时调整住房预订。

在旅游旺季，某些旅游热点城市常常出现订不到房的情况，这种情况下，计调人员要每天向酒店询问客流量，掌握酒店的空房数，进行合理安排。通常要首先要保证重点团的住房，对实在无法按计划安排指定酒店的团队，应按国际惯例在同档次的酒店间调整，并将调整情况通报组团旅行社以取得谅解。

2. 自订房

自订房是指组团旅行社或旅游者直接向酒店订房。组团旅行社在旅游接待计划中应注明团队住宿酒店名称，并标明订房方式为"自订"。对于自订房团队，接待旅行社计调人员应向饭店销售部核实团队的自订房情况。如果自订房酒店尚未确认的，接待旅行社计调人员应主动转告组团旅行社向酒店办理确认手续。

（三）订餐业务

国内团接待以低价团餐为主，入境团以特色风味团餐及就餐人员不多的定点团队用餐餐厅为佳。计调人员可根据团队人数、要求，以传真或电话方式向协议餐厅发送团队用餐计划单。如遇变更，及时作出团队用餐计划更改单，以传真方式向协议餐厅发送，并要求对方书面确认。订餐时要注意餐厅地点、菜系、菜单、菜量、饭量、有无少数民族饮食安排、用餐时间、付费方式等内容。

（四）市内交通

旅游团抵达后的市内用车由接待旅行社计调人员负责安排落实。计调人员应根据团队人数及用车要求合理地安排车辆。联系车队时，应以享有客运行驶、省际交通营运资质的大中型车队为主，辅以私人车队。安排车辆时要注意车型、座位数、国产空调车还是进口空调车、付费方式等内容。计调人员应先将月度计划送交汽车公司总调度室，以便公司调配车辆。为了减少差错，在团队抵达前 2～3 天内，根据人数、要求安排用车，以传真方式向协议车队发送团队订车计划单并要求对方书面确认。如遇变更，及时作出团队订车计划更改单，以传真方式向协议车队发送，并要求对方书面确认并提供车辆的"乘客保险单"等手续。

（五）游览活动

计调人员对游览内容的安排要尽可能突出当地的特色。一般性的参观游览已远远不能满足旅游者的需求，从对世界旅游市场的动态分析看，文化旅游、专业性旅游及特种旅游已成为普遍受欢迎的旅游项目，因此计调人员应针对不同层次旅游者的特点，推出合适的游览项目。

计调人员在安排日程时要注意：

（1）活动日程安排留有余地。一种活动量大的项目之后，要安排另一种较为轻松的游览项目或提供一段休息时间，以使旅游者体力、精力得到恢复，提高游兴，也可避免因过度劳累而患病等问题。

（2）充分考虑旅游团自身的特点。若是旅游团中以老年人居多，应注意不要安排过多项目，节奏要放慢；年轻人多的旅游团则可多安排一些项目，每个景点停留的时间可不必太长。如果旅游团有特殊要求，还要进行一些不同的项目安排。如接待宗教朝圣的旅游者，去寺庙或教堂的活动安排要偏重。

（3）适当为旅游者空出一些自由活动的时间。一般可考虑在下午或晚上时间给旅游者安排一定的自由活动，这样可以让旅游者能更深入地了解当地居民生活。注意不要安排旅游者到治安条件不好、复杂混乱的地方自由活动。

（六）文娱节目

由于我国旅游业起步较晚，酒店内供旅游者娱乐的设施较少，一般城市的商业网点到晚 8 点左右就关门了。旅游者晚饭后往往无事可做，深感时间被浪费。为了使旅游者度过愉快的夜晚，旅行社通常为每个旅行团（尤其在本地住宿两晚以上的团队）安排文娱节目。

计调人员选择文娱节目时，应考虑旅游者的兴趣爱好、宗教习惯和心理承受价格。一般以民族风情表演、民俗表演或其他轻松愉快的歌舞、杂技表演为主。这类节目吸引力强，短小精悍，又无语言障碍，能获得较好的演出效果。

二、选派地陪出团

接待计划制订好以后，应根据旅游者的国籍、年龄、特殊要求等，精心配备合适的导游人员。由于地陪的服务质量不仅关系到旅游者的满意度，也决定着双方旅行社的形象甚至一个地区、一个国家的旅游形象，影响到旅行社的经济效益，因此计调人员应本着高度负责的态度，认真选拔地陪导游。具体要求是：

（1）必须选派已取得导游证的正式导游。

（2）必须掌握导游人员的基本情况（包括带团年限、证书编号、外语语种、导游等级、投诉及表扬记录、仪容仪表、身体健康状况、个性品质等），选拔语种对口、等级高、无不良投诉的优秀导游来带团。

（3）必须考察导游人员的业务技能，择优选用。要考察的技能包括导游的知识储备、敬业精神、服务意识、服务技能、语言能力、应变能力等。择优选用是导游服务质量的基本保证。

（4）如果是长期合作客户，可挑选以前与自己合作过的导游以确保服务质量。

（5）如果是第一次合作，则一定要派一名经验丰富、讲解熟练、接待能力强的导游，为客户提供优质的服务，从而实现"一次服务，终生客户"的理念。

（6）导游出团还要根据团队来源、旅游者购物能力的强弱和导游带团的顺序进行合理分配，并通知导游领取旅行社派遣单，交代就餐、景点以什么方式付费及行程安排等。

（7）计调人员一般提前3天将旅游接待计划交给导游员，特殊语种或重点团队应提前派发。

（8）提示导游员领取带团所需要的各种门票单、旅游者意见表等。发给地接导游员旅行社社旗、旅游车标志、喇叭等上团必备用品。导游员如果需要借款，必须写下欠条。

（9）向导游员交代带团注意事项。如团队重点旅游者、民俗禁忌；用餐标准、司陪住宿等内容。导游人员必须严格执行接待计划，不得随意增减计划内容。如遇组团行程或旅游者行程与接待旅行社行程不符时，必须立即向计调人员汇报，不得擅自做主。

 范 例

旅行社旅游任务派遣书

旅行社名称				（盖章）		电话		
团号			游客类别		□国际　□国内		游客人数	
导游姓名		专兼职		□专职　□兼职		导游证号		
目的地					团队性质		□地接　□出游	
任务时间		年　月　日至　年　月　日					天　夜	
乘坐交通情况	抵达	交通工具：　　航（车、船）次：　　月　日　时						
	离开	交通工具：　　航（车、船）次：　　月　日　时						
	接送站	接：车型　座数　司机　送：车型　座数　司机						
	城市间							

续表

住宿饭店		住宿天数	
游览景点			
进餐地点			
购物地点			
其他安排			
计调部负责人	（签名）	计调部电话	
完成任务情况及有关说明			

注：

（1）旅行社须按要求填写，并加盖公章；

（2）详细游览活动日程做附件附后；

（3）导游员在带团出游或地接时，须携带此任务派遣书，不得擅自改变派遣书确定的行程；

（4）此任务派遣书一式两份，一份由旅行社存档，一份由导游员携带供旅游管理部门检查。

（10）出团前还应发给游客一份出团通知书，把出团前的注意事项写在通知书上，便于游客能够及时参加旅游活动。

范 例

旅行社出团通知书

_____您好！

欢迎参加我社组织的_____游，出团前请您注意以下事项：

（1）集合时间：_____年_____月_____日

（2）集合地点：_____

（3）请带上本人的身份证原件（儿童持临时身份证者须带户口本原件）

（4）标志：_____导游旗

（5）送团人：_____

（6）联系电话：_____

（7）航班号及起飞时间：去程：_____

回程：_____

祝您旅途愉快！

××旅行社

年　月　日

三、接团监督

计调人员在实际操作过程中对接团的监督往往不太重视，认为旅游团已经开始了旅游行程，不会出现大的问题，即使有问题，只要自己出面协调解决也不会造成严重的后果。在旅游过程中，接待旅行社计调人员应重视团队的跟踪工作，与导游保持紧密的联系，时刻把握团队动向，解决团队运行中出现的问题；团队行程结束后，计调人员应及时收集反馈意见，对团队运行情况和导游服务质量进行评估，以提高旅行社的工作实效。为了防患于未然，与各方保持良好的关系，计调人员的监督作用非常重要。其监督工作主要体现在以下几个方面：

（一）监督接团过程中各接待单位的落实情况

（1）监督交通工具的使用情况。特别要注意旅游车的设施设备是否齐全、车况如何，它常常对团队的接待质量和利润产生着决定性影响。在旅游旺季，旅游车队的车辆和司机都在超负荷运营，因此，容易出现车辆故障。如果出现这种情况，应立即联系企业长期合作的车队，尽快安排替代车辆，同时接待部经理要在当天同全陪及旅游者代表见面，赠予小礼品，或在当天的就餐中进行上酒、加菜等抚慰工作，以确保旅游者的满意度。

（2）监督餐饮部门落实用餐情况。特别是餐厅的卫生情况，提醒地接导游员订餐时及时把旅游者的宗教信仰和个别旅游者的特殊要求转告餐厅，避免出现不愉快和尴尬的局面。旺季时，尤其是重要客户的团队，在就餐前1小时一定要对餐厅进行跟踪，以确保旅游者到餐厅后可以马上就餐，这对操作系列夏令营、老年团队尤为重要。

（3）监督酒店宾馆的住宿情况。特别要重视住宿地点的环境、设施等；提醒住宿单位严格按照协议约定的标准向旅游者提供住宿；避免出现跑房现象。

（二）监督地接导游员的工作情况

旅游旺季时经常出现导游员甩团现象。有些素质较差的导游员，发现团队购物能力较差，自己无法得到理想的购物返佣时会发生甩团现象。出现这种情况的时候，一定要及时把甩团导游的相关材料报送旅游行政管理机关严肃查处，彻底清除这种旅游界的害群之马。计调人员除了监督地接导游员是否出现甩团现象之外，还要监督地接导游员实施旅游接待计划的情况及地接导游的服务态度和服务水平，以及全陪、旅游者对地接导游员的意见评价。

计调人员对地接导游员可以采用实地监督的方法，即在实施接待计划的同时，计调人员到达现场对各个部门及导游员进行监督。但是，在实际操作中，这一点执行起来会有困难，如果条件允许，可以采用此方法。此外，计调人员可以通过电话询问来监督。例如，向地接导游员询问各个接待单位的接待情况，向各个接待单位询问导游的工作情况，向旅游者询问导游的态度等，这在实际工作中比较常见。

（三）及时处理出现的问题和事故

接团过程中，由于种种原因，常会出现一些责任性或非责任性事故，如漏接、错接、误机、旅游者丢失证件或财物、走失或患病、死亡等。旅行社一方面要制定标准化服务规范，避免事故发生；另一方面，事故发生后，计调人员要帮助接团人员处理这些问题，涉及计划变更的，要做好退订、办理分离签证等手续，并及时通知下一站接待旅行社，以维护旅游者利益，尽可能减少损失。

（四）团队运行监督管理要点

（1）建立健全接团总结制度。为了提高今后的服务质量，旅行社应建立完善的接团总结制度，如要求导游人员写出接团工作汇报，内容包括团队基本情况、旅游者特点及表现、接团中发生问题的原因及处理、工作中的收获与经验教训、留有什么有待解决的问题等。发生重大事故，计调人员要将有关事故的全部调查材料及善后处理措施、意见等整理成文并归档，以备查询。计调人员还应对地陪日志和"接待记录表"进行抽查，及时了解接待情况，以便发现问题，采取补救措施。

（2）及时收集反馈信息。旅行社可分发给导游员接待质量调查表，请旅游者填写，收集旅游者对接待服务中食、住、行、游等活动的意见和建议，了解旅游者对服务质量的直接感受及旅游需求，对旅行社制订的计划及服务水平加以改进。此外，接待旅行社计调人员也可以从地陪日志和接待记录中了解旅游团接待情况及相关部门的协作情况，及时发现问题并采取补救措施；同时还可据此提高导游员接待水平，改进产品，完善协作网络。

（3）审查重大事故报告。通过审查重大事故报告，可以让旅行社总结教训、积累经验，并有助于及时发现问题，采取应对和补救措施。

（4）处理旅游者的表扬和投诉。表扬，是旅游者对接待人员工作的肯定，旅行社可以对优秀接待人员及其事迹进行宣扬，在工作人员中树立榜样，促进服务人员素质的提高。投诉，则是旅游者对服务质量表示的不满。正确处理投诉，不仅可以补救工作失误，取得旅游者谅解，而且可以教育工作人员。对犯有严重错误的导游员，旅行社还要作出必要的处罚。

四、送团工作

团队接待结束后，可由旅行社部门经理以上管理人员出面送团，以显示对客户的重视，一个设计良好的接待企业领导人与旅游者的见面，具有很好的提升企业形象的作用，有利于将该客户发展成为企业的长期客户。

如果在团队接待过程中出现失误，送团就是弥补过失、留住客户的最好机会，可以采取向客户道歉和送小礼品的方式，对客户进行安抚，给组团旅行社和旅游者留下一个好印象，同时争取全陪的配合，在接待意见上签字，以便顺利收取剩余团款。

任务6 后续工作

一、团队报账

（1）报账。团队接待计划结束后，导游员应向计调人员报账，将其出行前所借的备用金与旅行社结清，由其在计调部门报账，审核无误后报财务处，导游员收回其借款单，根据规定领取相应的带团补助并在导游费领取单上签字。

（2）结账。团队行程结束时，计调人员应根据导游和全陪反映的情况，将全陪签字认可的团队质量评价单传真给组团旅行社，同时要求组团旅行社在团队离开时，将剩余团款汇出或由全陪支付剩余团款。

（3）成本核算。团队接待工作完全结束，根据陪同及财务提供的有关费用情况，登记团队收入台账、成本核算单，详细记录团队的收支及利润情况。成本核算单一式两份，一份财务记账，一份留计调部门与团队其他资料一起归档备案。

 范例

×××旅行社结算单

协议单位（盖章）　　　　　　　　　　　　　　　旅行社计调部（盖章）有效

接待单位		时间		年　　月　　日	
团号		人数		国籍	
单价	票　　　元/人	房　　　元/人		餐　　　元/人（桌）	
结算总额		导游（地陪）			
联系电话		传真			
备注：					

注：一式两联，第一联结算，第二联财务留存。

二、客户回访

团队接待结束后，计调人员应该在两天之内通过电话对组团旅行社进行回访，了解组团旅行社对团队接待的满意程度，一则征询组团旅行社的意见，二则体现本社的服务周到。这也是稳定客户、扩大客源的途径之一。在这个环节中要做好客户档案管理工作，认真填写"组团旅行社客户管理档案"，包括企业名称、联系电话、传真、电子邮件、总经理姓名及联系方式、全陪姓名及联系方式、企业规模、组团流向等信息，以便今后与客户加强联系，将其做成回头客。

三、资料归档

资料归档主要包括以下内容：①接待计划；②旅游合同；③旅游者信息表；④询价传

真；⑤确认传真；⑥订票单；⑦订车单；⑧订房单；⑨订餐单；⑩结算单；⑪本社出团通知；⑫接待旅行社质量跟踪表；⑬地陪出团领取明细表；⑭地陪出团日志等。

实训项目

实训项目	接待计调业务操作流程训练
实训目的	通过实训，让学生熟悉接待计调业务程序，掌握接待计调业务技能。
实训地点	本地旅游企业。
实训步骤	1. 实训教师现场指导，以小组为单位，学生分组扮演组团计调、地接计调、饭店客房销售人员、餐厅销售人员、旅游车公司调度、火车售票处经理； 2. 根据组团旅行社发来的询价传真与相关旅游接待单位联系，并定价； 3. 与组团旅行社反复沟通，掌握记录操作过程； 4. 填写报价表、团队接待计划单、旅游团费用拨款结算通知单、旅游团成本核算单； 5. 形成旅游接待计划。
实训成果	旅行社接团过程中记录完整的操作文件。

任务实践

为本地旅行社拟写一份北京—当地 4 日游旅游接待计划书面确认传真，要求言简意赅，加明团号，具有行业可行性，注意礼貌用语。

项目七
散客、大型团队计调业务操作流程

[知识目标]

通过学习，学生要掌握散客、大型旅游团队计调业务操作的相关知识，掌握散客、大型旅游团队计调业务的实施步骤及注意事项。

[能力目标]

通过实训，学生能够独立进行散客旅游团及大型旅游团的计调业务操作。

 引导案例

某超大旅行团的操作失误

四川 ZL 旅行社承办的由成都发往昆明的"蓝叶号旅游专列 5 日游"组团人数逾千人，是旅行团里的"巨无霸"，但缺点却无处不在，致使游客怨声载道。首先，无端耗费时间。由于此团是一个超大旅行团，抵达昆明后，仅来火车站接客的大客车就达 20 多辆，还要求统一行动，因此交通拥挤不堪，光编队过程便多耗费了游客一个多小时。而且，大型车队行驶起来并不快，比正常行车多花半个小时，导致游览景点的时间大大缩短。其次，吃饭也成了大问题。在"七彩云南"餐厅吃自助餐时，因人太多分两批轮换吃，加上旅行社负责人安排不当，吃饭场面混乱，浪费惊人，以致最后一批客人吃饭时无碗可拿、无饭可吃、无菜可夹，只有乱哄哄地胡抢。最后，组织工作漏洞大。团队下榻滇池边的福保文化城时，居然有二三百人安排不上铺位，第二天又因双方接待单位闹矛盾，大队人马被迫搬出福保文化城，被安置在荒郊野外并非二星级标准的疗养院。在"世博会"吉鑫园大宴会厅里集体进餐时，组织方竟要求游客以不进餐方式向接待方施压，游客成了双方纠纷的筹码。而且，因人太多导游已形同虚设，几乎见不到导游的身影了。

 案例分析

该案例中所涉及的问题发生原因是接待社的计调人员没有做好必要的接待工作。基于大型旅游团活动人数众多、活动时间较长、活动范围较大、活动内容较杂的特点，在

接待的具体操作上，旅行社务必谨慎、细心，对游客食、住、行、游、购、娱等方面的安排必须一丝不苟，做到从宏观调控到微观调节一步不漏。

要做好大型旅游团队的安排接待，必须有完整的接待体制图，有详细的书面计划。内容包括接待体制图、一般事故与紧急事故对策；与各相关接待单位的联络事项、要求、时间、联系人以及配合细则；详尽的相关情报或对方信息；各地风俗、气候等情况的简介等。

在接待大型旅游团队时，计调人员要做好团队抵达前的组织和准备工作，以避免导游人员服务时出现纰漏。

任务1　散客旅游认知

一、散客旅游概述

（一）散客旅游的概念

散客旅游 FIT（Full Independent Tourist），又称自助旅游或半自助旅游，是由散客自行安排旅游行程，零星现付各项旅游费用的旅游形式。这里所说的半自助旅游，是指一些旅游者要求旅行社为其安排一项或多项旅游服务，其余旅游活动则由自己安排。在西方旅游发达国家，这些旅游者是真正意义上的散客。而所谓自助旅游，是指所有的旅游活动都由旅游者自己安排，一般不求助于旅行社，这样的旅游者在西方国家被称为"个体旅游者"。在一些国家，包括中国，将上述两种旅游者统称为散客。在旅行社提供的旅游产品中，有一种"散客包价旅游"，它不是散客旅游，因为它是指9名以下的旅游者采取一次性预付旅费的方式，有组织地按预定行程计划进行的旅游形式，在服务项目和旅游方式上，与团体包价旅游相同，只是人数较少而已。另外，散客旅游并不意味只是单个游客所进行的旅游形式，也可以是一个家庭或几个亲朋好友结伴同行。

（二）散客旅游兴起的原因

随着旅游需求的改变，经济的发展导致游客支付能力加强并伴随着旅游信息获得的便捷性，越来越多的旅游者不是全部而是部分或分散选择旅行社提供的服务产品，充分给自己在旅游中更大的自由空间去享受。散客旅游的发展是旅游业发展的必然趋势，也是旅游市场日趋成熟的表现。我国散客旅游兴起的原因可以概括为以下几点：

（1）旅游者日渐成熟。随着经验的积累，旅游者对单独进行远距离旅行的能力越来越自信，他们不再将旅游视为畏途，而是作为日常生活的一个组成部分，用以调节身心、消除疲惫和增长阅历。

（2）旅游者的心理需求进入更高层次。旅游者的旅游行为动机从传统的单一的观光型向多主题转变，探险、修学、科考、生态等特种旅游蓬勃兴起，旅游的目标上升到体验人生、完善自我和实现自我价值的高度。

（3）传统的规范化的旅游模式难以满足个性化的要求。以往的旅行社包价组团旅游方式虽然具有许多优势，但也存在着包价过死，游览项目、线路限制过多，游客缺乏活动自由的缺陷，个别旅行社还为了追逐经济利益，而将旅游项目安排过于集中，使游客对景点只能走马观花、浅尝辄止，处处赶时间，无法尽兴，从而使游客对传统的包价方式越来越失去兴趣。

（4）现代通信、交通等科技手段的不断进步。现代通信、交通等科技手段的不断进步，旅游目的地管理、服务的不断完善，增强了旅游者的便捷感，减弱了他们的依赖心理。旅游配套设施的完备和服务质量的提高，为旅游的散客化提供了有力的物质保障，使旅游者不依赖于旅行社而借助众多的旅游支持手段来开展旅游成为可能。

由此可见，散客旅游的发展是旅游业进入更高层次、更新阶段的产物，也体现了散客市场在新世纪强劲的发展势头，对于旅游城市的挑战是如何审时度势，创造性地把散客市场这块"蛋糕"做大。

（三）散客旅游与团队旅游的区别

散客旅游作为一种旅游形式，在旅游需求的内容上与团队旅游基本相同，但是二者之间也存在着明显的差别，主要表现在如表 7-1 所示的几个方面。

表 7-1　散客旅游与团队旅游的区别

内容	散客旅游	团队旅游
旅游行程的计划与安排	由游客自行计划和安排旅游行程	由旅行社或其他旅游服务中介机构来计划和安排
付费方式	多采用零星现付方式，即购买什么、购买多少，都按零售价格当场支付	采用包价方式，即全部或部分旅游费用由游客在出游前一次性支付
价格	由于人数较少，通过旅行社购买的服务项目只能按照零售价格支付，因此价格相对较贵一些	通过批量购买，享有一定的折扣，价格比较便宜
自由度	自由度大	受约束
景点的选择档次	到级别较高的旅游点旅游	在线路中加入少量较低级别的旅游点，实行搭配销售
旅游人数	一般较少	一般为 10 人以上

二、散客旅游的特点

散客旅游形式灵活，自由度大，选择性强，与团体旅游相比，具有以下特点：

（1）批量小。散客旅游多数为旅游者本人单独外出或与家人亲友结伴而行，每次可能只订两张机票、一间客房，或半日游、一日游等。因此，同团体旅游相比，散客每次预订的服务数量较少。

（2）批次多。虽然散客旅游的批量较小，但由于散客旅游的发展非常迅速，采用散客旅游这种形式的游客越来越多，大大超过了团体旅游的人数。由于散客要求旅行社提供的服务往往不是一次性的，有时同一散客要求旅行社多次为其提供服务，因此增加了旅行社的工作量，也提高了旅行社的接待批次。

（3）预订期短。散客旅游的游客要求旅行社提供的不是全套的旅游服务，而是其中的一项或者几项，有时是在出发前想到的，有时是在旅途中遇到的，但往往都要求旅行社在较短的时间内帮其办妥。因此同团体旅游相比，散客旅游的预订期比较短。

（4）变化多。散客由于不太专业，在安排旅游行程方面欠缺一定的经验，加之随意性较强，因而在旅游过程中可能会随时改变行程，甚至会取消出发前向旅行社预订的服务项目，重新设计其行程。

（5）要求多。散客中往往有大量的商务旅游者，他们在旅游过程中经常会要求旅行社为其安排许多应酬或其他活动，这种活动不仅消费水平高，而且对服务的要求都较多较高。

三、散客旅游接待要求

散客旅游的发展是旅游市场成熟的标志之一，说明游客进行旅游活动的自主意识日趋增强，旅游经验日趋丰富，旅游消费观念日趋个性化。散客对旅游服务的效率和质量的注重往往比团体旅游的游客更高。因此，旅行社除根据散客旅游的发展趋势和特点做好适应散客旅游需要的有关事宜以外，还对旅行社的接待提出了一些更高的要求。根据散客旅游的特点，旅行社要顺利地开展散客旅游接待业务，还需要在以下几个方面努力：

（1）建立高效的旅游服务供应系统。由于散客旅游需求变化多，其旅游行程经常发生变动，对旅行社提供的旅游服务项目在时间上要求快，对旅游服务设施和服务质量要求高。旅行社要适应游客的这种要求，必须逐步在旅游目的地建立起覆盖面较大、服务效率较高、服务质量优异的旅游服务供应协作网络，以满足散客旅游的需求。

（2）建立计算机网络化预订系统。散客旅游的特点要求旅行社的预订系统必须迅速、高效地运行。因此，旅行社应建立以计算机技术为基础的网络化预订系统。这不仅可以方便散客旅游活动的进行，而且对旅行社拓展散客旅游业务大有裨益。

（3）提高旅游产品的吸引力。散客旅游是一种自助式旅游，参加这种旅游的游客一般文化层次较高。这就要求旅行社能开发出具有丰富文化内涵和富有浓郁民族特色及地方特色的旅游产品，以满足他们个性化和多样化消费心理的需要。

（4）高效、高质量的导游接待服务。散客旅游报价一般较高，旅行社利润较大，所以对服务要求较高。虽然人数较少，但旅行社一般应派经验丰富、服务态度好的优秀陪同担当导游。由于散客的旅游经验较为丰富，往往不太满足导游人员对旅游目的地进行一般的介绍，而要求导游人员有更能突出其文化内涵和地方特色的讲解，能回答他们提出的各种问题，以满足其个性化和多样化的需要。因此，导游人员在对散客进行讲解时，要有充分的准备，保证提供高质量的导游服务。

四、散客旅游服务的类型

（一）单项委托服务

单项委托服务主要是指旅行社为散客提供的各种按单项计价的可供选择的服务。旅行社为散客提供的单项委托服务主要有：抵离接送、行李提取和托运；代订饭店；代租汽车；代订、代购、代确认交通票据；代办入境、出境、过境临时居住和临时签证；代办国内旅游委托；提供导游服务；代向海关办理申报检验手续等。

委托代办收费项目主要有：导游服务费、接送费、接送汽车费、代办旅华签证、签证延期、旅行证等服务费；市内代订酒店、汽车、代办交通票、文娱票、联系参观单位等服务收费；提取托运行李的托运服务费；国际委托费；国内城市间的委托费（其中包括受委托手续费、确认回电费、接送费、接送汽车费、代订饭店费、代订交通票据费）等。

单项委托服务分为受理外地旅游者来本地旅游的委托、办理旅游者赴外地的委托和受理旅游者在本地的各种单项服务的委托。旅行社向旅游者提供的各种单项委托服务是通过在各大饭店、机场、车站设立的门市柜台和社内散客部进行的。

1. 受理外地散客来本地旅游的委托

旅行社散客部在接到外地旅行社代办的旅游者来本地旅游需提供的单项委托服务的通知时，计调人员应按照规定进行如下工作：

（1）记录有关内容。旅行社散客部门要记录旅游者的姓名、国籍、人数、性别；旅游者抵达本地的日期、所乘航班、车（船）次；接站导游语种；要求提供的服务项目和付款方式等。若是要求预订在本地出境的交通票据，还须记录旅游者护照上的英文或拉丁文姓名，护照或身份证号码，出生年月，所乘机、车、船的舱位或铺别，以及外地委托社的名称，通话人姓名与通话时间。

（2）填写任务通知书。任务通知书一式两份，一份留存备查，一份连同原件送经办人办理。若旅游者要求提供导游接待服务，应及时通知导游人员。

（3）预订。计调人员接到任务通知书后，应立即按内容进行预订。订妥后，在通知书上注明预订情况。若散客需要导游服务，应及时落实导游人员。如果旅行社无法提供旅游者所委托的服务项目，应在24小时内通知外地委托旅行社。

2. 受理本地旅游者去外地旅游的委托

旅行社为旅游者代办赴外地的旅游委托需在其离开本地前3天受理。若委托代办当天或第二天赴外地的委托，需加收加急长途通讯费。计调人员在接受旅游者赴外地旅游委托时，必须耐心询问旅游者的要求，并认真检查旅游者的身份证件。根据旅游者到达的地点、使用的交通工具及其他服务要求，逐项计价，现场收取服务费用，然后向旅游者开具收据。

如果旅游者委托他人代办委托手续，受托人必须在办理委托时，出示委托人的委托信函及受托人本人的身份证件，然后依照上述程序进行。在办理赴外地旅游委托时，需注意的事项主要有以下几个方面：

（1）按下一站旅行社规定办理单项委托事宜。

（2）旅游者要求取消或更改委托，应至少提前1天到旅行社办理取消或变更手续。经办人员应该向旅游者收回"委托代办支付卷"，并将其存档。

（3）若委托者是驻华外交人员、记者，经办人员要弄清楚其旅游目的、要求，并及时转告有关接待旅行社。

3. 受理本地游客在当地旅游的委托

受理本地游客在本地旅游委托的运作，与受理外地散客来本地旅游的委托基本相同。

（二）旅游咨询服务

旅游咨询服务是旅行社散客部计调人员提供的各种与旅游有关的信息和建议的服务。这些信息包括的范围很广，主要有旅游交通、酒店住宿、餐饮设施、旅游景点、旅行社产品及各种旅游产品的价格等。旅游建议则是旅行社散客部计调人员根据客人的初步想法向其提供若干种旅游方案，供其选择与考虑。

旅游咨询服务分为电话咨询服务、信函咨询服务和现场咨询服务。

1. 电话咨询服务

电话咨询是旅行社散客部计调人员通过电话回答客人关于旅行社散客旅游及其他服务方面的问题，并向其推荐本旅行社有关旅游产品的建议。在提供电话咨询服务项目时，散客部计调人员应该做到：

（1）尊重客人。散客部计调人员要在铃响 3 声以内接听，问候语为"您好，某某旅行社"；要认真倾听客人提出的问题，并耐心恰当地回答；回答时要热情友好，语音应礼貌规范，以显示对客人的尊重。

（2）主动推荐。散客部计调人员在向客人提供电话咨询时要反应迅速，积极主动地进行推荐，即在圆满回答客人提出的各种问题的同时，提供合理化建议，不失时机地推荐本旅行社的旅游产品。

2. 信函咨询服务

信函咨询服务是旅行社散客部计调人员以书信形式回答客人提出的有关旅行社旅游产品的各种问题，并提供各种旅游建议的服务方式。信函服务的书面答复要做到语言明确、用词准确、简练规范、字迹清楚。

3. 现场咨询服务

现场咨询服务是指旅行社计调人员在接待前来咨询的客人或进行促销活动时，回答客人提出的有关散客旅游方面的各种问题，并向其介绍、建议和推荐本旅行社旅游产品的服务。在向客人面对面地提供旅游咨询服务时，计调人员应该做到：

（1）热情接待。客人来咨询时，接待人员应热情友好、面带微笑、礼貌待客、主动介绍。在咨询过程中，要仔细认真地倾听客人的询问，并将问题和要求有条不紊地记录下来，然后耐心地进行解答。回答时要迅速、准确、简练，忌用"大概""可能""或许""也许"等不确定性的言语。

（2）主动宣传。根据旅行社的具体情况，因势利导地向旅游者推荐本旅行社的产品。介绍时可通过多媒体设备请客人观看相应旅游景点的光盘或碟片，以增强客人对旅游产品的直观感觉。同时还应向客人提供本旅行社散客旅游产品的宣传资料，让客人带回去阅读，以加深客人对本旅行社及其旅游产品的印象，为旅行社争取客源。

（3）促其成交。由于客人就在门市柜台，计调人员在向客人提出建议的同时，应尽力促成买卖成交。如客人提出特殊要求，在可能的情况下，应立即与有关业务人员联系并落实。

（三）选择性旅游服务

选择性旅游是通过招徕，将赴同一旅游线路地区，或相同旅游景点的不同地方的旅游者组织起来，分别按单项价格计算的旅游形式。

选择性旅游的具体形式多样，主要有小包价旅游中的可选择部分；散客的市内游览、晚间文娱活动、风味品尝；到近郊或邻近城市旅游景点的短期游览参观活动，如"半日游""一日游""数日游"以及"购物游"等，以及散客长线团国内游和出境游等。

参加选择性旅游的散客往往分散在不同酒店，计调人员每天必须分头按规定时间去接，将选择统一旅游景点或线路的散客临时组织成团，乘同一辆车去参观。由于旅游团是临时组织起来的，旅游者经常来自不同国家地区，语言各不相同，这就给导游人员的讲解服务带来一定困难。与团体旅游者的接待相比，散客参加的选择性旅游接待要琐碎得多、复杂得多，因而对门市柜台服务员提出了更多的要求。

（1）及时采购。由于选择性旅游产品的预订期极短，而涉及的服务面却很广，因此旅行社应及时、高效地做好旅游服务的采购工作，即建立和完善提供食、住、行、游、购、娱等服务的企事业单位的服务采购网络，以确保游客预订的服务项目得以顺利实现。此外，旅行社还应经常了解这些企事业单位的服务价格、优惠条件、预订政策、退订手续等情况及其变化，以便在保障游客服务供应的前提下，尽量降低产品成本，扩大采购选择余地，增加旅行社的经济效益。

（2）搞好接待。选择性旅游团队的团员是来自不同地方的散客临时拼凑而成的，一般不设领队和全陪，团员之间互不相识，且相处的时间较短，因此，与团队包价旅游相比，选择性旅游团队的接待工作难度要大得多。为接待好选择性旅游团队，旅行社计调人员应当为其配备经验比较丰富、独立工作能力较强的导游人员。

任务2 散客接待计调业务操作流程

一、散客计调业务操作形式

随着我国旅游市场的迅速扩大，散客旅游已经成为旅游市场的一个重点，散客型旅游产品逐渐成为市场的主打产品之一。旅行社散客计调业务操作形式主要有如下两种：

（一）大型旅行社自己设计、采购并销售

现在国内各大城市的大型组团旅行社，基本上都已经具有了自己设计开发散客旅游产品的能力。他们通过企业对区域市场消费特点的及时把握，根据当地旅游市场的消费趋向调查，确定主要的旅游目的地，与旅游目的地的主要接待旅行社协商，并获得其支持，同时利用自己多年来在当地旅游市场奠定的优势，与航空公司、铁路运输、巴士公司等交通运输部门签订包机、专列、包车合同，以大批量的采购获得各项要素的价格优势，将采购的接待产品和大交通进行有机组合，这样，就完成了一个典型的散客型旅游

产品的设计与开发。

计调人员在自己设计、采购并销售旅游产品时需注意以下事项：

（1）获得大交通部门的支持是产品设计、销售成功的关键。大交通（航空、铁路、巴士）的提供者，出于平衡不同销售渠道利益的需要和掌握更多的话语权，往往对当地组团大社和对旅游目的地来的办事处一视同仁，给予同样的价格政策。从旅游目的地来的办事处的营销服务人员，一般情况下可以获得接待旅行社更多的价格支持，再加上办事处的中性地位，所以，更多的中小型旅行社愿意与大交通的提供者合作。这就给大型组团旅行社散客型产品的销售带来了很大的挑战。因此，现在大型组团旅行社一般采取航线或专列买断的方式进行产品操作。

（2）建立一个分布更广、销售能力更强的同业分销网络。散客型在本地市场的垄断性操作，可以掌握产品的定价权，获取更高的利益分配，但是也存在着一定的产品分销风险。在中小型旅行社品牌意识日益增强，更乐意和办事处合作的今天，组团大社可以通过中性产品品牌的建立和共享、业务操作的安全性、向中小旅行社让利销售等方式，获得广大中小旅行社的认同，建立强有力的销售网络。

（二）中小型旅行社从批发商手里获得产品分销权，售后获得销售佣金

目前，我国的旅行社大都是中小型旅行社，他们没有自己的散客产品开发能力，主导客户是组织型客户。中小型旅行社通常是从批发商手中获得散客型旅游产品的分销权，然后通过广告形式进行市场开发，最后，再根据收旅游者数的多少从批发商手中获得一定数量的佣金。现在每个旅行社都有一批接待旅行社设在当地市场的办事处名单。这批接待旅行社的营销机构就成了中小型旅行社散客型产品的提供商。出于企业品牌塑造的考虑，中小型旅行社不愿意和当地的组团大社合作，更乐意接受这些接待旅行社办事处的服务。

计调人员从批发商处采购产品时应选择实力强、经营时间长、接待信誉好的接待旅行社营销机构合作。现在，客源市场一个重要的旅游目的地，营销服务机构就多达几十个，他们绝大多数是目的地接待旅行社派驻的。因此，在选择此类产品提供商时，可重点考察营销服务机构的派出社在当地旅游市场的信誉、进驻当地的时间、经营业绩、产品模板的规范化程度、产品销售佣金的额度等。经营时间越长、业绩越好的批发商越珍惜自己的市场地位，一般不会发生恶性事故和重大服务质量问题。很多旅行社就是因为过于看重办事处给予的销售佣金额度而选择了那些携款潜逃的不法之徒，给自己的商誉带来了重大的损失。

二、散客计调业务操作流程

旅行社推出的散客型旅游产品是一个非常标准的产品，具有明确的价格政策，报价相对比较容易，只需要将价格政策和时间限制向客户清楚地阐明即可。在促使客户尽快报名的时候，可以向客户说明产品的畅销程度，最好马上确定，否则不能保证名额等。

（1）熟悉广告刊登的所有产品，以及每个产品中的重要景点或行程安排特色。

（2）每天与批发商电话确认行程线路报价和发团时间。

（3）接听咨询电话，回答旅游者提出的问题。旅行社的复电复函必须做到询问清楚对方的要求，说明本社的服务项目、旅游产品，说清收费标准。

（4）在旅游者到来前，与批发商确认行程线路、时间、大交通、报价等，同时准备相关资料、计算器等工具。

（5）旅游者到来，热情接待，用规范语言、手势及动作接待旅游者就座，同时介绍行程内容及特点，由旅游者填写旅游者登记单、签订散客合同书，同时收取团款，开具发票或收据。

（6）旅游者离开，马上将散客确认传真发给批发商并确认。

（7）收到批发商出团通知和大交通票据后，联系旅游者确定取票时间和方式，将出团通知单及票据送到旅游者手中。

（8）如合同规定提供导游服务，应派出较灵活的导游员，以适应散客要求多、易变的特点。

（9）行程结束，电话回访旅游者并将全部信息资料存档。

 范 例

某旅行社散客电话咨询常见问题

1. 问：你们社是由哪里办的？规模怎样？

答：我社是股份公司，网络强大。

2. 问：为什么合同中旅行社违约比游客违约赔偿金要少？

答：这份合同是市旅游局认可的，是旅游行业约定俗成的，旅行社所负的经济责任较大，一旦游客违约，旅行社遭受的直接经济损失（如车票、机票等可举例说明）比游客相对要大。

3. 问：能否电话报名或预留名额？

答：对不起，因为我们都是电脑联网、同时售票，您万一变更，我们的损失将会很大，而且还要签订合同办手续，所以最好还是请您亲自来一下。

4. 问：可否给予优惠价？

答：对不起，我们社是统一报价、统一标准，如果您人数在10人以上，我们可以每人优惠_____元。

5. 问：能否给我中下铺？

答：抱歉，现在火车站都是电脑出票，不受旅行社控制，上、中、下铺都是搭配着来的，如果给您中下铺，我们便不好做其他客人的工作，尽管如此，仍会尽量帮您协调，但实在不敢保证，希望您能谅解。

6. 问：你们在当地住哪家酒店？

答：当地酒店是由接待旅行社安排的，都是长期合作的一些单位，游客回来后都反映住宿条件及酒店位置比较好。

7. 问：有没有人送站？

答：很抱歉，由于都是散客参加旅游，大家分散在全市各地，不便于集中，所以请您自行上火车（飞机）。

8. 问：为什么航班时间定不下来，如果是下午航班，这一天岂不是耽误了？

答：这种机票是优惠机票，具体航班是由航空公司根据上座情况决定的，我社安排行程时，已充分考虑了此种情况，乘坐任何航班都可保证正常的游览，行程是不会受到影响的。

9. 问：旅行社已经给我们上了保险，我们为何还要上保险？

答：旅行社上的是旅行社责任险，投保人是旅行社，受益人也是旅行社。如果出现意外，是旅行社责任造成的伤亡，旅行社会作出赔付。从游客角度考虑，我们还是建议您上人身意外保险为好。

10. 问：为何你们的价格比其他社要贵？

答：出游不应只看直观的价格，还应了解其行程安排内容、供应标准、旅行社服务质量及信誉度等。

 范 例

散客旅游单项委托服务合同

甲方（委托方）：

乙方（受托方）：

甲、乙双方本着平等、自愿、公平和诚实信用的原则，就以下委托服务事项达成一致。为保证服务质量，明确双方的权利义务，根据中华人民共和国《合同法》和《旅行社管理条例》规定，签订以下协议：

一、委托内容与标准

委托项目用√选择	1	□代购交通票	2	□抵离接送站服务	3	□代购文娱票
	4	□代订饭店	5	□代订汽车	6	□行李提取和委托
	7	□代办出境签证	8	□提供导游服务	9	□联系参观
	10	□其他				
	具体说明					
委托事项费用总计			费用支付方式及时间			

二、特别注意事项约定

1. 乙方接受甲方委托，凭其指示代为办理本合同约定的委托事项，代理事项后果由甲方承担。

2. 乙方应在甲方委托服务范围内为甲方提供服务，委托服务事项之外甲方所发生的人身损害、财产损失等问题，乙方概不承担任何责任。

3. 为避免甲方的人身财产损失，乙方推荐甲方自愿购买人身意外保险。

4. 甲方应遵守当地法律法规及习俗，乙方郑重提醒甲方应安排好自己的活动项目，包括但不限于谨慎购物，谨慎参加赛车、骑马、攀岩、滑翔、探险、漂流、潜水、游泳、滑雪、滑冰、滑板、跳伞、热气球、蹦极、冲浪等高风险活动，妥善保管好个人物品，若由此造成的人身伤亡或财产损失，乙方不承担任何责任。

三、其他约定：＿＿＿＿＿＿＿＿＿＿＿＿＿＿＿＿＿＿＿＿＿＿＿＿＿＿＿
＿＿＿＿＿＿＿＿＿＿＿＿＿＿＿＿＿＿＿＿＿＿＿＿＿＿＿＿＿＿＿＿＿

四、违约责任

1. 因一方的过错给对方造成损失的，守约方可以要求违约方赔偿损失。

2. 乙方可以委托第三人处理委托事务。但若因此给甲方造成损失的，甲方可以向乙方要求赔偿损失。

五、争议的解决方式

履行本合同如发生争议，双方协商解决；协商不成，双方可向＿＿＿＿＿＿法院提起诉讼。

六、本合同一式两份，甲、乙双方各执一份，从签订之日起生效，具有同等效力。

甲方（委托方）签字（盖章）：　　　　　　　　乙方（受托方）盖章：

　　　　　　　　　　　　　　　　　　　　　旅行社经办人签字：

签订时间：　　年　　月　　日　　　　　　签订时间：　　年　　月　　日

任务3　大型团队接待计调业务操作流程

随着我国旅游业的发展，我国旅行社接待的大型旅游团的数量在不断增加，这方面旅游产品的品种也日渐增多。比较常见的大型旅游团有国际会议团、企业奖励团、友好城市访问团、节庆活动团、宗教朝圣团、海洋游船团、豪华列车团及体育、探险、狩猎、钓鱼、观鸟等专业专项团。大型旅游团的利润一般较高，而且对旅行社提高知名度有极大帮助，但是其接待难度也比一般观光旅游团要高。

一、大型旅游团的特点

（1）人数多，时间短，活动项目多，专业性强，服务要求高。他们还常常需要安排一些特殊的节目，享受特别的待遇，例如群众性的欢迎、欢送场面，组织联欢会或专场文娱表演，安排领导会见和大型宴会等。

（2）由于人数多、时间紧和活动项目多，旅行时常常要安排专机或专列，活动时要安排大型车队接送，租用大型会场和厅堂，入住大型酒店甚至必须分住若干个酒店。

（3）接待这类大型的高档团，其社会影响大，有时政治性也很强，因此安全保卫工作的任务重。

（4）有的大型团要求去交通及接待条件差的地区甚至到穷乡僻壤去活动，这使得接待工作的困难更多。

二、接待大型团队时计调人员需要注意的问题

对计调部门而言，接待大型团队须达到下列要求：

（1）对选派的导游员有较高要求，其必须具有一定的专业知识、良好的外语基础、热情的服务态度、严谨的工作作风、良好的身体素质、敏捷的思维以及得体的仪容仪表。

（2）在安排大型团队的运行时，要求计调人员具有较高的业务水平、严谨的工作作风。如果无法达到上述要求，就无法准确理解旅游者的意图，无法根据要求进行安排，以至于完不成接待任务。

（3）要有足够的前期准备时间。计调人员要有足够的前期时间做好准备工作，因为大型团体旅游的接待涉及面广而且复杂，往往不是旅行社一家所能承担的，还要依靠外事、公安、文化、教育、科技、经济、宗教、交通、保险等许多单位的支持协助，甚至有时要请有关专业单位负责旅游团的专业活动，但生活、旅游接待以旅行社为主。因此，旅行社必须派出以有丰富组织工作经验的计调人员为核心，会同有关部门组成有力的工作班子，事先周密计划，做好各项准备工作，还必须要有临场指挥能力，才能保证各项活动的进行和对意外事件的调整及补救。同时也要制定安全预案，以应对意外事故的发生。

三、接待大型旅游团的操作要点

基于大型旅游团活动人数众多、活动时间较长、活动范围较大、活动内容较杂的特点，在接待的具体操作上旅行社务必谨慎、细心，对旅游者的食、住、行、游、购、娱等方面的安排都必须一丝不苟，做到从宏观调控到微观调节一步不漏。其要点叙述如下：

（一）制订书面计划

要做好大型旅游团的安排接待，必须有完整的接待体制图，有详细的书面计划。书面计划一般由以下 5 部分组成：

（1）接待体制图，包括一般事故与紧急事故对策。

（2）与各相关接待单位的联络事项、要求、时间、联系人以及配合细则。

（3）详尽的相关情报或对方信息。信息越多越准，越有成功的把握。所谓"不打无准备之仗"，就是指在具体行动之前，必须掌握应该拥有的情报。

（4）整个团队的行程示意图，以掌握在行程中哪些地方万一发生事故应及时与哪些单位联系。

（5）各地风俗、气候等情况的简介。

（二）团队抵达前的组织工作

（1）强调做好接待服务的重要性。

（2）要求每个导游员根据日程计划，事先准备有针对性的导游词。

（3）要求统一服装、标牌、胸卡，准备好导游旗、话筒、对讲机（或手机）等途中用品。

（4）配备一名随团医生，准备好各种药品。

（5）仔细研究确认游览景点所需时间及车辆安排，统一指挥调度，使之运行畅通。

（6）确定旅游者就餐时的桌号及桌上放置的标志，重点旅游者就座处应放有姓名牌。旅游者由各车导游员按规定入口引进餐厅，以便数百人能迅速对号入座而不致堵塞通道。

（三）团队抵达前夕的准备工作

（1）各有关单位再次确认活动日程和确切的时间。

（2）检查接待人员的精神准备和物质准备，通知每人负责的车号、旅游者人数、房号。

（3）部门经理亲临机场（车站、码头）查看迎接团队的场地、停车地点。

（4）先安排专人到下榻酒店，与酒店有关人员共同检查房间内各种设施是否完好可用。

（5）与车队领导联系，安排好出车顺序，车上贴好醒目车号和标志。

任务4　同业批发计调业务操作流程

一、同业批发业务简介

同业批发业务是我国近几年才兴起的一种新型旅游业务，而国外同业批发业务却已经存在了几十年。我国的旅游批发才刚刚起步，各种业务形态都在市场上存在，并分别发挥着各自的重要作用。

所谓同业批发业务，是指一系列针对旅游同业客户的旅游产品批发业务。其中，包括同业产品的开发、区域客户网络的建设与管理、同业批发业务具体操作等三大阶段。

目前，旅行社的分销体系主要有以下4种形态：

（1）零级分销体系：地接社—游客。

（2）一级分销体系：地接社—组团社—游客。

（3）二级分销体系：地接社—批发商—组团社—游客。

（4）三级分销体系：地接社总代理商—批发商—组团社—游客。

地接社作为基础产品的提供者，希望自己的产品得到程度更广的分销，在上述二级、三级分销体系中，旅游批发商已经发挥着承上启下的重要作用。

二、中国旅游批发商的形态及发展现状

目前，中国存在着很多旅游批发商，按照产生机制来分，主要有以下三种形态：

（一）以地接社在客源地设立的联络处或办事处为主导的批发商形态

以地接社在客源地设立的联络处或办事处为主导，是目前我国发育比较快的一种旅游批发商形态。但是，由于国家政策限制的因素，他们大多不能公开作业，而是挂靠在一个组团社旗下非法作业。现在，有的地区已经意识到了这个问题，将这些地下作业的办事处公开化，允许他们每年到旅游管理部门缴纳一定的管理费用后，可以公开作业。随着时间的流逝，国家管理政策的松动，办事处逐渐会走向合法化，成为旅游目的地在客源地设立的旅行社。一方面，办事处的操作形式比较简单，一般和地接社之间保持密切的联系，作为地接社的驻外销售机构，将地接社的产品用传真、电话、材料，以直投的方式发送到组团社手中，一旦遇到系列团队，便配合地接社一起攻关，以较低的价格和上门服务受到组团社的欢迎。另一方面，办事处是价格战的始作俑者，由于中国目前的观光旅游以团队形式为主，大型企事业单位的奖励旅游和商务旅游团队依然是旅游客源的主体。因此，一旦遇到这样的团队，往往是一个旅游目的地的多个办事处协助多个组团社进行竞争。在这种情况下，价格无疑就成为竞争的唯一武器。而且，由于办事处一般无固定的办公地点、在客源地没有质量保证金、驻外销售人员良莠不齐、鱼龙混杂，近几年来出现了多起卷款逃跑事件，使游客和组团社蒙受了巨大损失，让旅游管理机构感到非常为难。

（二）以大型组团社包机（或包专列）为主导的客源地区域批发形态

目前，由于旅游市场的持续火爆，很多组团大社已经在客源地建立了广泛的收客系统。有实力的旅行社甚至在大城市的闹市区建立了自己的连锁门市收客系统。通过对旅游市场的深入监控，实力雄厚的组团社纷纷进入了包机（或包专列）领域。在旅游旺季到来之前，和航空公司就某一条航线（通往旅游热点目的地）的包机进行系列谈判，通过竞价获得航线一个时段的经营权；或者向铁路部门提交开往旅游热点地区或新开发景点的专列计划，经铁路部门批准后，联合地区的组团社共同做广告收客。这种批发商形式目前也已经非常成熟，每个地区都有几个以批发为主业的旅行社，它们已经构成了地区旅游服务的主力军。但是，我国空运及交通系统多变的价格政策，又是每个批发商不得不面对的难题，飞机晚点几个小时或专列突然取消这种不可预知的事情，对批发商的运营造成了沉重的打击。

地区大旅行社的这种批发形态，在某种程度上遭到了其他旅行社的抵制。中国批发代理不成熟的现状，决定了大家谁也不愿意把客人交给自己的竞争对手，而且大旅行社这种大小通吃、既批发又零售的做法，伤害了代理旅行社的自尊心，而且有的时候，地区大社不遵守自己制定的价格政策，带头突破统一价格体系的做法更是令代理商反感。近来一段时间，很多旅行社已经意识到了这种抵制没有任何实质意义，应该说同业批发的市场环境正在形成。

（三）组团社与地接社密切合作的客源地总代理批发商形态

组团社与地接社密切合作的客源地总代理批发形态，是目前正在蓬勃发展的一种批

发商形态，在同业批发已经成为旅游圈内的共识的情况下，很多旅行社为了迅速进入同业批发领域，与具有长期伙伴关系的地接社合作，由地接社派出一个产品经理（计调），组团社自己进行大交通的采购，之后进行产品的包装和组合，共同对外销售。这种形式既避免了地接社办事处卷款逃跑的风险，又可以使合作双方受益。但是往往容易在利益分配上产生分歧，最终导致劳而无功，有时还会导致为了产品的竞争力和市场占有率问题而相互抱怨。

在上述3种批发商形态中，以第一种为最多。但从严格意义上说，这3种形态都还不能算是真正的批发商。然而，虽然他们只是批发商的过渡形态，但却已经形成了中国旅游批发商的雏形。

三、旅游批发商主要业务类型分析

中国的旅游批发商业务，按产品形态可以分为：单一旅游产品批发，"机票＋酒店"商务、度假产品批发，常规观光旅游产品批发，主题旅游产品批发4种类型。

（一）单一旅游产品批发型

（1）酒店批发。目前在一些商务城市中，有一批旅行社专门做酒店客房的批发业务，他们凭借敏锐的市场眼光和深入的市场调查，选准几个地理位置佳、营销意识弱、可以满足商务客人需求的酒店，以一个较大的采购量获得酒店客房的可观的折扣，然后利用自己的酒店分销网络分销给外地和本地的订房公司、订房网络和旅行社。有的同行利用自己特殊的人脉关系，取得了某一个或几个酒店的经销权，再经过细致的测算，确定一个盈亏平衡点，然后将客房批发给当地的地接社和订房公司。这种情况一般是没有进行社会化经营的机关事业单位的培训中心和接待设施。有的同行则利用旺季用房紧张的机遇和自有资金，对选定的几家酒店进行提前预订，然后在旅游旺季提高房价售出，从而获得高额利润，这就是业界熟知的炒房业务。

（2）机票批发。很多旅游批发商的主导业务，就是进行机票的批发，其具体操作手法，是根据自己对市场的判断和常年旅游销售的经验，从航空公司直接切位、定期发团，有的旅游目的地一天切30个或者50个座位，获得一个非常有竞争力的折扣，然后加上自己的利润额，再将其批发给旅游零售商。可见，他们已经充当了航空公司的批发商角色，成功地实现了从"机票＋地接产品"的组合批发向单一机票批发的过渡，"只要市场调查详细，把握住需求动向，机票只要卖出去，利润就产生了。这比旅游线路的批发来钱快、风险小，且不会产生任何投诉。"

（3）车票批发。车票批发，是指企业通过与铁路部门建立的人际关系，在日常和旅游旺季订到车票，然后销售给其他旅行社的旅游批发业务类型。这就是业界熟知的"票贩子"，严格意义上说，其并非典型意义的旅游产品批发形态。但是它也构成了旅游产品批发的一种形式。

（4）景区门票批发。有的旅游同行利用自己的专业知识和锐利目光，选择一些新开发的景区做门票总代理。他们有的利用自己在旅游市场多年打拼形成的旅游网络进行门票的分销；有的则对景区进行二次包装，在区域市场上进行二次推广，进而从每个旅游者的门票收入中获得提成。在国外，门票已经成为旅行社的销售产品之一，在我国，旅行社销售的主要是全包价产品，所以景区门票这种单一产品还没有获得其应有的位置，相信在不久的将来，景区门票的批发和分销，将成为我国旅行社一项非常重要的批发业务。

（二）"机票＋酒店"商务、度假产品批发型

目前，市场已经出现了专门针对商务旅游者的"机票＋酒店"产品的批发形式，重点商务城市的旅游同行将自己掌握的机票和商务酒店资源进行有机整合，形成了非常有特点的"机票＋酒店"的商务旅行产品。但是绝大多数推出者都自己进行销售，并未进行有效的分销，这并不能说明这种产品不适合批发。相反，由于这种产品的服务属性非常简单，很难产生投诉，市场空间广阔，未来将成为主导型旅游批发产品之一。

另外，重要的旅游度假地，如海南省，也已经出现了针对白领阶层的"机票＋酒店"小包价度假旅游产品的批发业务。现在，小包价度假旅游产品的开发和分销商，做得最好的，是以饭店分销为主业的携程旅行网。这已经成为携程的一个利润增长点之一，在不久的将米，随着人们生活水平的提高，外出度假需求会越来越大，这种"机票＋酒店"度假产品的批发和分销业务，必将成为地接社一种主要的批发产品形态。

（三）常规观光旅游产品批发型

常规旅游产品的批发，是目前旅游产品批发中的主导形态。它的主要推动力量，是地接旅行社的驻外派出机构。大的旅游产品供应商，现在一年的接待量已经超过了 10 万人，驻外机构已经超过了 10 个。其产品整合，主要是成熟的旅游目的地接待产品和大交通要素的有机整合。旅游批发商将产品以统一的价格分销给各组团社。

（1）要素批发商散客成团模式。旅游要素批发商从大交通提供部门，如航空公司和铁路运输部门，定期拿到定量的交通要素，然后结合自己接待基地的产品，组合成统一的客源地成团式观光旅游产品，使各地组团社变成了自己的批发代理商。组团社将同日期出发到该目的地旅游的散客集中起来交给要素批发商。要素批发商再将来自不同组团社的散客组织成一个团队，然后统一交给目的地的旅行社接待。这就是最典型的观光旅游产品批发商运作手法。

（2）组团社独立成团模式。组团社进行市场销售时，如果有企事业单位客户单独成团的情况，组团社为了减少工作环节，一般都是借助批发商而获得稳定可靠的交通要素，还可以在当地获得竞价招标式采购。所谓竞价招标式采购，是指组团社拿到单独成团客户后，通常是选定与自己常年合作的批发商进行合作，而其他批发商为了获得这单生意而进行的报价竞标，就成了组团社向批发商讨价还价的砝码。

 范 例

旅行社同业委托代理合同

本合同由甲方：＿＿＿＿＿作为组团社和乙方＿＿＿＿＿作为代理社，本着公平、自愿的原则，根据《旅行社条例》及其实施细则和其他相关法律、法规的规定，于＿＿＿＿＿年＿＿＿＿＿月＿＿＿＿＿日订立。

一、组团社和代理社的联系信息

组团社：

地址：_____

邮编：_____ 电话：_____ 传真：_____

电子邮件：_____ 联系人：_____

代理社：_____

地址：_____

邮编：_____ 电话：_____ 传真：_____

电子邮件：_____ 联系人：_____

二、授权范围

（一）招徕宣传；

（二）为旅游者提供旅游行程咨询；

（三）与旅游者签订旅游合同；

（四）收取旅游费用；

（五）向旅游者通知有关行程事项。

甲方授权委托乙方为其代理（一）、（二）、（三）、（四）、（五）（可选择删减）项旅游业务

三、委托期限

本合同委托期限自_____年_____月_____日起，至_____年_____月_____日止。

四、委托代理费用的相关约定

五、团款支付方式

六、代理社的义务

（一）必须遵守旅游法律法规；

（二）代理社应当勤勉尽责，维护组团社的最大利益；

（三）代理社须在组团社授权范围内代理委托招徕业务，并报告有关委托事项的进展情况；

（四）代理社无权超越组团社授权行事。如果确有需要，应当由组团社另行给予明确的授权；

（五）代理社变更联系信息的，应当及时通知组团社；

（六）代理社有义务按合同约定的时间数额向组团社支付团款；

（七）代理社须对其分支机构（分社、服务网点）的委托代理招徕旅游者事项进行监管，并向甲方承担相应法律责任。

七、组团社的义务

（一）与代理社诚实合作，向代理社如实提供与委托事项有关的资料信息；

（二）如果组团社变更联系信息，应当及时通知代理社；

（三）无论何种情况，组团社向代理社提出的要求均不得违反旅行社管理条例等法律法规的规定。

八、对旅游者的违约赔偿

在组团过程中，旅游者权利、责任和义务不受委托代理的影响。出现对旅游者的违约侵

权，旅游产品责任由甲方承担，乙方承担委托招徕不当方面的责任。

涉及对旅游者的赔偿，按照便利旅游者和保护旅游者权益的需要，统一由乙方先行承担。甲方须在乙方垫付给旅游者的赔偿后的_____个工作日内，按照相关法律、法规及实际情况，对乙方垫付给旅游者的赔偿进行补偿。

九、保密约定

乙方对于甲方的相关信息以及资料、文件和其他情况（以下简称"客户秘密"）应当保守秘密，在未征得甲方同意的情况下，不得向任何第三方透露组团社秘密。

十、合同的解除

（一）超过本合同约定的委托期限后，甲乙双方未对委托代理事项签订新的合同，本合同自动解除。

（二）如乙方未按照本合同的约定支付团款累计延期超过_____天，甲方有权解除本协议，但应书面通知乙方。

（三）如果代理社违反本协议的约定，组团社有权解除本协议，但应书面通知代理社。

十一、其他约定（略）

十二、生效条件

本合同在双方签署后，由甲方至南京市旅游主管部门备案并获得《旅行社同业委托招徕授权书》生效。

十三、修改

本协议经双方协商一致后，可以书面方式进行修改。

十四、争议的解决

双方同意，有关本合同签订、履行而发生的任何争议，在无法通过协商解决和调解方式解决的情况下，任何一方均可向有管辖权的人民法院提起诉讼。

甲方（组团社）（签章）：　　　　　　　　乙方（代理社）（签章）：

代理人：　　　　　　　　　　　　　　　　代理人：

（四）主题旅游产品批发型

随着旅游市场竞争的不断加剧，很多旅行社同行认识到，没有新产品的创新，仅凭价格战是很难获得更高利润的，也就无法实现企业的可持续发展。因此，产品创新也成了一种潮流。一般而言，这种创新主要是由地接旅行社和独立的策划机构推动的。但现在，越来越多的组团社为了摆脱自己在旅游市场竞争中的被动局面，也逐渐加入了主题旅游产品的创新和开发行列。主题旅游产品的开发完成之后，随即便可进入分销体系的建设上来。主题旅游产品主要采取以下几种批发运作分销模式：

（1）地区总代理特许经营模式。该模式是指产品供应商和策划机构为了保证产品促销的有效性，以省域为单位，分别选择一个总代理，准予特许经营，并向省级总代理收取一定的特许经营费用的经营方式。然后，产品供应商和策划机构协助省级总代理进行地级市的产品批发运作，通常也是采取地区独家代理运作体系，省级总代理和地市级代理享有其所在地区的独家销售权。地市级代理做广告收客后，交给省级总代理成团，再统一交给产品供应商接待。这种模式已经成为主题旅游产品的主要分销模式。

（2）集中批发分销模式。该分销模式是指在一个主要客源地，由批发商联合自己在当地的主导客户，共同对新开发的主题旅游产品进行广告营销，广告费用由大家共同分摊的模式。批发商对参与该主题旅游产品的分销商则会予较高幅度的让利促销。这种模式一般被实力较强的产品提供商采用。

四、同业批发业务流程

（一）同业批发旅游产品的开发

同业批发旅游产品的开发，是指在接待社开发的产品基础之上，结合自己在客源地建立的大交通供给体系而组成的旅游产品。同业批发旅游产品的开发，主要包括批发产品的采购、大交通供给体系的建立、批发产品的整合三个环节。

1. 批发产品的采购——建立接待产品基地

目前，中国的旅游批发商均以批发观光旅游产品为主要业务。由接待社派出的批发商会责无旁贷地批发自己总公司的产品，所以不涉及批发产品的采购问题。而由大型组团社自己设计的批发产品，则要在旅游目的地进行招标，选择接待质量可靠、价格比较便宜的接待社作为自己的合作伙伴。为了保证系列团队的服务质量，一般情况下，大型组团社会提出一些垫资的要求。例如，第一个包机（包专列）支付给地接社部分团款，待下一个再付全部团款，将第一个包机（或包专列）的垫资也最后结清。这样做，一方面可以帮助组团社筹集到更多的市场开发资金；另一方面也可有效管理地接社的接待质量，如果万一出现接待质量问题，可以从接待社的垫资中直接扣除。

而在客源地已经营多年的旅游批发商，将自己的旅游专线做好之后，一般又会考虑进行多线路产品的批发。新线路开辟时，需要有针对性地将选择产品与自己的核心产品进行有效组合。选择产品一般应该遵守以下原则：

（1）大交通优势互补。选择旅游目的地和客源地之间的大交通与自己已经建立起来的交通优势要互补，最好是与核心产品采用同一家航空公司，或者采用专列方式进行运作，以求有效地保证新产品大交通要素的供给优势。

（2）潜力大。所选旅游目的地，应该具有成为下一阶段旅游热线的潜力，或者已经成为当地旅游市场的热点，这样可以从容地搭上组团社进行市场开发的列车，快速取得市场开发的成果。

（3）易于建立竞争优势。通过市场调研，发现并选择某一批发商数量虽然不少，但却实力均衡，任何一家都未能在市场上形成明显竞争优势的旅游目的地，以作为自己建立接待产品的基地。这样的产品可以凭借该地原有的业务基础和资金力量，在这个市场上迅速形成自己的优势。

（4）质量稳定的接待合作伙伴。选择开辟新线路产品时，应该对旅游目的地的接待社进行调研评估。一般情况下，某地排列前三名的接待社，在重要的客源市场上都已经建立了自己的批发机构，所以应该选择市场排名靠前、接待质量稳定、有开拓精神的旅行社作为自己的接待产品提供商。

（5）能提供一定的资金支持。批发商在进行新产品推广时，需要进行新一轮的市场促销和客户拜访，还会面临同一线路其他批发商的价格竞争。这就要求接待社具有一定的资金支持能力，牺牲一些前期的利润要求，与批发商一起来开发市场，市场地位稳固之后，才是批发商和接待社共同收获的季节。

2. 大交通供给体系的建立

机票、车船票的采购能力，是一个以地接业务为主导的旅行社的核心能力之一。一般情况下，大型组团旅行社和实力强大的批发商，在旺季的时候普遍采用包机或包专列的形式进行机票、车票等资源的采购。这样，一方面可以充分保证资源的供应，另一方面可以使自己获得和其他旅行社不同的比较优势。除大规模的包机、包专列业务外，还要进行相应的客户网络建设工作，一旦出现紧急情况，可以保证拿到机票和车票，或者采用加挂车厢的形式解决用票紧张的问题。建立稳定的资源供应渠道，是一个以地接业务为主导的旅行社的立足之本。建立稳固的大交通供给体系应该注意以下几点：

（1）业绩为基础。任何一个交通供应商，都是根据销售商的业绩而给予相应的政策。因此，在旅游批发领域，一般情况下具有"强者恒强"的规律。航空公司一般都是根据批发商上一年度的拿票量来决定给予其什么样的支持政策，有时也会制定一个随销售量而不断递增的返点政策。刚刚进入一个区域市场的批发商，往往是通过自己的公关能力和资金实力，从当地大社抢下几个大团，再通过这个几个大团奠定自己在航空公司销售系统的地位。

（2）人脉是关键。建立大交通的供应体系，即建立自己在航空、铁路等方面的人脉关系。在旺季的时候拿到机票和专列，就意味着拿到了客源，在我国目前航空、铁路系统还属于国家半管制状态的情况下，建立人脉关系，无疑已成为批发商在当地市场存在的基础。

（3）利益是永恒。目前，各航空公司、铁路部门都有自己的旅行社。铁路部门附属的旅行社往往在火车票的取得方面拥有不可争辩的优势。航空公司的旅行社则没有这样幸运。例如，国内某著名航空公司的旅行社，不能从母公司得到任何的政策支持，成立了很长时间，业务也没有什么进展。同时，航空公司也会不断调整在不同城市的销售主管，每次销售主管调整的时候，都是新的批发商进入市场的最佳机会。因为，航空公司有时也会根据销售状况有意识地扶持一部分新的批发商，以防止同一条线路的批发商继续做大，难以控制。

综上所述，如果一个新兴的批发商想要建立稳定的资源供应网络，就要采取相应的公关手段"一跑、二请、三送、四联盟"的方式，迅速建立供应渠道。

3. 批发产品的整合

接待产品和大交通采购完成之后，就要根据当地市场的情况进行批发产品的整合。进行产品整合需遵循以下几项基本原则：

（1）接待质量是基础。批发商在游客市场立足的关键，就是要求自己的接待产品提供商有一个稳定的接待质量，只有这样，才能逐步建立在同业批发市场中的地位和客户网络。如果接待质量得不到保证，则任何销售技巧都没有实质用处。例如，某旅行社营销人员在刚进入上海时，利用自己娴熟的销售技巧和对产品包装的能力，迅速拿到了一些团队，但由于接待社不能保证质量，每个团队的接待或多或少地都出现了问题，导致客户纷纷投诉，没有多长时间，该营销人员就把自己的业务重点转移到了上海周边的城市。这是因为，由于质量问题其已经很难在上海市场拿到团队了。

（2）价格是关键。接待社提供的产品一般都是标准型的产品，批发商往往根据客源市场的调研结果（组团社的需求）选择价格最低的产品进行有机组合，提供给组团社。对于组团社而言，只要质量有一定的保证，价格就是他们最关心的因素。批发商提供的产品价格越低，他们的利润才会越高。目前旅游市场上的产品严重同质化，已经出现了劣质产品驱逐优质产品的局面。如果批发商开发出新的主题旅游产品，就需要对组团社从销售渠道到营销选择等进行全套培训，这样才能保证产品销售的成功。因此，对于批发商组合的旅游产品而言，价格是最重要的考量因素。

（3）产品多样化是趋势。目前，中国旅行社界已经普遍认识到了同业批发业务的重要性。有一定实力的组团社纷纷介入同业批发市场，使接待社派驻的营销机构普遍遇到了生存和发展危机。在这种情况下，单一的标准产品批发商就很难在市场上生存了。这也给批发商和接待社提出了一个新的课题——如何开发出新的符合市场需求的产品，借助产品差异化的优势开辟利润丰厚的市场？针对细分人群开发新的主题产品，彻底走出价格战的误区，真正实现批发商的多产品批发，才是旅游要素批发商和接待社最终的发展出路。

（二）区域客户网络的建设与管理

旅游批发商区域客户网络的建设与管理，共分为客户资料的获取与分析、旅游产品的区域覆盖、区域客户的拜访销售、客户网络的管理与维护四个环节。

1. 客户资料的获取与分析

对于旅游批发商来说，建立目标市场的区域客户网络是业务进展的关键。建立客户网络的第一步，就是要获得区域旅行社同业客户的资料。获得同业客户资料的方法，通常有以下几种：

（1）通过收集各种二手资料来获取客户的公开信息。旅游主管单位发布的各种统计资料，主要有旅游局或旅游协会网站发表的关于当地旅行社的统计调查资料。①名录类资料。目前，可以在新华书店买到《中国旅行社名录》国内卷、国际卷。其中收录了旅行社的名称、地址、电话、传真、电子邮件、法人及总经理等一些公开信息。另外，还可以从互联网上收集到一些旅行社同业联谊会的联系名单，这些都是很实用的名录资料。②报章类资料。区域市场的旅行社，尤其是以组团业务为主的旅行社，大都通过各种途径来发布自己的产品信息，以吸引当地旅游者的注意。因此，收集当地销售量最大的晚报或晨报，以及消费指南的旅游专版等，通过分析广告的发布量和发布频率，可以得出区域市场的组团社排名。

（2）通过别人的介绍获取区域客户的资料。进入区域市场之前，可以通过同业联谊酒会等方式，结识区域市场上已经经营较长时间的批发商（与自己主营的产品没有竞争关系）。此类批发商已经形成了自己的客户群体，对于当地的组团业务有着清醒的认识，如果能够获得他们的信任，可以得到他们开发当地市场的经验，以及有价值的客户名单和办公地址，对于后来者，这些是非常珍贵的客户信息。

2. 旅游产品的区域覆盖

获取客户资料之后，选择特色鲜明的主打旅游产品进行区域市场的覆盖，为下一阶段的客户拜访、达成合作意向和实质性业务操作奠定坚实的基础。产品区域覆盖的常用手段主要有：

（1）传真覆盖。选择本年度特色鲜明、准备作为主打产品的"产品手册"，通过传真发送给区域内组团社的客户。使用市场上流行的传真软件实现传真的群发，可以大大节省人力、物力。传真发送结束之后一定要进行电话跟踪，询问客户是否收到了传真；如果没有收到，可进行二次发送，以保证第一次产品传真覆盖的范围。

（2）电子邮件发送。可把详细的"产品手册"（电子版），通过电子邮件形式发送到区域内组团客户的电子信箱。国内一部分运营规范的旅行社企业都已经编制了自己的产品手册，这些产品手册会深受组团社总经理和计调人员的欢迎。

（3）旅游同业 DM 媒体广告的发布。目前，在主要的旅游市场上，如昆明、上海等地，都已经出现了以批发商为广告客户、以当地组团社为投送对象的旅游 DM 媒体。虽然这些媒体形式还都局限于一般的线路信息的传送上，但的确起到了批发商向组团社客户有效传送信息的作用，受到了批发商的欢迎。在这样的媒体上定期发布自己的产品信息和价格信息，可有效降低批发商对于客户的拜访频率和传真发送频率，大大节约批发商对人力、物力的开支。

3. 区域客户的拜访销售

旅游批发商尤其重视对区域内新客户的开发。开发新客户（组团社）是开发、耕耘旅游同业市场的重要手段，是批发商客户经理的一项重要日常工作。怎样才能正确、有效地开发新顾客呢？按照旅游批发商通常的经验，开发组团社新客户，可参考"MAN"原则：①M：MONEY，代表"金钱"。所选择的组团社必须有一定的组团量，而且自身财务状况良好。②A：AUTHORITY，代表"购买决定权"。拜访销售的对象对购买行为有决定、建议或否决的权力。组团社中对团队或散客流向具有决定、建议或否决权的人员，主要有组团计调员、组团部经理、旅行社总经理等。一般企业的规模越小，业务决定权的职级就会越高。③N：NEED，代表"需求"。该组团社有在市场上推广这一产品的计划，也就是说，它对该产品有一定的采购需求。

区域客户的拜访销售，须注意以下几种操作技巧：

（1）如果是批发商第一次进行整个区域市场的拜访，需要根据从各方面收集整理的目录按图索骥，如果在区域中有熟悉的组团社客户，可以让他帮助介绍当地组团市场的情况，也可以让他帮助联系当地的主要客户，以尽量保证首次拜访的覆盖面。

（2）拜访之前进行一轮电话促销，进行电话预约，以核实客户的地址，避免走冤枉路。编制拜访线路图，将办公地址相近的客户安排在一起，尽量提高拜访的效率。

（3）进行客户拜访之前，应该做好相应的准备。如产品手册、名片和记事纸、笔等；熟练掌握产品手册中关于推广产品的主打卖点，如主打产品与目前市场上已有产品的异同点、合作接待社的基本情况与接待优势、批发商自身的服务范围和服务体系等内容，以便于同客户进行相应的交流。精心的准备，可以给客户留下"素质高、专业强"的良好印象，为下一步的业务合作奠定扎实的基础。

（4）对客户的拜访要做好相应的拜访日记，记录每天拜访的客户数量、拜访时间、效果评价及哪些客户提出了无法解决的问题、客户有无合作意向、客户目前选定的合作者主要有哪些、与这些竞争者相比自身拥有怎样的优势等。对销售记录进行有效的管理和分析，可以大大提高拜访的工作效果。

4．客户网络的管理与维护

（1）第一轮拜访后的客户整理。第一轮拜访结束之后，要对客户进行有针对性的资料整理，将客户分为：准客户（具有合作意向，能掌握下一步业务具体时间的客户）、潜在客户（具有合作意向，无明确合作时间的客户）、无意向客户（短时间内没有合作意向）等三种类型。在这三类客户中，准客户最重要，他们是批发商打开当地旅游市场的关键。如果在第一轮拜访之后就能有几个准客户，通过准确的信息传递和优质服务，将拜访得到的准客户成功地转化为自己的客户，批发商就成功地打开了当地市场。在以后的业务活动中，可以此为突破口，继续争取潜在客户的业务，进而建立自己的核心客户群体。

（2）客户拜访取得初步成功之后，一定要注意提高自己的服务质量，以获得客户的充分信任，将第一批客户转化为自己的终生客户。这时需要继续加大对当地市场的拜访力度，通过开发新的产品和建立完善的服务体系，提高自己在当地旅游同业客户中的美誉度，确立20%的VIP客户，重点做好对他们的服务。因为这20%的客户会给批发商带来80%的业务和利润。千万不要以个人喜好为判断标准，在一些没有价值的客户身上浪费太多的时间和精力。如果发现组团社客户有"赖账"的嫌疑，应该加大催款力度，并进行相应的市场调查。如果确系名誉不佳的客户，可以直接将该客户从名单中删除，以防陷入对方"以欠账相要挟"的陷阱。

（三）批发业务的操作流程

批发业务的具体操作流程，可以分为业务询价电话、报价及确认、业务操作、后续服务与改进4个环节。

1．业务询价电话

批发商业务实际操作的第一步，就是接待组团社客户的业务来电询价。由于批发商事先已经进行了产品的铺设和上门拜访，所以接待电话询价应该更加专业高效。首先要分清业务类型，如果是批发商向市场推出的"散客成团"产品，应该坚持公司的价格政策，问清楚游客的人数、姓名、身份证号码（如需要）、具体出行时间等，并告知组团社机位（车票）畅销，请尽量确认。

团队的电话询价对于批发商来说非常重要，有些批发商由于进行了大量的市场开发工作，接到了很多团队的询价电话，但是由于报价和服务方面的原因，导致最后成交的业务量却很少。接听团队业务询价电话应该注意：

（1）接听客户的团队询价电话，应该注意报价准确，并向客户告之自身大交通的优势和接待社的接待质量优势，可告知请示总经理后还可以优惠，给对方一个可以还价的预期。因为组团社客户一般在向批发商询价时都是采取"一团多询"，根据报价的情况及对批发商的印象或合作的评价等综合因素，考虑将该团队交给哪一家批发商。在其决策过程中，价格是最重要的考虑因素之一。

（2）接听组团社的团队业务咨询来电，应注意询问客户的需求。例如，团队人数、团队特征（商务团、奖励旅游团、老年团还是成年团等），尤其应注意询问客户有无特殊需求，可根据这些特殊需求进行特殊服务细节的设计，除保证一定的价格优势之外，还要以服务产品的卖点和独到的服务细节设计来打动对方。

（3）接听组团社团队业务咨询来电时，应该认真填写接待登记表，详细记录上述事项，并特别注明进度情况，与组团社确定"产品内容、发团日期、什么时候出票、首付款比例、什么地方接团、多少人、男女比例、有无儿童、有无特殊要求（少数民族饮食生活习惯、孕妇、残疾人、病人）、返程方式（火车还是汽车、飞机）等"，并注意将该团队相关信息受理用传真和电子邮件等形式发送给接待社，让接待社做好接待准备。

2. 报价及确认

接听组团社的团队询价电话后，应该根据客户要求打印产品行程及报价单，并做好产品的分解报价，同时做好与客户进行二次价格谈判的准备。报价结束后，应该在1小时内进行客户跟踪服务，询问客户的团队是否已经确定，并再次表示自己愿为组团社提供服务的真诚愿望，如果客户的团队业务还没有确定，可以表示愿意全力以赴帮助客户拿下这单业务。如果客户已经将业务交给另外一家批发商，也不要因此烦恼，因为你的周到服务已经给客户留下了深刻印象，要尽量设法弄清楚对方的报价及客户与竞争对手合作的原因，并再次表示与其合作的愿望，用自己的真诚打动客户。跟踪电话往往可以大大提高业务的确认率。

经过与客户的沟通，如能达成合作意向，双方可以传真确认，格式如团队确认书。需要确认的内容主要有价格、行程、时间、人数、住宿标准、餐饮标准、用餐人/次数（有无少数民族特殊饮食安排）、车型、区间交通票、返程交通票、全陪姓名、联系电话等。

3. 业务操作

（1）接待产品确认。业务确认完成后，首先将确认单发送给接待社，由接待社开始进行产品要素的相关确认工作。某些接待社已经推出了让组团社选择导游的服务，根据客户的特殊需求和团队特征，选择合适的导游是提高游客旅游体验的重要措施。

（2）送票及帮助客户召开行前说明会。按照与组团社的约定，在收到组团社的大交通款项后进行出票，然后与组团社约定送票时间和送团时间。如果组团社有召开出行前说明会的习惯，应该配合组团社客户完成行前说明会。

（3）送团。批发商需要在旅游团出发时，安排自己的管理人员到机场和火车站去送团，完成业务操作的全部环节。

（4）行程跟踪。旅游过程中要与接待社的计调人员、组团社的全陪人员保持密切联系，了解接待的质量和客户满意度。如果出现客户投诉的情况，应及时与接待社的领导取得联系，尽早采取补救措施，力求在旅游目的地解决问题，以保证组团社的满意度，提高组团社的忠诚度。

（5）接团结账。旅游结束后，批发商可以安排专人到机场和火车站接团，以体现批发商服务体系的完整性。如果接待过程中出现质量问题，接团就是一个进行补救的最好时机。可以对客户进行抚慰，在出现投诉时如能得到很好的解决，往往可以给批发商带来更多的客户。接团后，可以根据与组团社达成的结账协议，把没有结清的团款结清，如果在旅游目的地发生了投诉，应该根据游客反映和接待社的处理意见，对组团社作出合理的赔偿。这时可以减免一部分团款，并对接待质量问题作出合理的解释，取得组团社客户的谅解。

4. 后续服务与改进

（1）团队结账。旅游团队业务结束后，核算团队的收入和成本（即批发商的批零差价），如果出现质量问题，则需要进行赔偿，只要不是批发商自身的责任（如大交通环节等），就需要根据组团社的要求向接待社提出赔偿要求。

（2）客户回访。旅游团完全结束行程后，应该在一周之内对组团社客户进行回访。一方面对客户给予的服务机会表示感谢，另外，可以向客户推荐批发商新开发的产品，询问客户最近的业务动向，有无达成新的业务合作的可能性等。客户回访的方式有很多，常见的有登门拜访、电话联系、同行酒会等。

（3）客户档案管理与维护。认真整理已有业务记录的组团社客户档案，包括企业名称、联系电话、传真、电子邮件、总经理姓名及联系方式、全陪姓名及联系方式、企业规模、组团流向等信息，并根据业务达成决定人的一些信息等，在适当的时机通过向业务决定人寄送贺卡、打电话祝贺生日等各种方式提升客户的忠诚度。

（4）产品改进和新产品研发。打开业务局面后，可以根据客户的反馈意见，和接待社一起对产品的方案进行调整改进，避免在后来的业务推广中再出现类似的接待问题。另外，还可以根据对当地旅游市场的调研和当地组团社的需求，开发设计一些独具特色的旅游产品，并就产品的分销与当地组团大社达成一致，在产品严重同质化的今天，通过产品差异化获取组团社客户的认同。

实训项目

实训项目	旅行社散客计调接待服务
实训目的	通过实训，让学生熟悉并掌握旅行社散客计调接待工作流程和标准，能够发现散客咨询接待业务中存在的问题，并找到解决问题的办法。
实训地点	本地旅行社。
实训步骤	1. 教师讲解示范散客咨询接待业务的基本流程和实训要求； 2. 学生分组扮演进入旅行社的咨询者和计调人员，根据手边资料，结合设计的问题模拟咨询接待业务场景，进行训练； 3. 学生根据计调接待业务的要求，对旅游产品进行熟悉和梳理，并请小组根据模拟场景归纳总结咨询接待中常见的问题。
实训成果	散客旅游行程的设计及旅游接待计划的完成。

任务实践

为本地旅行社设计一份散客计调业务操作的流程图及注意事项。

项目八
出入境计调业务操作流程

[知识目标]

通过学习，学生要了解出入境证件的相关要求，熟悉出入境的办理手续，掌握出入境计调业务的实施步骤。

[能力目标]

通过实训，学生能够独立进行旅游团出境、入境业务操作。

 引导案例

签证被拒之后

据某报刊发的一则"神舟国旅被指欺诈旅游者"的报道称：北京的艾先生、李女士夫妇报名参加了北京神舟国际旅行社（简称"神舟国旅"）赴欧旅行团。某月 11 日，"神舟国旅"望京门市部的业务员来到艾先生的公司，带走 26600 元团费和护照等证件，没有签署合同。22 日，艾先生在"神舟国旅"速递来的"北京市出境旅游合同"上签了字。24 日下午，"神舟国旅"望京门市部负责人徐女士通知艾先生，其妻李女士的签证被拒签。旅行社要求艾先生夫妇按合同承担机票和签证费 6000 元。"神舟国旅"于次日提供给艾先生意大利大使馆的"入境签证拒签措施说明"显示：下发通知的时间是当月 18 日。

艾先生认为，"神舟国旅"明知道大使馆已拒签，还与他补签旅游合同，属于欺诈行为，其目的就是让他承担费用，于是将"神舟国旅"投诉至北京市旅行社服务质量监督管理所。望京门市部负责人徐女士说，他们在与艾先生签合同时，并不知道李女士被拒签的消息。北京市旅行社服务质量监督管理所的王科长认为，从艾先生缴纳团费之日起，双方已开始履行合同，所以，22 日签署的合同有效。艾先生应承担机票和签证费，相应数额有待商榷。艾先生的代理律师认为，应先签署合同再履行合同。艾先生在缴纳团费的同时，双方就应当签署合同，"神舟国旅"没有按法定程序办事。艾先生于数日后，就此事向朝阳区人民法院递交了诉状。

北京市旅行社服务质量监督所的调解意见是：第一，艾先生委托"神舟国旅"安排

赴法、瑞、意等国旅游，并向"神舟国旅"提供了签证所需材料和旅游团款，其意思表示真实。"神舟国旅"收取了团款，开具了发票，并履行了向使馆送签的义务，故艾先生夫妇委托"神舟国旅"提供旅游服务的合同关系存在。第二，"神舟国旅"提供的意大利使馆签证处的通知单显示，领取签证时间为某月 22 日。其签证的情况只有在领取护照后方可知晓，因此，艾先生夫妇所称"神舟国旅隐瞒真相，造成甲方违约假象"的证据不足。第三，造成此次旅游没有成行的主要原因是李女士被使馆拒签，而不能履行合同。由于李女士被使馆拒签，致使艾先生不愿意单独出游，才被迫放弃此次旅游。因此，北京市旅行社服务质量监督管理所认为，艾先生夫妇应当承担委托旅行社办理旅游服务过程中所花费的合理、必要的支出，其要求"神舟国旅"双倍返还团费的主张不予支持。

 案例分析

　　北京某律师指出，只要"神舟国旅"能够证明收到李女士签证被拒签的回执的时间在签署合同之后，艾先生夫妇就应当承担旅行社的损失和签证费。另外，由于艾先生夫妇和"神舟国旅"已经形成事实合同关系，那么，即使没有签订书面合同，只要"神舟国旅"能够举证其相关损失，艾先生夫妇也应当承担相应费用。案例中，艾先生在没有正当合法理由的情况下退团，属于违约行为，根据合同约定，艾先生应当承担违约责任。因此，律师建议，家人或朋友结伴参团出境旅游的游客，应在合同中约定"如因其中一人签证被拒而退团，其他人可以一同退团"的条款，那就不必承担违约责任了。

　　据某业内人士介绍，出境游业务的业内常规做法，是在游客交纳团款时，旅行社就与之签订合同，随后着手办理签证手续。旅行社在有把握的情况下，等签证办好后再订机票。由于签证被拒而导致退团的，根据合同约定，应由报名游客承担签证费。报名游客因自身原因退团的，应当承担违约责任、签证费、机票费等。

　　许多游客对签证被拒后应由自己承担签证费并不知情。其中不乏已经有过出境旅游经历的游客。"我们参团旅游理所当然交纳相应的费用。而签证被拒签又不是我们所造成的，我们既然未能出行，凭什么还要白搭进几百元的签证费呢？"这样的观点在游客中具有普遍性。"北京市出境旅游合同"的通用条款第八条规定，"如因游客自身原因或因提供材料存在问题而不能及时办理签证影响行程的，以及被有关机关拒发签证或不准入境、出境，相关责任和费用由游客自行承担。"对于这一条款，游客感叹不知道，或者没有仔细看合同，旅行社也没有提醒过他们。看来，信息不对称的问题在签订出境游合同时普遍存在。

任务1　出境旅游常识认知

一、我国出境旅游组成部分

出境旅游是我国入境旅游业务、国内旅游业务、出境旅游业务三种旅游业务中出现最晚的一种。它是我国对外开放政策的产物，也是旅游业发展到一定阶段的必然结果。我国公民出境旅游由港澳游、出国游、边境游三大部分组成。

（1）港澳游。香港游是内地最早开办的出境旅游业务。1983年11月，广东省作为试点率先开放本省居民赴香港旅游探亲。1984年，国务院批准开放内地居民赴港澳地区的探亲旅游。1997年之前，赴港澳地区旅游的内地居民就逐年增多。随着港澳陆续回归，内地居民赴港澳地区旅游人数更是突飞猛进，如今内地旅游者已成为港澳地区最主要的客源。港澳游的发展为我国公民自费出境旅游奠定了基础。

（2）边境游。边境旅游作为我国公民出境旅游的一种特殊形式，是在边境地区初级的易货贸易基础上发展起来的。1987年，国家首先开放辽宁丹东口岸至朝鲜新义州过境一日游，时至今日，已开放中朝、中俄、中蒙、中哈、中越、中缅边境旅游等口岸，边境旅游已有很大发展，不仅极大地促进了边境地区的经济发展，而且对稳定、繁荣边疆起到了积极的作用。

（3）出国游。近些年来，随着我国综合国力的提升、经济快速发展，世界各国开始关注潜力巨大的中国消费市场，纷纷降低入境许可的门槛；同时，我国人民生活水平的提高、消费观念的更新、可自由支配收入的大大增加、法定长假的出现、出境游费用的降低、出境手续的简化，使得出境旅游业务逐步成为我国旅游市场一个新的消费热点。对于我国旅行社业来讲，巨大的市场潜力、强烈的市场需求、高额的利润无疑为其增添了新的活力并提供了广阔的发展空间。

二、出境旅游团的特点

（1）活动日程稳定。出境旅游团的活动日程一般比较稳定，除非发生极其特殊的情况，否则它的活动日程很少发生变化。无论是组织出境旅游团的旅行社还是负责在旅游目的地接待的旅行社，都必须严格按照事先同旅游者达成的旅游协议，安排旅游团在境外及境内的各项活动。组织出境旅游的旅行社应委派具有丰富接待经验的导游员担任出境旅游团的领队，负责在整个旅行途中照顾旅游者的生活。

（2）消费水平高。出境旅游团的消费水平比较高，他们一般要求在旅游期间乘坐飞机或豪华客车，下榻档次比较高的酒店，并往往要求在就餐环境比较好的餐厅用餐。此外，出境旅游团的购物欲望比较强烈，采购量和采购商品的价值均较大。旅行社的领队在陪同出境旅游团在境外旅游期间，应在当地接待旅行社导游人员的配合下，组织好旅游者的购物活动，满足他们的需要。

（3）文化差异比较大。出境旅游团的成员中，有许多人从未到过旅游目的地国家或地区，对当地历史、文化、风俗习惯等缺乏了解，与当地居民之间存在着文化上的较大差异。特别是像我国这样的自身文化传统悠久，出境旅游发展时间较短的国家，旅游者除了在文化上与旅游目的地国家有较大的差别外，在语言方面也存在着一定的差异。目前，我国参加出境旅游的旅游者，除个别人外，外语水平一般比较低，许多人根本不懂外语。到达境外后，同当地人交流存在严重的障碍。有些旅游者由于既不会讲当地语言也不懂英语，结果闹出不少的误会和笑话，甚至发生上当受骗的事情。因此，旅行社应选派熟悉旅游目的地国家或地区的风俗习惯、历史沿革，精通旅游目的地语言或英语的导游员担任出境旅游团的领队，在境外充当翻译，以帮助旅游者克服文化和语言方面的障碍。

三、出境旅游相关证件

（一）护照

护照是一个国家的主管机关发给本国公民出国或在国外居留的一种证明其身份的证件。护照一般分为普通护照和外交部护照，但是，有些国家也颁发团体护照（旅游团、体育代表队、文艺团体及各种专业团体等）。每一位要出国的中国公民，都必须拥有一本合法有效的中国护照。

1. 有效期

中华人民共和国护照的有效期一般为 10 年，16 岁以下中国公民的护照有效期为 5 年。

2. 办理护照的机关

办理护照的机关是在本人户籍所在地的公安局出入境管理处。

3. 合法性与有效性

合法性是指护照是在国家指定的主管机关办理的而非伪造的。有效性是指不过期的，没有涂改的，属于本人的，有签证印章的（签注）的护照。

4. 重要提示

（1）护照为本人重要身份证件，持证人要妥善保存、使用，不得涂改、转让、故意损毁。任何组织和个人不得非法扣押。

（2）护照的签发、换发、补发和加注由公安部委托的公安机关出入境管理机构以及中国驻外使馆、领馆或外交部委托的其他驻外机构办理。

（3）本人的护照遗失或被盗，在国内应立即向当地户籍所在地的公安机关出入境管理机构报告；在国外应立即向当地或附近的中国驻外使馆、领馆或外交部委托的其他驻外机构报告。

（4）短期出国的公民在国外发生护照遗失、被盗等情形，应向驻外使馆、领馆或外交部委托的其他驻外机构申请中华人民共和国旅行证。

5. 申办手续

旅游者本人持中国公民因私出国（境）申请审批表、旅行社出具的正式发票、个人身份证、户口卡和照片数张等资料，到所在地公安局出入境管理部门交验后办理护照。

（二）签证

签证是一个主权国家国内或驻国外主管机关在本国或外国公民所持的护照或其他旅行证件上的签注、盖印，表明允许其出入本国国境或者经过国境的手续，也可以说是颁发给他们的一项签注式的证明。

签证制度是国家主权的象征，是国家对于外国人的入境实施有效控制和管理的具体表现，并以此达到维护国家安全及国内社会秩序的目的。

1. 签证的作用

签证是一个主权国家为维护本国主权、尊严、安全和利益而采取的一项措施，是一个主权国家实施出入本国国境管理的一项重要手段。一个国家的公民如果希望到其他国家旅行、定居、商贸、留学等，除必须拥有本人的有效护照或旅行证件外，另外一个必备的条件，就是必须获得前往国家的签证。否则，是不可能成行的。

2. 签证的种类

签证一般按出入境性质分为出境签证、入境签证、出入境签证、入出境签证、再入境签证和过境签证6种类别。有的国家（地区）根据申请签证者的入境事由，把颁发的签证分为外交签证、公务签证、移民签证、非移民签证、礼遇签证、旅游观光签证、工作签证、留学签证、商务签证以及家属签证等。目前，世界上大多数国家的签证分为外交签证、公务（官员）签证和普通签证。我国现行的签证有外交签证、礼遇签证、公务签证和普通签证4种。

计调人员还应详细地掌握以下签证知识：

（1）移民签证和非移民签证。依据申请人的入境目的，签证可以分为移民签证和非移民签证。获得移民签证的，是指申请人取得了前往国的永久居留权，在居住一定时期后，可成为该国的合法公民。而非移民签证则可分为商务、劳务、留学、旅游、医疗等几个种类。

（2）反签证。反签证是指由邀请方为来访人员在前往国的出境管理部门办好签证批准证明，再连同申请人的护照、申请表格等材料呈递该国驻华使领馆。驻华使领馆凭批准材料，在申请人护照上签证，无须请示国内相关部门。一般来说，获得反签就意味着入境已获得批准，护照送交前往国驻华使馆后也不用等太长的时间。目前实行反签的国家大多是亚洲国家，如日本、韩国、印度尼西亚、马来西亚、新加坡等。

（3）口岸签证。口岸签证是指在前往国的入境口岸办理签证（又称落地签证）。一般来说，办理口岸签证，需要邀请人预先在本国向出入境管理部门提出申请，批准后，将批准证明副本寄给出访人员。后者凭该证明出境，抵达前往同口岸时获得签证。目前，对外国公民发放口岸签证的国家主要是西亚、东南亚、中东及大洋洲的部分国家。

（4）另纸签证。另纸签证也是签证的一种形式，一般签证多是在护照内页上加盖签章或粘贴标签，而另纸签证是在护照以外单独签注在一张专用纸上，它和签注在护照上的签证具有同样作用，但必须和护照同时使用。

（5）互免签证。互免签证是随着国际关系和各国旅游事业的不断发展，为便利各国公民之间的友好往来而发展起来的，是根据两国间外交签署的协议，双方公民持有效的本国护照可自由出入对方的国境，而不必办理签证。互免签证有全部互免和部分互免之分。

（6）过境签证。当一国公民在国际旅行，除直接到达目的地外，往往要途经一两个国家才能最终进入目的地国境。这时不仅需要取得前往国家的入境许可，而且必须取得途经国家的入境许可，这就称为过境签证。关于过境签证的规定，各国不尽相同。不少国家规定，凡取道该国进入第三国的外国人，不论停留时间长短，一律需要办理签证。按照国际惯例，如无特殊限制，一国公民只要持有有效护照和前往国入境签证或联程机票，途经国家均应发给过境签证。

（7）ADS 签证。ADS（Approved Destination Status）签证的中文解释是"被批准的旅游目的地国家"。加注 ADS 签证后仅限于在被批准的旅游目的地国家一地旅游，此签证在目的地国家境内不可转签，不可延期。持有这种签证的人必须团进团出。

（8）落地签证。落地签证是指一国公民不用在出发前申请目的地国的签证，而是到该国后再办理，可以免去入关前办理签证的各种手续。这当然是有条件的，而且对中国实行落地签证的国家并不多。

（9）申根签证。申根签证是指根据申根协议而签发的签证，这项协议由于在 1985 年卢森堡的申根签署而得名。申根协议规定了成员国的单一签证政策。据此协议，任何一个申根成员国签发的签证，在所有其他成员国都被视作有效，而无需另外申请签证。该协定规定，其成员国对短期逗留者颁发统一格式的签证，即申根签证，申请人一旦获得某个国家的签证，便可在签证有效期和停留期内在所有申根成员国内自由旅行，但从第二国开始，需在 3 天内到当地有关部门申报。

3．中国公民申办外国旅游签证的程序

我国旅游者须持签注有效签证的护照方可出国旅游。所前往的目的地国家的旅游签证通常由旅行社统一向该国驻华使领馆申办。申办时，旅游者需积极配合旅行社准备签证资料，不同旅游目的地国家对我国旅游者出国游的资质审查项目也不尽相同，项目种类有简有繁，所以出境游要及早准备，以实现如期出行。

中国公民申办外国签证，无论是委托旅行社代办，还是自己办理，一般都需要经过下面几个程序：

（1）递交有效的中国护照。

（2）缴验与申请事由相适应的各种文件。

（3）填写外国签证申请表格，同时缴付本人照片。

（4）同前往国驻华大使馆或领事馆官员会见（有些国家不需要）。

（5）使馆或者领事馆将填妥的各种签证申请表格和必需的证明材料，呈报本国内务部门审查批准。有少数国家的使领馆有权直接发给签证，但仍须转报国内备案。

（6）前往国的主管部门进行必要的审查后，将审批意见通知驻华使领馆。

（7）申请者向有关国家的驻华使领馆缴纳签证费用，也有些国家根据互免签证费协议，不收费。

（8）外国使领馆对送交申请签证的护照一般有以下要求：送交外国驻华使领馆的护照有效期必须在 6 个月以上；持照人必须在护照上签名。

（三）旅行证

旅行证是中华人民共和国护照的代用证件，由中国驻外的外交代表机关、领事机关或外交部授权的其他驻外机关颁发。旅行证分为 1 年（入、出中国国境一次有效）和 2 年（入、出中国国境多次有效）两种，由持证人保存、使用。如有效期满，不得延期。

通常颁发给下列几类中国公民：

（1）未持有有效港澳居民来往内地通行证，但拟前往内地的港、澳同胞。

（2）未持有有效台湾居民来往大陆通行证，但拟前往大陆或需从国外直接前往香港、澳门特别行政区的台湾同胞。

（3）无有效中国证件，需回国的中国公民。

（4）在美国出生的儿童，其父母双方均为中国国籍，且未获美国（或其他国家）永久居留权者。

（5）领事官员认为不便或不必持用护照的其他人员。

（四）健康证明

世界各国为预防传染病，在国际机场、港口和陆地口岸设立卫生检疫站，对入出境旅客及交通工具进行检疫。

出境旅游者须持有国际预防接种证明书，因该证件的封面为黄色，通常称为黄皮书，它是旅游者本人健康状况的证明。如果没有黄皮书，旅游者可能会被拒绝入境，或予以检疫隔离。

出境旅游者获得黄皮书有两个渠道，一是在出境旅游前，旅游者自行到当地卫生检疫部门申请接种注射，领取黄皮书。一般情况下，旅行社在召开出境前说明会时，请卫生检疫部门的医生来统一进行接种注射。二是旅游团队出境前，在机场、口岸卫生检疫部门办理黄皮书，购买药盒。

（五）海关申报单

根据我国海关规定，需报关的物品一定要填写海关申报单，主要填写物品名称、规格、数量、价值、型号等信息，并走红色通道出入海关。

任务 2　出境计调业务操作准备

一、语言准备

出境计调人员由于受第三国语言的限制，为了更好地达到语言上的沟通和操作上的便利，计调人员必须熟练掌握旅游目的地国家的语言。

二、法规法律的准备

由于目的地国家的法律法规与我国有不同之处，掌握和了解该国的法律法规是出境计调人员必备的技能之一。

三、宗教与风俗习惯准备

世界上很多著名国家及旅游城市之所以吸引旅游者前往，很大原因是其民族风格、风俗习惯及宗教信仰的独特魅力，留在历史长河中的谜团和名胜古迹充满神秘的诱惑。比如泰国的人妖、印度的佛教、埃及的金字塔、南非的好望角、中东的耶路撒冷、欧洲的古堡与风情等。作为出境计调人员，熟悉旅游目的地国家的习惯与风俗，对于制定产品、策划产品、介绍产品等将会带来意想不到的效果。

四、交通连线的准备

利用航线、选择航班、取舍航线成为出境计调人员策划产品的首要技能。利用得好，经济实惠利润高，有市场竞争力；利用得不好，则会造成成本高利润低，在市场竞争中也会处于被动和劣势。

五、汇率的准备

汇率就是人民币与美元或其他国家（或地区）主要流通货币之间不断变化而产生的比率。当接待国的币种汇率下降了，或人民币升值了，此时应该赶快汇款，这样可以控制支出费用，起到节约成本、扩大利润的目的。反之，出境计调人员接待境外旅游团时也要利用好对己方有益的利率变化。因此，操作出境团的计调人员平常就应该多关注利率变化，尤其是接待国或客源国的政策与经济乃至突发事件，这是很重要的。

六、公共假期的准备

国外的法定假期与旅游季节与我国有所不同，出境计调人员平时应关注时事、新闻，如欧洲国家经常会有罢工行为导致旅游无法接待的情况，计调人员在策划产品和制订出团计划时考虑到此方面的因素就不会陷入被动。

七、签证出境的准备

签证出境是出境计调人员必须掌握的技能。各国的签证期与手续、方式及收费标准不同，因此出境计调人员必须熟练掌握我国以及旅游目的地国家的签证要求和程序。

八、审核资料的准备

出境计调人员在工作中应该养成平稳的心态。审核旅游者的资料要严肃认真，马虎不得。护照或者证件有效期必须在半年以上，要有明确的目的地和动机，护照上的填写内容一定不能有涂改；担保书要有依据，中英文对照内容不能潦草随意，一旦粗心造成退签，不但会给旅行社带来不便和损失，还有可能由于计调人员工作的失误导致旅游者终身无法出国旅游。因此，计调人员要认真负责，按部就班地规范审核。

九、出入境卡的准备

因境外各国的出入境卡、海关申报单信息内容为英文，所以领队要正确掌握出入境卡的填表方法，并指导、帮助旅游者填写，填写内容要正确，以免产生不必要的麻烦。了解并正确填写出入境卡是每个出境计调人员的基本工作准备。

任务3 出境计调业务操作流程

一、设计出境旅游产品

出境旅游产品的设计,主要是根据客源地旅游者对出境旅游产品和地区的需求,并针对他们的要求与愿望,结合旅游目的地国家或地区的旅游资源分布情况,以及接待旅行社的产品设计,综合制作出符合旅游市场的旅游产品。

(一)策划设计出境旅游产品时应重点考虑的事项

(1)明确旅游目的地国签证状况。出境组团计调人员要明确目的地国家的签证政策是否稳定、办理签证的时间是否固定、出签率是否较高等情况。因为以上因素都将直接影响旅游产品的收客状况和成团率。

(2)熟知旅游目的地国的航线是否具备条件。对于出境旅游来讲,策划设计旅游产品时在一定程度上受航空公司的限制比较大。航空交通是决定性因素,交通条件将直接决定所策划设计的旅游产品能否推向市场。出境组团计调人员应掌握去往旅游目的地国家或者地区的航线密度情况,掌握航线对旅游团队的价格政策,与相关航空公司保持长期和谐的合作关系。

(3)尽可能避开境外的旅游旺季和会展高峰。目前,我国大陆游客钟爱的目的地国家或地区往往是国际知名度较高的旅游地域,每当遇到旅游旺季或会展高峰时,旅游目的地国家或者地区的住宿、用餐、用车等方面都会非常紧张,此时的旅游接待安排比较困难,即使安排,也难以保证接待质量,在一定程度上将影响旅游者的旅游感受和体验。所以,出境组团计调人员在进行出境产品策划设计时,应尽量避开境外的旅游旺季和会展高峰。

(4)坚持以人为本的原则。旅游行程中游览景点的安排、住宿酒店的选择、用餐地点的考虑等诸多方面,要符合旅游者对于安全、舒适、经济等方面的旅游需求;步行或者乘车的时间、道路状况等要符合普通游客的身体要求;尽量安排有别于常规、有别于国内景点的旅游内容;避免同一行程中相似旅游景点的重复出现。

二、产品询价、报价

(一)向境外旅行社进行询价

询价时选择合适的接待旅行社报价是关键。询价时一定要注明各项要求,如酒店、车、小费、导游等,这些信息将直接影响最终价格,询价时务必写明人数、出发日期、详细行程,包含内容为什么标准,如报价包含三星级或四星级酒店、中式午晚餐、中文导游、豪华旅游大巴车、常规景点门票、国际航班、保险、签证、特殊服务项目等各项要求。每个团队需要2家以上的接待旅行社报价。

（二）向旅游者进行报价

从我国目前出境游客源市场看，多数旅游者把选择出境旅游当作其一生中的最重要的出游机会。组团旅行社要把握好旅游者的这种心理状态，力求所作出的行程与报价既能符合游客对旅游天数和价格的要求，又要满足其对该旅游内容的期望值，使游客在某一层次上能达到最大程度上的体验和满足。只有把旅游者的体会、认同、期望值、意见和建议等全面了解记录并汇总，时刻把旅游者的需求记在心上，出境组团计调人员才能作出更好的多层次、多种类的旅游线路产品，始终保持高额的"票房"收入。

三、签订合同

（一）收取报名旅游者的参团资料

1. 审验收取旅游者报名资料

出境旅游目的地不同，所需要的签证材料不尽一致，出境组团计调人员在收取旅游者的参团材料时，一般本着越详细越好的原则进行。计调人员所收取的材料一般如下：

（1）申请人有效护照。申请人必须提供有效期 6 个月以上的护照原件，护照的最后一页必须由本人签字；如果是换发的护照要提供旧护照；有拒签史的旅游者，要提供拒签说明。

（2）旅游者本人填写团体旅游用签证申请书相关资料，要用签字笔填写，整洁美观，签名处一定要由旅游者本人签名。

（3）在职人员须提供材料。加盖公章的公司营业执照复印件，公司提供的在职证明，在职证明规定用单位抬头纸，内容包括申请人的姓名、性别、出生日期、年龄、护照号码，从何时起在公司任职、现任职务，加盖公司公章。机关事业单位工作人员提供法人代码证复印件和上述格式的在职证明。

（4）申请人户口簿原件及复印件（原件经确认后退还）。

（5）申请人身份证原件及复印件（原件经确认后退还）。

（6）申请人 2 寸免冠彩照 2 张（6 个月以内照片，背景是白色，相面要清晰，不能磨损，眼镜反光或者脸部有油光的照片都不能用），旅游者要在照片背面签名。

（7）申请人银行存款证明原件及复印件。

（8）申请人房产证原件及复印件（原件经确认后退还）。

（9）学生须提供学校的学生证或者在校证明。

（10）申请人须提供本人名片。

（11）夫妻参团需提供结婚证复印件。

（12）团队出发前须提供保证金，具体数额根据旅游者资料确定。一般 5 万 ~ 10 万元（可在签证签出之后交）。

（13）退休人员申请时需提供退休证。

出境组团计调人员在留存旅游者上交的资料时，要给旅游者写收到证明。凡送使馆资料一律用 A4 纸复印，以上相关资料复印件要存档。

2. 出境计调人员对于旅游者报名工作的注意事项

（1）旅游者填写签证申请表时，出境组团计调人员要提醒旅游者所填写的内容一定要属实，要求旅游者签名确认，对送签材料的真实性负责。

（2）出境组团计调人员要严格审核旅游者材料是否符合要求。对于证件的审核要仔细认真、严格把关、细心规范，这是出境业务操作中至关重要的一步。

①护照的审查。出境计调人员要认真仔细查验护照。要对照旅游者报名材料中的身份证、户口簿等资料，对护照首页内容进行核实，看看护照上的内容与身份证、户口簿内容是否一致；查验完毕，计调人员要将旅游者的有效证件复印后存档，将护照进行登记并妥善保管，以确保证件在受控状态下交接和使用。一般情况下，参团旅游者的护照有效期要求在半年以上，这是使领馆受理签证的前提条件。如不足半年，出境计调人员要告诉旅游者有关规定，并请旅游者尽快到出入境管理局申请换发新护照。

对前往欧洲、澳洲、美洲等地旅游的旅游者，查验护照时计调员要注意对照旅游者填写的"签证申请表"，检查旅游者的"出境记录"和"拒签记录"，看旅游者的填写内容是否真实、准确。将"有些国家对于没有出境记录的旅游者签证率较低""如旅游者隐瞒或者遗忘自己及直系亲属的拒签记录会造成拒签"等情况向旅游者说明。

②往来中国港澳地区通行证的查验。要对照旅游者报名材料中的身份证、户口簿，进行通行证首页内容的核对。如果上述内容与身份证、户口簿等内容一致，计调员则将旅游者的有效证件复印后存档。要查验旅游者往来中国港澳签注（贴纸）、有效期和种类。团队旅游 L 是未开放自由行的地区公安部门发放的签注类型，即游客需随组团旅行社参团赴港澳旅游，参团人数不得少于 5 人（含领队），凭《内地居民赴香港澳门特别行政区旅游团队名单表》和往来港澳通行证，由领队带领在开放口岸出境赴港澳地区旅游，团进团出；个人旅游 G 是开放自由行的地区公安部门发放的签注类型，游客持往来港澳通行证在开放口岸自行出境赴港澳地区旅游。

③往来中国台湾通行证的查验。要对照旅游者报名材料中的身份证、户口簿核对通行证首页内容。按照现行规定，赴中国台湾游客必须在所在省（区市）指定赴台游组团旅行社报名。核对无误后，将旅游者的有效证件复印存档，旅游签注有效期 3 个月。取得通行证后，由赴台游组团旅行社委托中国台湾接待旅行社办理入台证方可赴台旅游。

（3）注意检查旅游者照片是否为 2 寸白底彩照。因为偶有旅游者不了解出境旅游办理手续中对照片的有关要求，提交不合格的照片。

（4）其他材料也要严格审核，确认其真实、准确、一致。根据参团旅游者年龄、职业、婚姻状况的不同，提醒旅游者备齐其他所需资料。如 70 岁以上老人，欧洲、美洲、大洋洲等地区所在国家的使馆要求提供指定医院的体检证明，儿童要提供亲属关系公证书和其他相关公证书等。

（5）告知旅游者如果使馆拒签，签证费等相关手续费用由旅游者承担。

（二）签订出境旅游合同

出境计调员收齐旅游者材料并审验无误之后，在旅游者自愿的情况下，与旅游者签订中国公民出境旅游合同。

在合同正式签订之前，出境组团计调员要提醒游客合同一经签订即具有法律效力，一定告知旅游者先通读合同内容，所填写的合同内容不得有错误或模棱两可的地方。当旅游者对出境游产品满意后，与旅游者签订出境旅游服务合同，提醒旅游者有关注意事项，并向旅游者推荐旅游意外保险。合同签订之后，计调员将旅游者所交团款交至财务处，开出发票交给旅游者。

 范 例

出境旅游合同

甲方：＿＿＿＿＿＿＿＿＿＿＿（旅游者或团体）

电话：＿＿＿＿＿＿＿＿＿＿＿

乙方：＿＿＿＿＿＿＿＿＿＿＿（组团旅行社）

电话：＿＿＿＿＿＿＿＿＿＿＿

甲方自愿购买乙方所销售的出境旅游产品，为保障双方权利和义务，本着平等协商的原则，现就有关事项达成如下协议。

第一条　促销与咨询

1. 乙方保证其具有国家认可的出境游组团资格。

2. 乙方广告及其宣传品内容属实。

3. 甲方为我国法律、法规所规定的允许出境游地的大陆公民。

4. 甲方要就出境旅游产品情况做详尽的了解。

第二条　销售与成交

1. 甲方向乙方表明旅游需求、购买意向。

2. 乙方对订单中的日程、标准、项目、旅游者须知如实介绍、报价。

3. 对旅游产品费用所含项目，双方达成共识。

4. 甲方确定所购买的旅游产品并交齐所需费用。

5. 乙方出具发票、成交订单等文件。

6. 乙方要向甲方交代并提供书面形式的出发时间、地点及提醒注意事项。

7. 双方约定由于甲方或乙方责任未成行的处理方式。

8. 乙方提供的旅客须知将被视为本合同的一部分，签订合同前甲方也要仔细阅读《旅游者须知》内容。

第三条　成交订单

1. 内容

团号＿＿＿＿＿＿＿＿＿＿＿

姓名＿＿＿＿＿性别＿＿＿＿年龄＿＿＿＿

境外共计＿＿＿＿＿晚＿＿＿＿天（航班、车、船、前往目的地及返境内时间包括在行程天数之内）

出发、返回地点、时间＿＿＿＿＿＿＿＿＿＿＿

行走线路及其游览点＿＿＿＿＿＿＿＿＿＿＿

交通工具＿＿＿＿＿＿＿＿＿＿＿＿＿＿＿＿＿＿＿＿＿＿＿＿＿＿＿

住宿次数、标准＿＿＿＿＿＿＿＿＿＿＿＿＿＿＿＿＿＿＿＿＿＿＿

购物次数、内容＿＿＿＿＿＿＿＿＿＿＿＿＿＿＿＿＿＿＿＿＿＿＿

娱乐次数、内容＿＿＿＿＿＿＿＿＿＿＿＿＿＿＿＿＿＿＿＿＿＿＿

保险项目、金额＿＿＿＿＿＿＿＿＿＿＿＿＿＿＿＿＿＿＿＿＿＿＿

导游及其他费用＿＿＿＿＿＿＿＿＿＿＿＿＿＿＿＿＿＿＿＿＿＿＿

注明：不包含的费用＿＿＿＿＿＿＿＿＿＿＿＿＿＿＿＿＿＿＿＿＿

2. 以上订单一经成交，甲、乙双方诺守约定，不得擅自更改。

3. 甲方在旅游产品提供期间应服从乙方的统一安排要求，乙方旅游产品符合国家标准和行业标准。

乙方广告、宣传制品将被视为本合同的一部分，对乙方具约束力。

第四条　违约责任

1. 乙方在下列情形下承担赔偿责任

①因乙方过失或故意未达到合同规定的内容，造成甲方直接经济损失。

②乙方旅游产品的提供未达到国家或行业标准的规定。

③乙方代理甲方办理旅游所需手续时，遗失或损毁甲方证件的。

④因乙方违规操作，使甲方遭受损失的。

2. 甲方在下列情况下责任自负或承担赔偿责任

①甲方违约；自身损失自负，给乙方造成损失的，要承担赔偿责任。

②甲方违反我国或前往目的地国家（地区）的法律、法规，产生的后果由甲方自负。

③由于甲方给乙方的联系渠道的误差，导致乙方有关旅游信息未及时传达到甲方的。

④超出本合同约定的订单内容、进行个人活动而造成损失的责任自负。

3. 不承担违约责任的情形

①因不可抗力，造成甲、乙双方不能履约的，已成行时，应提供不能履约的证据，未成行时，应及时通知对方。

②非甲、乙双方的责任，导致的双方各自的损失的。

③本合同双方已经就可能出现的问题约定处理措施的。

④乙方在旅游质量问题出现后已采取下列措施的，应减轻或免除责任。

A. 非过失、故意的违约。

B. 对发生的违约已采取了预防性措施。

C. 乙方及时采取了善后处理措施。

D. 由于甲方自身过错造成的质量问题。

第五条　争议的解决

本合同在履行中如发生争议，双方应协商解决，甲方可向有管辖权的旅游质监所提出投诉和赔偿请求，甲、乙双方可向法院起诉。

第六条　本合同一式两份，合同双方各执一份，具有同等效力。

第七条　本合同自签订之日起生效。

旅游者须知

尊敬的旅游者：

欢迎您参加出境旅游！依据我国法律、法规的规定，您在旅游活动中享有下列权利，并应当履行下列义务。

一、您的权利

1. 您享有自主选择旅行社的权利。我国出境旅游实行特许经营制度，因此，您有权要求旅行社出示出境旅游经营许可证明，并与旅行社协商签订旅游合同，约定双方的权利和义务。

2. 您享有知悉旅行社服务的真实情况的权利。您有权要求旅行社向您提供行程时间表和赴有关国家（地区）的旅游须知，提供旅行社服务价格、住宿标准、餐饮标准、交通标准等旅游服务标准、接待旅行社名称等有关情况。

3. 您享有人身、财物不受损害的权利。您有权要求旅行社提供符合保障人身、财物安全要求的旅行服务，要求旅行社为您办理符合旅游行政管理部门规定的出境意外伤害保险。

4. 您享有要求旅行社提供约定服务的权利。您有权要求旅行社按照合同约定和行程表安排旅行游览，为旅行团委派持有《领队证》的专职领队人员，代表旅行社安排境外旅游活动，协调处理旅游事宜。

5. 您享有自主购物和公平交易的权利。境外购物纯属自愿。购物务必谨慎。您有权要求旅行社带团到旅游目的地国旅游管理局指定的商店购物；有权拒绝超计划购物，拒绝到非指定商店购物；拒绝旅行社强迫购物要求。

6. 您享有自主选择自费项目的权利。您有权拒绝旅行社、导游或领队推荐的各种形式的自费项目，有权拒绝自费风味餐等。参加自费项目纯属个人自愿，有可能是接待旅行社和导游通过组织自费项目获取利润，损害您的利益。

7. 您享有依法获得赔偿的权利。在出境旅游活动过程中，旅行社未经旅行团同意，擅自变更、取消、减少或增加旅游项目，强迫购物、参加自费旅游项目，未履行合同义务给您的合法权益造成损害，您有权向旅游行政管理部门投诉或向人民法院起诉，依法获得赔偿。

8. 您享有人格尊严、民族风俗习惯得到尊重的权利。旅游者的人格尊严不受损害，如受到损害，您有权得到法律的救助。

9. 您享有对旅行社服务进行监督的权利。您有权检举、控告旅行社侵害旅游者权益的行为，有权对保护旅游者权益工作提出批评、建议。您有权将组团旅行社发给您的征求意见表，寄给组团旅行社所在地的省级旅游部门，如必要也可以直接寄给国家旅游局质量监督管理所。

二、您的义务

1. 您有维护祖国的安全、荣誉和利益的义务。在出境旅游中，不得有危害祖国的安全、荣誉和利益的行为。

2. 您有合法保护自己权益的权利，也有不得侵害他人权利的义务。当您在行使权利的时候，不得损害国家、社会、集体的利益和其他旅游者的合法权利。

3. 您必须遵守国家的法律、法规，在出境旅游中，要保守国家秘密，遵守公共秩序，遵守社会公德，服从旅游团体安排，不得擅自离团活动，不得非法滞留不归。

4. 您应当遵守合同约定，自觉履行合同义务。非经旅行社同意，不得单方变更、解除旅游合同。但法律、法规另有规定的除外。

5. 您应当遵守旅游目的地国家（地区）的法律，尊重当地的民族风俗习惯，不得有损害两国友好关系的行为。

6. 您应当自尊、自重、自爱、维护祖国和中国公民的尊严和形象，不得有损害国格、人格的行为，不得涉足不健康的场所。

7. 您应当努力掌握旅行所需的知识。了解旅行社的运营程序，提高自我保护意识。

8. 您要保存好旅游行程中的有关票据、证明和资料。以便当您的合法权益受到侵害时，将其作为投诉依据。

9. 您所携带的行李物品，应当符合国家法律规定。携带货币出境，外币不得超过 5 000 美元或其他等值外币，人民币不得超过 20 000 元。不准携带违禁品出入境。

三、旅游咨询与投诉

各国旅游投诉和信息查询电话：略

四、选择境外地接旅行社

境外地接旅行社的选择是出境组团计调人员的重要工作之一，是旅游活动质量保障的前提条件。

（一）境外地接旅行社的选择范围

根据国务院颁布的《中国公民出国旅游管理办法》中第十五条规定：组团旅行社组织旅游者出国旅游，应当选择在目的地国家依法设立并具有良好信誉的旅行社，并与之订立书面合同后，方可委托其承担接待工作。

组团旅行社必须与目的地国家/地区旅游主管部门指定的旅行社进行业务合作，这类境外接待旅行社具备接待中国公民旅游资质，经营体制多为私有企业。组团旅行社一般会在目的地国家/地区选择 2~3 家接待旅行社。合作时以 1 家为主，其他为辅。

（二）境外地接旅行社的选择标准

（1）符合接待组团旅行社旅游团的实际情况。出境组团计调人员要根据自身的组团量、旅游团的接待标准（如豪华团、经济团等）选择境外地接旅行社，评估对方是否具备接待相应团队的实力和规模，从而实现在合理价格上的业务连接。

（2）就近选择，突出优势。选择位于线路产品所在的主要城市或者主要旅游客源集散地的接待旅行社。一方面，接待旅行社对线路产品更加熟悉，采购成本低；另一方面，方便进行接待安排和处理突发紧急事件，以及对食、宿、行等内容的控制。

（3）境外接待旅行社工作人员和业务量相对稳定。接待旅行社业务量以及工作人员的相对稳定是建立长期业务合作关系的基础。出境组团计调人员熟悉对方的作业资源、作业习惯，以方便合作。接待旅行社计调人员一般会配备中文操作人员，以便于交流配合。

（4）具备处理突发事件的能力。旅游者出门在外，远离家乡，遇到困难"远亲不如近邻"。境外地接旅行社能否将组团旅行社的利益作为自己的利益，能否积极处理问题，对于团队接待至关重要。当团队在境外旅游期间遇到突发紧急事件时，接待旅行社应高度重视，上下配合，积极为组团旅行社协调组织，不计得失，将事故不利影响降到最低，接待旅行社的鼎力协助常常起到事半功倍的效果。

（三）签订合作合同

出境计调人员与旅游者签订合同之后，要在合适的时间和条件下，与境外地接旅行社签订接团合同，并将一份合同原件报省级旅游局备案。

 范例

出境旅游组团旅行社与境外地接社合作

中国公民赴_____旅游组团旅行社与_____接待社合同

合同编号：境外

甲方：_____（以下称甲方），具备中国公民办理去_____旅游业务旅行社之资格。依法享有组织中国公民赴_____旅游的经营权。总部设在_____。

乙方：_____（以下称乙方），具备_____办理中国公民来_____从事观光活动业务旅行社之资格。总部设在_____。

甲、乙双方为发展共同的事业，本着平等互利的原则，经友好协商，为组织、接待中国公民赴_____旅游事宜，明确双方的权利义务，订立本合同。

本合同和合同附件为不可分割的整体，合同正文与合同附件的条款具有同等的效力。

第一条：甲方同意将组织成行的旅游团交由乙方接待，乙方同意按照甲方提出的接待标准，安排旅游团的旅行游览活动。

第二条：甲方应在旅游团进入_____之日起20天前向乙方确认；乙方应当在接到甲方确认函之日起5个工作日内予以确认。

甲方应当在旅游团进入_____之日前7个工作日内，以书面形式向乙方提供下列数据：

1. 接待准备；

2. 旅游安排；

3. 旅游者名单（含姓名、性别、出生年月、职业、国籍及证件名称和号码）

4. 所需房间数；

5. 入境航班或车次；

第三条：甲方应当在旅游团离开_____之日后30天内，用电汇方式把旅游团的全部旅行费用汇入乙方账户。旅行费用以_____支付。

> 账户汇款账号

银行名称：

银行地址：

银行代号（SWIFT CODE）：

户名：

总行分支机构代号：　　　　　　　　　　　　　账号：

第四条：如甲方操作失误造成旅游团行程延误、更改、取消所产生的经济损失由甲方承担。

第五条：乙方应当按照本合同和合同附件约定的接待标准和日程安排为旅游团提供服务。

除人力不可抗拒的因素外，如乙方未按照约定的接待标准和日程安排向旅游团提供服务，应当为旅游团提供补偿服务或将低于服务标准的用费差额退还甲方并赔偿由此造成的经济损失。

除人力不可抗拒的因素外，如因乙方的原因变更旅行日程、交通工具、食宿标准等所增加的费用由乙方承担。

第六条：乙方应当为旅游团委派持有导游证的导游人员提供服务。乙方导游不得强迫或诱导旅游者购物；旅游者在乙方指定的商店购物，经鉴定，如属伪劣假冒商品或质价不符的，乙方有责任随时退换。乙方导游不得诱导旅游者涉足色情场所和赌毒场所，不得强迫旅游者参与自费项目。

第七条：甲方旅游团搭乘飞机、轮船、汽车或在饭店、餐厅等各项旅游设施（区）中受到损害，如不属乙方责任，乙方也应尽人道主义义务协助甲方处理；如属乙方责任，乙方应当承担损害赔偿责任。

第八条：甲方旅游团在进入_____被阻时，除旅游者自身的原因外，乙方应当积极协助处理；如属乙方原因，乙方应当承担赔偿责任。

第九条：乙方未按接待标准为旅游团提供服务，造成旅游者经济损失，乙方应当承担赔偿责任；甲方有向乙方旅游管理机构投诉并要求赔偿的权利。

第十条：乙方如因特殊原因需调整双方已确认的旅游团报价，应当在旅游团进入_____之日起10天前通知甲方。

第十一条：乙方有责任使甲方知晓_____的法律和有关规定。甲方应当要求旅游者遵守_____的法律和有关规定。

第十二条：乙方对旅游团的报价，经甲方书面认可后，作为本合同的附件。

第十三条：本合同的订立、变更、解除、解释、履行和争议的解决受中华人民共和国法律的管辖。

第十四条：本合同自双方签订之日起生效，有效期至2013年12月31日，有效期前30天，若双方都无意终止合同或更改合同内容时，可以无限止延长合同期限。如果在合同期间，双方的法人名称、地址、电话、联系人发生变化，请提前一个月告知对方。

第十五条：本合同有中文和____文两种文本，两种文本具有同等效力。在两种文本解释不一致时，以中文文本为准。

第十六条：乙方每月将发团计划按直客价、同行价、总部价报给甲方，甲方集本社的客源交予乙方操作。

附乙方：营业证登记复印件、经营许可证复印件并且加盖公章

甲方：   乙方：

甲方代表签字：   乙方代表签字：

签订地点：   签订地点：

签订时间：   年   月   日   签订时间：   年   月   日

五、办理签证

出境组团计调人员应该熟知旅游者旅游目的地在我国签证领区的划分，通晓旅游者所属的签证领区，熟练组织签证材料，保证签证工作的顺利进行。

（一）出境组团计调组织送签材料进行签证（以韩国为例）

（1）把经过审验合格的护照等个人资料整理好：护照原件（贴上标签、编上号码）、护照复印件、身份证复印件。

（2）将团队接待标准及要求表、团队行程表、团队名单表（按照规定格式）发给境外地接旅行社，要求境外地接旅行社计调人员尽快落实团队的各项具体接待事宜。

（3）查收并核对境外地接旅行社发回的接团确认函，确保名单和团队行程表的正确。确认以下材料：邀请信（外方旅行社盖章）；团队名单表（中外双方旅行社盖章）；团队行程表。

（4）办理送签照会（送签旅行社提交给使馆的照会，需盖组团旅行社公章）。

（5）领队材料：领队需和旅游者一起申请旅游签证。领队需要的材料有护照原件与复印件、领队证复印件、身份证复印件、盖有组团旅行社公章的在职证明原件。

所有材料准备完毕后，复印存档，将材料递进使馆申请签证。使馆只在工作日受理签证事务。韩国的团队旅游签证，签证页贴在领队护照上，团员护照上则只有盖章的编码，届时须与团队同进同出。

（二）申请签证技巧

（1）严格操作，灵活应对。办理签证既要严格按照使馆要求规范操作，严格程序，又不能机械地拘泥于固定模式，具体情况具体分析。

（2）准备充足资料。一般情况下，出境组团计调人员要求旅游者提供的资料比使馆要求的资料更加充分，以便最大限度地确保签证。

（3）注意细节，认真仔细谨慎操作。如"送签通知书"的妙用。计调人员改变口头交代的形式，将"送签通知书"以书面形式发给旅游者，内容包括团队送签时间、组团旅行社名称、团队起抵时间、团队行程及出行目的简述、如何回答使馆提问等。提醒旅游者准备上述内容，以备在办理签证期间使馆抽查到某位旅游者时，旅游者能够如实回答，认真对待，减少旅游者因不熟悉签证规程造成的不必要失误，提高出签率。

（4）重视使馆的优良记录，使签证工作进入良性循环。一些国家使领馆会对送签社进行统计。对信誉优良、客源量达标、符合考核条件的旅行社进行签证资格升级，享受如缩短签证时间、减少送签资料等优越条件。反之，信誉差、业务量少的旅行社可能面临停签的处罚。

（5）注意使领馆情况变化。定期搜集目的地国家使领馆签证政策和手续的变化信息，知其然知其所以然。及时更新由计调员负责操作的各国签证申请程序及所需资料档案。

（6）掌握旅游签证的难易程度。能否取得出游目的地国家的签证，将直接关系到团队出行计划的实施。我国公民前往目的地国家的旅游签证通常由旅行社统一向该国驻华使领馆申办。使领馆根据旅游者所提供的材料审核决定签证的发放。对于提供虚假材料、有拒签史特别是有目的地国拒签史等情况的申请人，使馆会根据情况作出决定。计调人员和其他工作人员不能对旅游者承诺签证率100%。目前，经国家批准开放的中国公民自费出国旅游目的地国家的签证中办手续不尽相同，难易程度有所区别。根据近些年的工作情况，签证由难到易顺序基本是：美国、欧洲国家、南美国家、大洋洲国家、东亚、非洲国家、南亚和西亚。

（7）熟知送签资格。目前，旅行社送签资格一般是由使馆核准下发。中国政府批准的组团旅行社并非都可以直接送签。准许送签的旅行社要将旅行社相关资料报使馆备案，得到批准后方可开办送签业务。送签专办员在使馆备案并由使馆发放送签证件（持证入馆）。

（8）组团旅行社散客拼团的签证办理。根据批发商或送签社给出的收缴资料截止时间和签证资料要求，完成出境旅游客人报名并签订合同，其余的工作由送签社办理。

（9）准确决定送签国家，把握送签时间。根据旅游线路的不同准确决定送签国家（特别是由多个国家组成的旅游线路），并根据其使领馆的要求准备相应的送签资料，准确掌握签证办理所需工作日，保证签证后交通票据的购买、出境名单的办理、与地接旅行社确认接待事项等操作有充足的预留时间，使得计调操作有计划按步骤进行。

旅游者的旅游目的地不同，签证所需工作日不同，使馆在周六、周日不受理签证，节假日休息。所以计调人员一定要掌握好送签时间。否则，一旦延误签证，整个团队都无法按期出发，损失严重。

六、成团业务操作

（一）认真核对护照页和签证页的内容是否相符

使馆有可能会贴错签证页，如出境前发现并告知使馆，使馆通知本国入境管理处，这样旅游者就有可能顺利入境；如在入境时发现错误，使馆对此事不予处理。

（二）制作中国公民出国旅游团队名单表

出境计调人员登录所在省旅游政务网，将团队名单、线路、出入境时间等信息进行输入，等待旅游局审核。而后领取出境旅游专用团队名单表，用专用打印机打印出之后，贴好标签，请旅行社总经理签字，盖旅行社出境旅游专用章。然后到旅游局加盖出境旅游审验章。

（三）出机票

出境旅游中的大交通（机、车、船票）是构成出境旅游活动的核心要素之一，也是实现出境旅游的前提条件。目的地国家的远近决定了出境旅游总体费用的高低。飞机票、船票费用是出境旅游消费中所占比例较大的部分。目前我国出境旅游的大交通多以飞机运输为主，其次是邮轮。

1. 掌握航空大交通相关知识

（1）了解国际主要航空公司的经营、管理、服务、航线分布等状况。

（2）掌握各国各大洲主要空港名称、航空公司代码、空港城市的三字代码、飞行时间的计算。

（3）掌握自己所操作地区出境产品中有哪些航空公司在执行飞行计划、机票大概价格、飞机服务质量情况、机型状况。

（4）掌握直飞航线状况、常用转机方式、航空公司之间的联运关系、航班换季时间、淡旺季的价格、航空公司给予团队申请的方式和操作规范（标准）、出票时限要求及付款方式、退票处理、行李托运等情况。

（5）掌握航空公司的线路主管信息，所建立的良好合作关系情况，定期对航线与价格进行沟通交流。

（6）熟知在团队机票申请中会遇到的问题、处理方法和技巧等。

（7）遇到多个国家的组合线路，计调人员要学会选择最佳的航线和航空公司组合、了解是否存在与签证相关的问题、是否存在风险、如何使得行程安排更加合理、价格更加适当、航班之间衔接更加顺畅。

2．预订机票

在旅游者的旅游意向基本确定时，出境组团计调人员应向有关航空公司落实机位情况、航班时间、机票价格、机型等是否满足旅游者需求；在旅行社与团队旅游者签订合同后，出境组团计调人员向航空公司传真或 E - mail 名单（包括旅游者的姓名、性别、出生年月、护照号码、护照有效期等内容）及采购要求（出发和返回日期及航班号等）。一般团队大交通机票是往返程一起预订。在不同季节，不同的航线要求计划订票的时间有所区别，一般情况下，本着稳妥和优化航线及价格的原则，出境团队机票的预订时间：远程线路约在出发前 1 ~ 2 个月预订，近程线路约提前半个月至 1 个月预订。

3．查收航空公司的书面回复

查收航空公司发回的航班、人数、价格确认及出票时限要求，与对方电话联系确认机位。将机票价格做入团队预算中。

4．通知出票

待团队出签后，计调人员要检查旅游者是否已缴纳全额旅游费用，同时通知旅游者出票时间，然后通知航空公司出票，有时旅行社会派专人直接到航空公司付款取票。团队票价格与散客票价格一般差别较大，所以航空公司规定团队机票一旦出票，人数不可增减，不得退票，不得签转，不得变更航班，不得换人。相关出票规定要在旅游者报名后或出票前，由旅行社工作人员再次通知到每位旅游者。

5．验票

计调人员对照护照复印件，核对机票的旅游者姓名及证件号码，对照行程核对航班号、航班往返日期和起飞时间，确保机票的准确无误。如出现错误要及时通知航空公司更正。如有变化，要及时通知境外接待旅行社。

（四）与境外地接旅行社确认

给境外旅行社发最终日程确认书，包括酒店分房表、最终行程、实际参团旅游者名单、旅游者特殊要求等。等待地接旅行社的确认回复（包括酒店、餐厅名称，导游姓名及电话等）。确认后，计调人员将最终出团的名单和订房数交给接待旅行社，并向接待旅行社索要团队账单。需要立刻付钱的接待旅行社务必和财务提前预约费用，并在签证签出后打支出单并签字，以便财务将钱备好。

（五）核实材料

（1）确认团费、保证金与担保函是否收齐，并确认操作成本预算。

（2）核实团队出发名单及行程（电子版），行程中注意出发日期、航班时刻、景点、出签日期、详细的名单。

（3）检查是否有完备的接待旅行社信息、地接确认单、接待旅行社操作人的联系方式、接机信息（举牌接机）、订房数。

（4）核对机位订单和行程，如有不同，立刻进行更改，更改时注意机位的取消期限和新的机位的更改。

（六）制作成团通知书

成团通知书是经过一系列的程序运作之后确定下来的最终结果，是向旅游者发出的正式出团通知。对于通知书的要求：第一，文字要简练、清楚、明白。第二，内容要准确。第三，书写的抬头要有礼貌性的用语，结尾一定要有旅游者的签字回执。为此有以下需要提及的注意事项：

（1）准确的旅行团编号。

（2）出发的确切时间、地点。

（3）领队的姓名及手机号码。

（4）与领队人员联系的方式。

（5）旅游者未能按时抵达集合地点的处理意见。

（6）飞机的航班号和起飞的时间。

（7）回程的时间及地点。

（8）所需带物品。

 **范 例**

丹东鸭绿江国际旅行社赴韩国旅游成团通知书

尊敬的旅游者：

欢迎您参加鸭绿江国际旅行社组织的赴韩旅行团！

您所在的旅行团（团号：C150816－0823，领队为：×××先生 手机号：00000000000）请您做好出发准备，具体要求如下：

一、日程安排：

出发时间：2015 年 8 月 16 日

2015 年 8 月 16 日 14 点整在东港国际码头广场集合。到后请马上与领队联系、签到。由领队统一办理出境手续，过时不候。

返程时间：2015 年 8 月 23 日

日期	日程	住宿
8月16日 东港—仁川	乘车赴东港码头，15：00在东港国际码头集合，办理出境手续后，17：00乘【东方明珠】号离港驶往仁川港，途中享受航海乐趣，观赏海天景色。次日早可结伴相约于邮轮甲板欣赏美丽壮观的海上日出。	宿船上，晚餐
8月17日 仁川—首尔	上午抵达韩国仁川港后接团，游览【月尾岛公园】（约30分钟），它的名字来源于半月尾状的岛屿，这里有凉爽的海风、清澈的西海海水。游览【仁川中华街】（约30分钟），可观看中国文化周开幕仪式及中韩建交20周年签名仪式场地。游览【景福宫】（约60分钟），这是韩国最大的皇宫，在这里可以领略韩国古典建筑的风格，得以幸存至今的建筑是举行即位大典朝礼仪式的勤政殿以及迎宾馆庆会楼等。参观【国立民俗博物馆】（约30分钟），景福宫内的国立民俗博物馆是展示韩国的传统生活方式的地方，这里展示着相关的近4000件民族资料，是韩国唯一全面展示民俗生活历史的国立综合博物馆。参观【青瓦台】（约30分钟），这是韩国当政的总统府，位于首尔市钟路区世宗路一号，在这里一睹韩国"中南海"的真面目（外观）。晚餐后入住酒店休息。	宿当地四花标准酒店，早中晚餐
8月18日 首尔	前往自费参观【38线（临津阁/统一眺望台/第三地道），人民币350元/人】（约120分钟），观光地铭记着因1950年6月25日爆发的朝鲜战争而产生的民族对立的悲痛。还能看到剑拔弩张的军事对峙形势。在统一眺望台，可远眺到北边开城的松岳山和南边首尔的63大厦。第三地道是朝鲜为了攻入韩国而挖的地道。乘车前往去【泡菜体验】（约40分钟），亲手体验韩国代表料理——泡菜的全部制作过程，可穿韩服进行拍照。	宿当地四花标准酒店，早中晚餐
8月19日 首尔—济州 KE1249 1730 183	早餐后参观【南山公园】（约40分钟），南山公园是欣赏首尔风景的著名旅游景点，被称为首尔的象征。参观【清溪川】（约30分钟），清溪川是首尔市中心钟路区与中区的边界，这个广场就位于清溪川的中心，是一个有象征性的地方。之后乘内陆段前往济州岛。晚餐后入住酒店休息。	宿济州四花标准酒店，早中晚餐
8月20日 济州	早餐后游览【天地渊瀑布】（约40分钟），天和地想碰在一起，被称为天地渊，在奇岩峭壁上伴着天雷轰鸣声而下的白色水柱就是天地渊瀑布。游览【龙头海岸】（约30分钟），山房山脉向海岸延伸时受到侵蚀作用，形似龙头探入海中，故称龙头海岸。这里有几千万年堆积而成的砂岩层，深深凹陷的山洞以及宽阔的岩壁侵蚀地层，形似房间，以美丽的曲线层层堆积，景色十分壮观。游览【药泉寺】（约30分钟），药泉寺以朝鲜王朝早期典型佛教建筑样式所建，高达30米（相当于一般建筑10层楼左右）、建筑总面积3 305平方米，是单一寺刹中相当大型的建筑物。游览【神奇之路】（约30分钟），在此若把车停在下坡处，车不但不会往坡下滑行，反而出现往上坡爬行的神奇现象。但这实际上只是视觉上产生的错觉，因受到周围环境的影响所致。游览【泰迪熊馆】（30分钟），这是目前世界上最大规模的熊仔博物馆。游览【龙头岩】（约30分钟），这是200万年前熔岩喷发后冷却而形成的岩石，看上去像是在龙宫生活的龙欲飞上天时突然化作石头。晚上可自费欣赏【乱打秀，人民币350元/人】（90分钟），将韩国的传统打击乐与西洋表演剧相结合，以肢体和鼓点表达意境，开创了韩国哑剧的先河，"乱打"从整体上是以四物表演韵律为基础，以原始的爆发力和速度感为卖点，构成的打击乐作品，鲜明的主题和剧情受到男女老少的喜爱。晚餐后入住酒店休息。	宿济州四花标准酒店，早中晚餐

续表

日期	日程	住宿
8 月 21 日 济 州—首 尔 KE1238 1630 1735	游览【城山日出峰】（约 60 分钟），2007 年被联合国教科文组织指定为世界自然遗产，也是世界最大的突出于海平面的火山口，由此地观看日出或日落，美不胜收。游览【涉地可支】（约 60 分钟），涉地可支所在的海岸悬崖上是一片宽阔的草地，春天一到油菜花和以城山日出峰为背景的美丽的海岸风景堪称一流。游览【城邑民俗村】（约 60 分钟），它被指定为韩国民俗资料保护区，有 400 余栋住宅，是完全反映济州岛独特的居住文化的游览地。后乘坐午后的航班前往首尔，前往东大门市场自由购物。晚餐后入住酒店。	宿济州四花标准酒店，早中晚餐
8 月 22 日 首 尔/仁 川/ 丹 东	早餐后参观【土特产品商店】（约 30 分钟），购买馈赠亲友的小礼物。下午 17：00 左右集合，之后乘车去仁川国际码头，办理出境手续，返回中国丹东。	宿船上，早中餐
8 月 23 日 东港 /丹 东	早 8：00 抵达丹东东港，乘车返回丹东，结束浪漫休闲的韩国之旅！	早餐

二、请务必带上护照。

三、请您根据当地气候带服装及常备药品。出发前，请参照天气携带合适衣物，以舒适、轻便休闲的衣服为宜，随身携带一件外套以防晚间转凉。海边风大，请带防风衣物。并请根据自己身体状况自备少量常用药品。

四、请带足防晒用品，例如雨伞。

五、请您一定按此通知及注意事项（附后）准时参团。

六、境外司机导游小费人民币每人×××元（请统一交给领队）。

如团员未按要求而发生问题者，责任自负！

出团通知书确认回执

我已收到出团通知书及此团的确认行程并已认真阅读，对团队行程、集合时间、要求注意事项均已清楚及了解。

团号：C150816－0823

特此确认！

旅游者签字：

2015 年 8 月×× 日

七、选派领队

（一）领队的选派标准

组团旅行社计调人员应以领队的工作职责为标准，对领队的自身素质和能力进行考察，选择合格、恰当的领队人选。其考察标准如下：

（1）所选择的领队应熟悉目的国出入境手续办理的有关程序和规定。

（2）所选择的领队应了解目的国的情况，包括历史文化、法律法规、风俗习惯、宗教信仰、礼节禁忌等。

（3）所选择的领队应有较高的外语水平。领队主要是在境外带领团队，协助当地导游员工作，在很多情况下都需使用外语，所以领队应有较高的外语水平，这是开展工作的基本条件。

（4）所选择的领队应有较强的责任心和工作能力。

（二）对领队进行管理

（1）组团旅行社要负责做好申请领队证人员的资格审查和业务培训。业务培训的内容包括思想道德教育、涉外纪律教育、旅游政策法规、旅游目的地国家的基本情况，领队人员的义务与责任等。

（2）对已经领取领队证的人员，组团旅行社要继续加强思想教育和业务培训，建立严格的工作制度和管理制度，并认真执行相关规定。

（三）出团前与领队交接工作

团队如需旅行社派遣自己的导游员，需要提前 10 天安排，并第一时间通知领队，以便领队做好相应的准备工作。通知领队交接时要告诉其提前 1 天来旅行社拿团队资料。交接工作有以下几点需要做：

（1）确认正确详细的团队行程和名单。

（2）确认接待旅行社最终行程，包括酒店和车的信息，在行程当中要标明各地酒店，务必与中文行程核对，无误后留底，复印件交给领队。此行程需要在出团前 2 天开始向接待旅行社索要。

（3）将领队机票交给领队。

（4）预支款要领队来交接后自行去财务处领取，但是计调人员一定要提前约好。领队预支款只预支境外固定产生费用的 50%，其余回国后凭收据报账。

（5）特殊服务项目在和销售确认价格后，以书面形式通知领队。

（6）将各种报账表格交给领队，包括：境外购物一览表、商店联络表、导游报账单、意见反馈表、餐厅一览表、导游注意事项，叮嘱领队要严格按照注意事项执行。在境外购物一览表中要对所进商店画钩，提醒领队务必进店。

（7）如需为领队出内陆机票，务必在团队成形后提前出票，交给领队。

（8）叮嘱领队团队注意事宜，并通知销售员、领队同时来，让他们直接进行沟通。

（9）团队出境时提醒领队在境外收旅游者的护照和机票，并在回国后配合送团人员将登机牌和护照收回消签。

（10）团队出发前需要将团队名单、行程盖章后传真至保险公司，为旅游者上保险。

八、开好出国旅游说明会

开好出国旅游说明会非常重要，这是计调人员首次与全团人员见面的第一次会议，也是旅游活动的一部分，是旅游活动开始的前奏，尽管旅游团还没有出境，但是旅游者应该进入状态了。说明会的主持人可以是计调人员，也可以是领队人员；可以在旅行社里面开，也可以到旅游者所要求的地方开，给旅游者以方便。说明会应注意以下细节。

（1）应该注意会场环境幽雅、洁净；

（2）进行签到与点名；

（3）备齐所发送的资料与物品；

（4）说明会的内容包括：欢迎词、计调人员（领队）自我介绍、对旅游者提出要求、行程说明、通知集合时间及地点、提醒旅游者带好有关物品、货币的携带与兑换、卫生检疫、安全提示、出入国境注意事项、相关的法律法规知识以及旅游目的地国家的风俗习惯等，并向旅游者翔实说明各种由于不可抗力/不可控制因素导致组团旅行社不能完全履行约定的情况，以取得旅游者谅解；

（5）应落实分房、国内段返程机票是否已订或是交款、是否有特殊要求的旅游者、收取支付小费等事项；

（6）主持人讲话要口齿清楚，内容有层次，突出重点，尽量不讲重复的话；

（7）给旅游者留出提问题的时间，拿不准的问题不要急于回答；

（8）要特别强调的是出发当天一定要准时，杜绝迟到。

 范 例

鸭绿江国际旅行社赴韩国旅游说明会

为了使您的韩国之旅轻松而愉快，我们把一些在韩国期间应注意的事情列举如下：

一、韩国使用韩币，汇率以当地公布的汇率为准。携带人民币和美元均可在韩国机场直接办理兑换，韩国导游也会为游客提供办理人民币兑换韩币的服务。

二、出境相关注意事项

1. 行李：请使用经济、实惠的行李箱。每人可免费托运一件行李（重量不超过20公斤），规格以不超过标准（长：56cm，宽：36cm，高：23cm）为准，护照、现金等贵重物品请随身携带。请在领队的指导下自行办理托运手续，如发现行李丢失请及时向船务公司办理索赔手续。

2. 申报：如有进口相机、摄像机等物品（超过人民币5 000元、比较新的机器）需要带出境外，需在海关填写申报单，并留好底单，以免入境时引起征税上的麻烦。

3. 货币：根据规定，中国游客出境时每人可以携带5 000美元（或等值外币）和20 000元人民币，如果多带现金，请不要集中存放。建议携带国际信用卡。

4. 严禁携带国家明令禁止的珍贵文物、贵重金属、中草药、违禁书刊及其他物品出入境。

5. 中国海关规定：每位游客可以随身携带免税香烟200支、一瓶免税酒入境。回国入境时，请勿携带违禁物品。照相机（数码相机、专业相机）、摄像机、笔记本电脑需要作申报手续。

证件：出境时需提供有效护照、国际船票，填写出境卡。韩国团队旅游签证一个团队只有一个签证号，必须随团同进同出，不能单独或同其他旅游团队出入境，否则，将会被拒绝出入境。出入海关时，请配合团体行动，以免团体分散，影响出入海关时间。

三、出入关事宜（出入境中国口岸）

1. 按照领队的安排，排队依次通过海关柜台；境外只需要护照，不再使用身份证。

2. 有申报物的客人须填申报单，填妥后，有一联需自己保存，待入境时交回海关。

3. 过关不可替陌生人带物品，以免违禁品等非法物品出入境，给自己带来不必要的麻烦。

4. 领队协助填写赴韩国入境卡片，请客人持此卡片及护照入韩国移民局。

5. 过关后，按屏幕显示的航班号，提取行李后，持"申报单"通过无申报柜台（绿色通道）入境。

6. 与团队会合，码头集合。

四、出团前准备

请各位团员自备常用药品，以备不时之需。各酒店日常生活用品准备情况都不同，请各位团员最好自备牙刷、牙膏、洗发水、拖鞋等。

五、旅途中注意事项

1. 旅游中人身安全最为重要，证件交给领队统一保管，不允许擅自离团，否则责任自负。财产安全除指您携带的现金以外，还有您身上所有贵重物品及重要文件等，请您一定在外出时，自行保管好或者放置在酒店保险箱内。

2. 请牢记行程中集合时间及地点，团队游览请务必准时。

3. 集体行动是最安全的旅行方式，在旅行途中应避免离团单独行动，一定要记住酒店地址、电话、领队房号，或到酒店前台拿一张酒店的名片，以备万一走失可以找到团队。

4. 搭乘游览车时请注意游览车的颜色、车号，以免停车后找不到所乘游览车。

5. 参观大型游览区或安排自由活动、自由购物时一定要记清集合时间、地点、如要离开团队，即使是几分钟也要向领队和团友打招呼。

6. 请保持车内整洁，约定上车时间后、请务必准时，以免影响旅游行程。

六、食宿行游注意事项

1. 韩国料理多以泡菜、烤肉、鱼类为主，辛辣且少油，注重材料新鲜。韩国餐与中国餐相比较为简单，中国团队在韩国用餐可能会不习惯，请各位团员做好心理准备，此经历也是对韩国习俗的一个了解。

2. 到达酒店大厅内等待分配房号、钥匙时请保持安静。行李一般为客人自行拿到房间。住房一般为两人一间，外出时务必相互交代清楚或将钥匙放置于前台，以便同屋者使用。

3. 个人财物请妥善保管，贵重物品可存放在酒店保险箱里。请勿在饭店内、房间外或走廊里大声喧哗或衣冠不整走动。退房时请将私人电话费、饮料费至柜台结清。离开酒店逛街时，请携带酒店名片，以备迷路时使用。在国外酒店入住时，为避免不必要的尴尬情况，请勿擅取酒店内任何物品，如需纪念请向酒店购买。

4. 出于环保，韩国酒店一般都不提供洗漱用品，拖鞋也不是一次性的，请游客自备。

5. 不需要冰箱的饮料时，请注意不要随便从固定位置取出，因为很多酒店采用饮料锁定装置，饮料一经移动即使再放回原处也要付费。另外韩国酒店都有收费电视节目，一旦错按确认按钮，酒店会自动计费，如无心观看，请不要随意选择一般电视节目以外的频道。

6. 入住韩式旅馆时，须将鞋子脱在玄关较低于室内的入口处。

7. 如对饭店设施的使用方法有不清楚的情况，请随时向导游和领队询问。

8. 韩国一般酒店都采用110～220V电压不等，（主要是两脚扁插头），所以自带的相机、摄像机等电池充电器如不是110～240V兼容的，则无法使用。请自备转换插头。酒店亦备用转换插头，但数量有限。如向酒店借用，请退房时务必当面退还。

9. 退房时请您将私人电话费、饮料费和房间钥匙交到前台结账。

七、购物须知

1. 以观光为主，若看到喜欢或合适的物品，请快速决定是否购买，以免耽误旅游时间。

2. 韩国比较著名的特产是高丽人参和紫水晶。济州当地还有许多丰富的土特产品，如柑橘、柚子茶、蜂蜜、灵芝等。韩国人做生意讲究诚实可信、明码标价，购物很少打折，一般商场皆可刷卡。

3. 购买电器请注意电压。韩国国内使用电器为 110V，一般在免税店里所销售的 220V 电压电器会比 110V 电压、电器价格高。

八、其他注意事项

1. 天气：韩国属温带气候，海洋性特征显著，四季分明，春季（4～6 月）春光明媚，夏季（7～9 月）温和潮湿，秋季（10～12 月）凉爽迷人，冬季（1～3 月）寒冷干燥。

2. 时差：韩国时间比中国时间早 1 个小时。如北京时间 8 点，首尔时间则为 9 点。

3. 货币：美元及韩元在机场、银行均可兑换，需持自己的护照，汇率以当地银行当天外汇牌价为准。

4. 电话使用：建议购买电话卡。拨打丹东电话：001（国际）＋86（中国）＋415（丹东）＋要打的电话号码。

5. 如有客人要在正常的团队行程中脱离团队，则需要在出境前交纳 1000 元/人/天的脱团费。

6. 导游有权在不减少景点的情况下，安排游览顺利。

7. 行程中因不可抗力（自然灾害、政府行为等）或不可归责于旅行社的意外情况（天气变化、道路堵塞、船班或航班晚点、重大礼宾活动等），导致本次团队旅游行程变更或取消的，对于由此产生的损失费用旅行社不承担任何责任，游客交费后如遇国家政策性调价或在旅途中因不可抗拒力因素或因国家颁布有关法律、法规或行政机关制定、发布具有普遍约束力的决定、命令造成团队行程更改、延误、滞留或提前结束时，旅行社可根据当时情况全权处理，所造成的费用差额按"多退少补"的办法处理。

8. 有特殊病史的游客报名时须如实说明；鉴于游客的健康状况或其他原因，旅行社有收客与否的权利。

9. 游客在旅途中自行离团或不参加某项团队活动，均作自动弃权，所缴费用概不退还。因游客的责任造成其本人不能随团旅行，所造成的损失由本人承担。

10. 老年游客在旅途中发生人身和财产意外事故时，按有关部门（如各交通部门或保险公司）订立的条例或交公安部门查处。旅行社尽力提供必要的协助，但无须对该事故负责。

11. 保险事宜：70～80 周岁的被保险人，保额减半。2～17 周岁的被保险人，根据国家相关规定执行（最高保额不超过 10 万元）。80 周岁以上不予受理保险。旅游意外险不包括旅客自身携带疾病、旧病复发、且在出团前 180 天内未经过治疗的疾病（如心脏病复发、高血压、糖尿病并发症、移植手术复发、精神病发作等）。

12. 如全团客人出现单男单女情况下，领队有权协商游客采取拆夫妻政策进行拼房，如客人不同意拆团方式，可进行补房差政策进行增加房间，房差价格为 350 元/间/晚。

13. 由于语言差异和对环境的不熟悉，在团队观光活动结束后，您若想出去走走，请结伴而行。离开酒店外出时，请携带酒店名片以备迷路时使用。

14．最重要问题：请务必注意人身安全和财产安全，听从导游安排，贵重物品妥善保管，危险刺激项目请量力而行，船上和车上的安全防范知识要牢记，自由活动期间更要注意安全，特别是过马路必须走斑马线。

九、指导领队做好服务工作

（一）出行前业务准备

（1）核对护照。核对护照内容，包括正文页与出境卡项目是否一致，出境卡两页是否盖章，出境卡是否有黄卡，是否与前往国相符，签证的有效期、签证水印及签字等。

（2）检查资料。参照护照核对机票（包括中英文姓名、前往目的地国家名称）、行程（包括国际段和国内段行程、日期、航班等）、名单表，各项一一对应，确认实际出境旅游人数与《名单表》相一致。

（二）出团必需品准备

（1）护照、机票、《名单表》。

（2）团队计划、自费项目表。

（3）旅游者问卷表、领队日志。

（4）旅游者房间分配表。

（5）各国入出境卡、海关申报卡。

（6）团费。

（7）国内外重要联系电话。

（8）导游旗、胸卡、名片。

（9）旅游者胸牌、行李标签、旅行包（核对该团是否提供）。

（10）随身日用品（如闹钟、计算器、笔、纸等）、常用药品等。

（三）办理出境手续

旅游者出入任何国家国境，均须根据当地政府的规定，办理入境手续，按国际惯例进行海关、出入境证照管理和查验、卫生检疫。海关主要检查行李、货品、违禁品、课税品、金银币券等；入出境检查是检查旅客护照、签证、机票等，清查飞机（船舶）离到站旅游者数；卫生检疫是对旅客、货物、交通工具进行检疫。出境前先将以下程序简略地介绍给旅游者，当领队办理有关手续时，可选择一名旅游者协助自己工作，负责把其他旅游者统一集合在一起。

1．团队集合

领队要提前于约定集合时间的 20 分钟抵达，以社旗示意集中旅游者，并清点人数；向旅游者讲清办理出境的相关程序及相关手续；将需海关申报的团员护照分出，让其持护照、机票走红色通道；向旅游者宣布出海关后进入办理登机手续大厅内的集中地点，由领队统一办理团队登机手续，防止旅游者走失。

2．办理登机手续

领队主动收齐护照，将护照与机票一起交给柜台办理登机卡和行李托运手续；在执机柜台领取机票、证件、登机卡时一定要清点数目，并检查机票是否只撕去应该使用的那一联；统计托运行李数，务必清点准确，并保存好行李牌，以便在飞机抵达后为旅游团提取行李；有的班机不对号入座，分发登记牌座位号时，可以适当照顾一家人或亲朋好友，发牌后旅游者可以自行调整；带领旅游者按顺序排队进行安检，在领队自己过安检的同时照顾旅游者过安检，直到最后一名旅游者过关后再离开安检处；注意观察旅游者有无遗忘物品在安检处，同时告知旅游者应该到几号候机厅候机。

3. 通过边检

领队一定要提醒旅游者填写出境登记卡，必要时给予帮助，并请旅游者按顺序排队准备通过边检；过卫生检疫时请出示黄皮书或购买药物领取黄皮书；过边检时，让旅游者按照名单表的顺序排队，依次通过；未上名单表的旅游者可填写出境卡走其他通道；将名单表交边检官检查，边检留存一份，另一份加盖边检章后，由领队收存，以备入境时核查；最好自己先过关，过关后站在里侧注视旅游者过关，观察旅游者是否有需要解决的问题，直到最后一名旅游者通关为止；注意一定要叮嘱旅游者登机时间及指定登机口。

4. 途中服务

途中服务包括：引导团员尽快找到座位入座；帮忙安置其随身携带的行李；注意清点人数，以确保全团人员已经登上飞机；协助空中服务人员提醒旅游者系好安全带，以确保旅途安全；及时向空中服务人员反映旅游者提出的问题并积极协助解决；安排并协助旅游者认真填写入境卡。

5. 办理国外入境手续

到达旅游站或目的地后，办理有关入境手续，通常称为"过三关"，即卫生检疫、证照检查、海关检查。入境的 E/D 卡及申报单应事先填妥，不论飞机上或在机场内，都应该事先将规定卡片备妥，证件收齐。旅游者出机舱后，先从入境移民局检查开始，接着再取行李至海关处检查，按顺序办理。

（1）过移民局关（边检关）。带团走出机舱后随即前往移民关卡（边检关），旅游者手持护照可分散过关，领队可先于旅游者通过移民关卡，以方便照顾旅游者，在里侧等候旅游者，观察旅游者过关时有无问题，每一位旅游者过关后，立即收回其护照（社里要求）由领队统一保管。

（2）领取行李。招呼旅游者保管好随身携带的物品，找好行李小推车，协助旅游者到行李传送带上提取行李，备好行李牌，点好行李件数，带领旅游者走出行李厅前往海关处通关。

（3）过海关。经检查行李件数无误，到海关办公室报告团体性质、人数、国籍、行李件数，并配合海关的检查工作。同时告诫旅游者切勿离队，因国外机场庞大复杂，而且旅游者对其语言、环境均不熟悉，离散后难以寻找。

（4）海关检查完毕立即出关与当地接待人员联络，并将行李交其负责，然后带领团员登车，清点人数。至此，国外的入境手续才算完成。如在公路上过境，领队应将团员证件收齐，让团员在车上坐好，请求移民单位派员上车检查。

6. **落实境外旅游接待**

（1）交接团队。团队到达旅游目的地后，领队应马上与接待旅行社导游员进行接洽，并把团员的基本情况向当地导游人员做一个简要的介绍。这既便于地接导游员了解情况、方便工作，又标志着组团旅行社的领队与地接导游员合作服务的开始。同时领队要将地接导游员介绍给团队旅游者，然后清点团员人数与行李，与导游员一起引导旅游者上车，并安排旅游者入住饭店。

（2）商定行程。待安排妥当后，领队要与导游员核对行程计划，领队要把组团旅行社的意图、需要及特别提及的问题说出来，游览项目的前后顺序可以调整，因为计划要根据当地的具体情况而定，这是很正常的。游览项目不可以减少，除非旅游者自愿放弃，但是一定要有旅游者的签字为凭证。领队要与地接导游员对两份计划的内容进行仔细核对，如有不同要及时请示，等待指示。

（3）协调关系。在境外旅游期间，领队应尽量与导游员、司机搞好关系，共同协作，把旅游活动安排好，如遇导游员或司机提出无理要求，或者有侵犯旅游者利益行为时，例如随意增加自费项目、降低服务标准、故意延长购物时间或增加购物次数等，领队应及时与导游员严正交涉，维护旅游者的正当权益，必要时向接待旅行社投诉并向国内组团旅行社报告。

（4）友情提示。抵达目的地后，领队要注意关照旅游者，清点人数，防止旅游者走失，防止财物被盗，如有陌生人前来搭讪，要有自我防范意识。

（5）境外服务。领队带团出境，到了目的地把团队交给当地旅行社的导游后，领队的工作并不是就此暂时告一段落、没有责任了，此时领队的责任是代表旅行社按旅行合约的内容，协助接待旅行社导游员落实行程中的交通、餐饮、住宿、游览等服务项目。旅游团在国外旅途中行程紧张、流动面广，这就要求领队应全程照料团队的登机、食宿、购物、游览等活动，并协助解决可能遇到的问题。如遇意外情况，领队必须当机立断采取措施解决问题，保证行程不受阻或中止，以圆满完成预期任务。

7. **办理国外离境手续**

办理国外离境手续与在中国出境时基本相同，通常都是先办理登机手续，再过移民局与海关。

（1）登机手续。在国外办理登机手续，从集中托运行李、收取护照到领取登机牌，直到派队过关，这一环节通常是在当地导游员的协助下完成的。

（2）过海关。过关前，领队应告诉旅游者航班号、登机口、登机时间，叮嘱旅游者一定要按时登机。如果海关人员要求开箱检查时，旅游者应积极配合。过关后，要及时提醒旅游者不要忘记拿好自己的物品。

（3）过移民局关（边检）时，旅游者手中应持有护照、该国移民局所要求的出境卡和登机牌。可以集中排队过关，也可以分散过关。持团体签证或落地签证的旅游者，领队应要求团队旅游者按名单顺序排队，配合接受相关检查，依次审核出关。

（4）安检。安检时指进入候机厅准备上飞机之前的安全检查，要提醒旅游者把身上带有金属的小物品掏出来，只身通过仪器检查。

（5）引导团队登机。

8. 办理回国入境手续

（1）过边检关。下飞机回国后的第一关就是安检关，在名单上的旅游者一定要按名单上的顺序排队，依次到边检审验护照，领队须将名单交边检人员审验盖章。要求填写健康声明书的，就要认真填写。健康声明书通常不必每人都填写，只要领队在统一名单上说明全团人员均健康即可（有规定检疫疾病的除外），但人数较多的团队入境时尽量每人填写一份并提前填好，以避免麻烦。

（2）领取行李。领队要提示旅游者本团航班的行李在几号行李传送台领取，并认真负责地协助旅游者领取到他们托运的行李，准备过海关。

（3）过海关。领队须告诉旅游者遵守中国边检及海关规定，不得携带违禁品、管制品及未经检疫的水果入境。按照海关规定，须报关的物品一定要报关并认真填写报关手续，持报关物品和填报单走红色通道，接受检查。

（4）友情提示。入境抵达机场后，领队须防止回家心切的情绪，勿急、勿躁。在所有的旅游者领取到行李后，再与旅游者告别，旅游的全部行程方告结束。

十、监控团队

出境组团计调人员所监控的旅游团队活动地点是在境外，与国内组团情况比较，距离较远，监控起来相对较难。

组团旅行社应建立健全应急处理程序和制度。旅游者在旅游过程中，可能会出现一些特殊情况，如事故伤亡、行程受阻、财物丢失、被抢被盗、疾病救护等，领队应积极作出有效的处理，以维护旅游者的合法权益。必要时，向我驻当地使领馆报告，请求帮助。

出境计调人员在实施监控的过程中更大程度上要依赖境外接待旅行社的处理和领队的协调，通过保持与领队的沟通，及时了解境外地接旅行社落实接待计划情况和突发事件的处理情况。

十一、后续工作

（一）销签

在团队回国后叮嘱接团人收取护照和登机牌。出境旅游团队回国后，2～5个工作日之内，根据使领馆的销签要求，出境组团计调人员应将销签所需资料收齐并交使馆销签。欧洲国家有时会抽查旅游者本人到使馆销签。

（二）费用结算

出境组团计调人员的费用结算工作主要有以下两方面：

（1）领队报账。团队旅游活动结束后，领队要将出团过程中的花费明细列出，填好报账单，请组团计调人员审核账目，按照财务规定，各级领导签字后，到财务报账。

（2）与境外地接旅行社结账。境外地接旅行社会尽快将实际接待花费明细即团队接待收款账单传真给组团旅行社。出境组团计调人员要仔细审核地接旅行社的每项花费，并与领队交换意见，本着实事求是的原则，请财务部门按时汇款给境外地接旅行社，结清团款。

（三）客户回访

旅游活动结束后，组团计调人员根据其与领队沟通的情况，结合"团队质量反馈表"，了解旅游者对旅游活动的整体评价，然后在合理的时间进行客户回访，诚恳地希望领队和团队旅游者给旅行社的工作提出宝贵的意见或者建议，以便在今后工作中更好地提高，感谢旅游者对旅行社的信任，表达愿意再次为旅游者提供服务的愿望。

组团旅行社对客户的回访要有专人负责，一般客户特别是散客的回访工作，基本是由组团计调人员进行；对于重要的或者特殊的客户，除了组团计调人员的普通回访之外，旅行社的主要领导要亲自回访甚至登门拜访。这不仅体现出旅行社的工作诚意和重视，而且体现出对客户的高度尊重。

（四）资料建档

旅游团队结束后，组团计调人员要将收集到的信息进行严格的筛选，录入电脑进行整理和分析，设计合理的数据分析系统和程序，从中寻找规律，尤其注重发现典型事例。

（五）总结完善

在每次的旅游活动全部结束以后，旅行社要及时总结旅游过程中的经验教训，正确看待并有效处理旅游者对旅游产品所提出的意见或建议，以此来提高旅行社工作人员的思想认识、业务水平和服务技能，进而使旅游产品更加符合市场需求，使旅行社各个服务环节的工作更加完善，使旅行社的经营管理水平不断提高。

 范　例

某出境旅游产品介绍

一、旅游行程名称

丹东起止，朝鲜平壤、开城、板门店、妙香山双座 4 日游

二、旅游行程安排

日序	行程	交通	日程	住宿
第一天	丹东/新义州/平壤	火车	早 8：20 丹东火车站一楼候车室左侧超市门前集合（标志：朝鲜风情字样绿色导游旗）。办理出境手续。（10：00）乘火车经鸭绿江中朝友谊桥赴朝鲜平安北道道府——新义州（8 分钟左右），办理入朝手续，朝鲜海关检查，（13：20/17：45）赴朝鲜平壤，沿途观赏独特的朝鲜田园风光。晚餐后入住酒店。	平壤
第二天	平壤/开城开城/板门店/平壤	大巴（单程2.5 小时）	乘车前往高丽古都——开城，参观曾是高丽时期最高学府的高丽博物馆。开城是朝鲜的直辖市之一，历史上高丽王朝曾定都于此，博物馆展出了 100 多件历史文物和许多资料，展示了高丽王朝的历史、经济、军事、科学文化发展情况。赴板门店参观板门店——三八军事分界线、板门阁、停战协议谈判议事厅、停战协议签字议事厅、朝韩会晤所，返回平壤参观，游览世界上最大凯旋门、中朝友谊塔，参观学校或少年宫、万景台金日成故居。晚餐后入住酒店。	同上

日序	行程	交通	日程	住宿
第三天	平壤/妙香山　妙香山/平壤	大巴（单程2小时）	早餐后参观万寿台大纪念碑、千里马铜像，后乘车赴妙香山（朝鲜五大名山之一，是朝鲜国家领导人避暑度假之地，因山势奇妙、香气四溢而得名）。参观国际友谊展览馆（珍藏着170多个国家的党和国家首脑以及各界人士自1945～2004年赠送给金日成和金正日的21.937万余枚礼品）。普贤寺（朝鲜最古老寺庙，建于1014年）。午餐后乘车返回平壤市内，参观金日成广场、主体思想塔、世界上最深的平壤地铁（平壤地铁的特点是深，最深处达地下110米，从地面乘电梯到站台需3分半钟，也因为深，站台内能常年保持18℃的恒温）。出口商品展示商店。晚餐后入住酒店。	同上
第四天	平壤/新义州/丹东	火车	早餐后，10：40乘火车赴新义州办理朝鲜出境手续。后返回丹东（16：23），结束神秘之旅。	

*全程无自费，无购物店；具体行程以朝鲜当地接待社安排为准！

三、报价

报价：2 850元/人

费用包含：丹东/平壤往返火车费，朝鲜签证费，出入境手续费，朝鲜段住宿、用餐、导游、用车、所列景点门票，板门店军事管理费，旅行社责任保险。

费用不含：因私护照；出境小费10元/人/天；因天气、交通、政治和其他不可抗因素造成的损失。

四、报名须知

1. 出境前7个工作日报名：护照、身份证复印件或扫描件传真或发邮件至旅行社，要写明工作单位、职务（如退休请注明）。出境时需携带身份证原件。

2. 提前3天交齐签证材料：护照原件，近期免冠2寸蓝/白底彩照2张。

五、注意事项

朝鲜旅游注意事项

*禁带物品：中国海关禁止携带动植物制品回国。例如：禁止携带水果、植物种子、羽毛扇子、木雕木刻画、草织帽子、垫子、动植物干货（如木耳、灵芝、松花粉等）、虎骨酒、熊胆、熊胆粉、蜂蜜以及木质包装盒的物品等回国。购买朝鲜香烟限两条、酒限两瓶；化妆品限两套。

*沿途注意事项：沿途不能向车窗外照相、摄像、扔食品、杂物，不能随便向朝鲜儿童扔东西。

*观光注意事项：由于中朝两国国情不同，请尊重朝鲜现状，对朝鲜人民爱戴的金日成主席和金正日书记不要妄加评论，不要模仿领袖姿态照相，拍领导人要拍全身。听从朝鲜导游的安排，不要随意拍照、脱团或与路人交谈。

*时间：朝鲜的标准时间是平壤时间（东9时区），与北京时间时差1小时。如：北京时间10点，平壤时间则为11点。

*民族和语言：朝鲜是单一民族（朝鲜族），使用的语言是同一种语言（朝鲜语）。

*货币和购物：在朝鲜旅游期间，人民币、欧元、美元都可以使用，出入境限额20 000元以下，购物一般在定点的友谊商店、旅游纪念品店以及所下榻的酒店内。中国客人可直接使用人民币，朝鲜不能刷卡。

*气候：朝鲜地处北温带，为温带海洋性气候，年平均温度为8℃~12℃，年平均降水量为1 120毫米，且50%~60%集中于7~8月间，请游客自备衣物及雨具。

*饮食：朝鲜饮食特点是以生、冷、辣为主，主食为大米、打糕、冷面等。团队餐已经尽量迎合中国游客口味，但因为口味和另行购买不方便，游客可自带一些食品，包括水果，但不得再带回国内。

*住宿：在平壤住朝鲜特级或一级酒店，但因为酒店提供备品质量和品种与国内不同，游客最好另行准备洗漱用品（牙刷、牙膏、香皂、洗发、沐浴用品等），酒店没有洗发、沐浴用品，酒店卫生间没有设计地漏，洗漱时请游客不要把水溅到地面上，如果淹了地毯或楼下房间，要赔偿酒店。同时也要注意防滑，因朝鲜经常停水停电，出门前请检查水龙头是否关好。打坏酒店其他物品均需按酒店规定赔偿。

*电压：各旅游酒店电压均为220V，频率为60Hz。插座为二项圆口。请备好转换器（卫生间吹风机的插座是二项扁口，可充电）。

*电话、传真、书信：电话、传真可以在下榻的旅游酒店和国际通信中心打。书信可以投进旅游酒店的信箱或到国际邮局寄送。

*应急联络方式：游客在朝鲜旅游期间，应记住朝鲜导游及中方领队房间号及房间电话，以防夜间有事联系。如有突发事件也可联系中国驻朝鲜大使馆，电话：008502-3813116（可在朝鲜境外拨打）。

任务4　入境旅游常识认知

一、入境旅游团的特点

（一）停留时间长

入境旅游团的第一个特点是在旅游目的地停留的时间比较长。以我国的旅游市场为例，除了少数港澳同胞来内地旅游的团队外，多数入境旅游团在我国大陆旅游时，通常在几个甚至十几个城市或旅游景点所在地停留。因此，入境旅游团的停留时间少则一周，多则十几天，少数入境旅游团曾经创下在华旅游时间长达40多天的纪录。入境旅游团在旅游目的地停留的时间长，所以消费一般也较多，能够给旅游目的地带来比较多的经济收益。计调人员在接待入境旅游团时，应针对这个特点，为入境旅游团安排和落实其在各地的生活服务和接待服务，使旅游者慕名而来，满意而归。

（二）外籍人员多

入境旅游团多以外国旅游者为主体，其使用语言、宗教信仰、生活习惯、文化传统、价值观念、审美情趣等均与旅游目的地国家有较大差异。即使在由海外侨民或本国血统的外籍人士所组成的旅游团中，多数旅游者由于长期居住在旅游客源国，其生活习惯、使用语言、价值观念等方面也发生了重大变化。例如，许多来华旅游的海外华人已经基本上不会讲汉语，或根本听不懂汉语普通话了。因此，旅行社在接待入境旅游团时，必须充分尊重他们，配备熟悉其风俗习惯、文化传统并能够熟练地使用外语进行导游的人员担任入境旅游团的全程陪同或地方陪同。

（三）预订期长

入境团体旅游的预订期一般比较长，从旅游中间商开始向旅游目的地的接待旅行社提出接团要求起，到旅游团实际抵达旅游目的地时止，旅行社同旅游中间商之间需要进行多次的通信联系，不断地对旅游团的活动日程、人员构成、旅游者的特殊要求等事项进行反复磋商和调整。另外，旅游中间商还要为旅游团办理前往旅游目的地的交通票预订、申请和领取护照以及签证等手续，组织散在各地的旅游者在规定的时间到指定地点集合，组成旅游团并搭乘预订的交通工具前往旅游目的地。因此，相对于国内团体旅游，入境团体旅游的预订时间一般比较长，有利于接团旅行社在旅游团抵达前充分做好各种接待准备，落实各项旅游服务安排。

（四）落实环节多

在各种团体旅游接待工作中，入境旅游团体接待业务要求接团旅行社负责落实的环节最多。入境旅游团在旅游目的地停留的时间和地点比较多，其旅游活动往往涉及旅游目的地各种有关的旅游服务供应部门和企业。为了安排好入境旅游团的生活和参观游览，计调人员必须认真研究旅游接待计划，制订缜密的活动日程，并逐项落实整个旅行过程中的每一个环节，避免在接待中出现重大人为事故。

（五）活动日程变化多

入境团体旅游的活动日程变化比较多，如出发时间的变化、旅游团人数的变化、乘坐交通工具的变化等。因此，计调人员在接待过程中应密切注意旅游团活动日程可能出现的变化，及时采取调整措施，保证旅游活动的顺利进行。

二、入境业务基础知识

（一）入境有效证件

1. 华侨的护照与签证

居住在国外的保持有中华人民共和国国籍的华侨，持有中华人民共和国护照，在护照有效期期满之前，可以直接向中国驻该国的使领馆提出延期申请，或者向外交部授权的驻外机构提出延期申请。华侨持有效的中华人民共和国护照归国入境时，无须办理签证。

2. 通行证

通行证制度在我国比较普遍，通行证件也是一种有效证件，常在出入境时使用，因其出入的地区不同，名称亦有所不同。

（1）中华人民共和国旅行证。如果一个中国公民在国外丢失了护照，中国驻国外的使领馆会给失主办理一个旅行证，失主在当地国家办理签证后，以此完成余下行程并持此证回国，此证仅一次有效。

（2）台湾居民往来大陆通行证，简称台胞证。此证件专门颁发给台湾居民往来大陆时使用。为进一步便利台湾居民来往大陆及在大陆居留、生活，我国公安部决定启用2015版台湾居民来往大陆通行证。根据修改后的《中国公民往来台湾地区管理办法》有关规定，台湾居民来往大陆无须办理签注。未持有效出入境证件直抵口岸的台湾居民可以在设有办证机构的口岸申请办理一次有效台湾居民来往大陆通行证。持一次有效台湾居民来往大陆通行证入境的台湾居民可以按规定申请换发5年有效证件。

（3）港澳居民往来内地通行证，简称回乡证。此证具有有效期，是专门颁发给港澳居民往来内地时使用的。此证如果丢失，中国内地当地的公安局经核实后，可发给失主一次性有效证件——中华人民共和国入出境通行证。

（二）外汇知识

1. 外汇

外汇，是指以外国货币表示的可用于国际结算的一种支付手段，它包括外国货币（钞票、铸币等）、外币有价证券（政府公债、国库券、公司债券、股票、息票等）、外币支付凭证（票据、银行存款凭证、邮政储蓄凭证等）以及其他外汇资金。外汇并不等于外国钞票。

中国对外汇采取国家集中管理、统一经营的方针。我国现行的外汇管理法规定：在中国境内，未经国务院批准，禁止外汇流通、使用、质押，禁止私自买卖外汇和经营外汇业务，禁止以任何形式进行套汇、炒汇、逃汇。我国已实行了人民币经常项目下的可兑换。

2. 兑换外币

中国境内居民通过旅行社组团出境旅游时，都有资格在银行兑换外汇。原来采取的方式是由旅行社集体办理兑换外汇手续，2002年9月，国家外汇管理局将出境游个人零用费由旅行社代购，调整为由游客自行购买。游客可在出境前，持因私护照及有效签证、身份证或户口簿到开办居民个人售汇业务的银行办理个人零用费的购汇手续，也可以委托他人代为办理。若由他人代办，除了提供原规定证明材料外，还须提供代办人的身份证或户口簿。其兑换标准为：赴中国香港、澳门地区可兑换1 000美元的等值外汇，赴中国香港、澳门地区以外的国家和地区可兑换2 000美元的等值外汇。

海外游客来华携入的外币和票据金额没有限制，但入境时必须据实申报。在中国境内，禁止外币流通，并不得以外币计价结算。海外游客需要钱时可持外汇到中国银行及各兑换点凭身份证件兑换成人民币。为了尽量给持兑人提供方便，除了银行以外，一些机场、酒店或商店也可办理外币兑换人民币的业务。兑换时要填写"外汇兑换水单"（俗称"水单"，有效期为半年），并妥善保存。离境时，人民币如未用完，可凭本人护照和6个月内有效期的外汇兑换水单兑换成外汇，但其兑换金额不能超过外汇兑换水单上注明的金额，最后经海关核验申报单后可将未用完的外币和票证携出。

中国银行收兑的币种主要有欧元、英镑、美元、瑞士法郎、新加坡元、瑞典克朗、丹麦克朗、挪威克朗、日元、加拿大元、澳大利亚元、菲律宾比索、泰国铢、韩元（目前仅在部分省市网点办理）14种外国货币及港币、新台币、澳门元，共17种货币。

3. 携带外汇

携带超过政府规定数额的外币出境，需有关部门颁发的外币携带证。

（三）支付小费

（1）约定俗成。支付小费，既是国际旅游者的习俗，也是流行于旅游活动中约定俗成的惯例。支付小费，是一种有礼貌的表现，它显示了旅游者对旅游服务者的认同和感谢，也是旅游者风度的展现。

（2）支付对象。小费首先应该支付给那些辛苦服务、表现出色的司陪（导游、司机）人员、领队人员以及酒店的行李员、客房服务员。

（3）适当掌握。小费通常不以个人名义支付，而由领队人员统一支付。一般在临出国前的说明会上，计调人员已经向团员讲过了。到了国外，如果有的旅游者还想另有表示，领队人员应该乐观其成。小费虽然是一种习俗，但也是建立在自愿基础上的，不能强迫，应晓之以理，动之以情。收取小费的时间与地点应灵活，因人而异。

（四）外国旅游者在华的权利与义务

我国宪法明确指出："中华人民共和国保护在中国境内的外国人的合法权利和利益。在中国境内的外国人必须遵守中华人民共和国的法律。"

（1）在中国境内，入境的外国旅游者享受合法权益，享受人身自由不受侵犯的权利，但同时他们必须遵守中国的法律，不能够进行危害国家安全、损害公益事业、破坏公共秩序的活动。持签证的入境旅游者，不得在中国从事与其身份不符的活动，如宗教宣传、非法采访等。

（2）在签证的有效期内，入境的外国旅游者可在对外开放的地区自由旅游，但是，必须尊重旅游地区的民风习俗。如果希望前去不开放地区旅游，必须事先向所在市、县公安局申请旅行证，获准后方可前往，未经允许不得擅自闯入非对外开放的地区旅游。

（3）外国旅游者经过办理一定的手续是可以进入不对外开放的地区的，其手续如下：①交验本人护照或在华的居留证件。②提供与旅行事由相关的证明。③填写旅行申请表。④如果入境外国旅游者的签证到期，又希望继续旅行，可以到当地的公安机关申请延长在中国的停留期限，也就是延长签证的期限。

（五）外国旅游者的入境签证问题

来我国旅游的外国旅游者必须持有效护照，向我国的外交代表机关、领事馆、或者外交部授权的其他驻外机关申请办理签证。

（1）我国相关的驻外机构对于来华旅游的9人（不含9人）以上的旅游团可发给团体签证。团体签证一式三份，签发的机关存留一份，来华旅游时携带两份，一份用于入境，一份用于出境。

（2）必要时提供有关的证明。例如，来华旅游者申请签证需要出示我国旅游部门的接待证明。但是，在特定的情况下，例如，事由紧急，确实来不及在上述机关办理签证手续者，可向公安部授权的口岸签证机关申请办理签证。

（3）公安部授权的口岸签证机关设立在以下口岸：北京、上海、天津、大连、福州、厦门、西安、桂林、杭州、昆明、广州（白云机场）、深圳（罗湖、蛇口）、珠海（拱北）、重庆等地。

任务5　入境计调业务操作流程

一、海外旅游商询价

海外旅游商根据旅游行程安排和相关要求进行询价工作。

二、国内旅行社报价

依据国外客户的计划要求，根据在我国旅游过程中各项服务产品所标的价格，进行估价核算，包括成本和利润，为国外客户准确合理地报价。

三、外方确认报价、订团

在接收到客户的回馈信息之后，与对方进一步交流，也就是讨价还价。遵循平等互利、双赢、不亏本、薄利多销的原则。

四、准备工作

（1）遵照国家有关旅游的法律、法规，与外方旅行社签署代理协议（合同书）。
（2）制订接待计划。
（3）该团队组成（成团）之后，向外方旅行社发送成团确认书。
（4）采购组团旅行社所在地的服务项目。
（5）安排地方接待旅行社负责各地的游览活动。

例如，英国一家旅行社把游览中国广州、上海、南京、西安、北京、沈阳的一个旅游团交给北京某旅行社接待。按照惯例，北京某旅行社同样应委托游览目的地的旅行社来进行接待，如下图所示。

$$\text{英国旅行社} \rightarrow \text{北京某旅行社} \rightarrow \begin{cases} \text{广州某旅行社} \\ \text{西安某旅行社} \\ \text{上海某旅行社} \\ \text{沈阳某旅行社} \end{cases}$$

（6）向计划行程里涉及的各地方的接待旅行社传送接团通知书，并注明对地方导游人员的要求，请接待旅行社回传确认。
（7）就餐人数、身份证号码、乘机人名、班次、车次、汽车号码、电话等信息必须准确无误。
（8）及时联系与调配房、餐、车、景点、演出、购物、参观、访谈等旅游活动项目。
（9）对于联络单位的联系人、记录人或负责人均须记录在案，以防有误。
（10）所有项目的联系结果都有要准确的记录，以签字为凭证；所有的联络记录、相关材料，特别是成团材料一律保存 3 年或 3 年以上。

五、接待工作

向计调部提出该团所需导游人员（全陪或全兼地）的标准及要求，派遣导游人员应公平、公正、客观，掌握量才适用的原则。做好领队、全陪与地陪之间的协调。

六、团款结算

海外旅游团在订团时一般应付一定比例的团款。比如，在入境时先付一半，接待基本结束时再付清全部团款。在结算之前接待旅行社应将费用结算通知书发送给组团旅行社，组团旅行社应将结算通知书发送给海外旅行商。

七、总结

与组团计调业务相似。

 实训项目

实训项目	拟订赴韩旅游接待计划
实训目的	通过实训，让学生熟悉掌握出境旅游资料整理的步骤和内容，并了解出境旅游接地计划制订的主要步骤。
实训地点	本地旅行社。
实训步骤	1. 小组讨论，明确公民因私赴韩旅游需要的材料，哪些由公民个人准备，哪些由旅行社代办。 2. 明确公民赴韩旅游手续步骤。 3. 收集赴韩旅游需要整理的资料，材料收集要全面、规范。 4. 制作赴韩旅游所需材料和步骤明细表。 5. 明确旅游者赴韩旅游的具体接待计划及服务项目。
实训成果	赴韩旅游接待计划。

任务实践

1. 为本地旅行社设计中国公民出境计调业务操作的流程图及注意事项。

2. 根据本地旅行社收到的来自境外旅游社发来的传真内容进行入境游计调操作，并根据游客情况，结合我国旅游资源特点设计线路。

项目九
计调线上业务合作

[知识目标]

通过学习，学生要掌握电子商务在现代旅游业中的运行模式，掌握电子商务协作网络的建立和管理。

[能力目标]

通过实训，学生能够独立进行在线询价、预订和采购等计调线上业务操作。

 引导案例

中国国旅：不一样的电子商务

"做旅游电子商务，关键环节就是要有效地将线下旅游资源整合到线上，让线上产品和服务信息实时、真实、可控。这个整合一定是从线下旅游资源企业的信息化开始的。做好了旅游企业信息化，也就奠定了旅游电子商务的基础。这就是我们国旅总社正在实践的旅游电子商务，线上的文章从线下做起。"曾被某杂志评为50位中国优秀首席信息官（CIO）之一的中国国际旅行社总社有限公司首席信息官郝戈华向记者介绍，拥有"民间大使"美誉的中国国旅成立于1954年，是目前国内规模最大、实力最强的旅行社企业集团，同时也是中国500强中唯一的旅游企业。但是就是这样一家历史悠久、规模庞大的旅行社正面临着1999年才成立的携程旅行网的严峻挑战。每一名中国国旅员工都切实意识到，要想实现"中央企业群体中最具市场竞争力的旅行社集团、中国最强的跨国旅游运营商、全球最为著名的旅游业品牌之一"这样的宏伟愿景，就要顺应时代发展，创新企业经营模式，进军电子商务。

国旅做电子商务能成功吗？"一定能。"军人出身的郝戈华无论当时还是现在都对此非常有信心，"携程网成功了；携程网有自己的天生缺陷而这正是中国国旅的优势；所以我们能做成功。"郝戈华认为，若论做旅游业务的电子商务，携程网的天生缺陷就是其线下旅游资源的匮乏无法支撑线上业务的急剧膨胀。而作为旅游电子商务基础的丰富下线旅游资源正是中国国旅的最大优势。目前，中国国旅在境外多个国家和地区设有分社，

在境内有遍布全国控股子公司和众多的中国国旅集团理事会成员社，与全球众多家旅行商建立了长期稳定的合作关系，拥有稳定的销售网络和完整的接待体系。

 案例分析

中国旅游电子商务经过10余年的发展，实际生存的主要形式有如下几种：最主流的一类是在线预订类网站，比如携程、艺龙和遨游等，他们的生存模式是线上产品展示和销售，线下实施配送，这类电子商务有平台也有资源；第二类是第三方平台，比如同程网和乐途网，他们只有平台，旅游产品供应商将自己的产品放在他们的交易平台，依靠收取交易费生存；第三类是垂直搜索引擎，比如去哪儿和酷讯，他们也只有网站平台，主要靠广告费和收取前两类网站的交易费来生存；第四类是点评类社区网站，比如到到网，生存模式同垂直搜索引擎类网站差不多，靠点评相关产品以及链接交易费来获取收入。

对于拥有让人羡慕的丰富线下资源的中国国旅来说，毫无疑问会选择第一种模式。解决之道便是打造B2B、B2C和CRM/呼叫中心三位一体的电子商务平台，完成中国国旅以及下属子公司业务的IT化，将地接社、机票和酒店等供应商资源集成到中国国旅在线平台，同时将网上直客和客源地子公司业务也纳入到中国国旅在线平台，实施全网客户一体化的管理、销售和服务。这样便可以打通各类交易实体在产品、订单和账单等各个交易环节的瓶颈。

任务1　旅行社电子商务认知

一、旅行社电子商务在计调业务中的应用价值

旅游电子商务，是电子商务在旅游业中的应用。世界旅游组织在 *E-Business for Tourism* 中将旅游电子商务定义为，通过先进的信息技术手段，改进旅游机构内部和对外的连通性，也就是说改进旅游企业之间、旅游企业与上游供应商之间、旅游企业与旅游者之间的交易，改进旅游企业内部业务流程，增进知识共享。旅行社电子商务，是电子商务在旅行社中的应用，是通过先进的网络信息技术手段，实现旅行社商务活动各环节的电子化，包括通过网络发布、交流旅行社基本信息和旅行社商务信息，以电子化手段进行旅行社宣传促销，开展旅行社售前、售后服务，通过网络查询、预订旅行社服务产品并进行支付及旅行社企业内部流程的电子化和管理信息系统的应用等。

电子商务在旅行社的计调业务中发挥了重要的应用价值，具体体现在以下几个方面：

（1）降低计调业务成本，弱化旅行社代理职能。对于旅行社而言，最大限度地降低运营成本是提高竞争力的重要策略。互联网是旅行社计调业务降低运营成本十分有效的途径。通过电子商务方式可以降低旅行社的交通与通信费用、减少企业办公费用和人工费用支出，从而大大地节约生产成本。

（2）提高业务营销效益，弱化旅行社信息职能。旅行社市场营销，包括市场需求预测、新旅游项目开发、定价、广告、物流、人员推销、促销、服务等项内容，旅行社的营销活动实际上是一种信息收集和传递活动。旅行社需要收集各类信息，如消费者需求变化、旅游热点、现行营销策略的效果等，同时，要将企业信息，如服务信息、营销策略等，尽可能广泛地传播出去。因此，信息化对于提高旅行社营销效益有着直接、明显的作用。

（3）开拓新的市场，提供增值服务。互联网没有时间和空间限制，每天24小时不停地运行，遍布世界各地。这种新的销售渠道是旅行社营销渠道的有益补充，可以吸引那些在传统渠道中无法吸引的顾客在网上消费。另外，互联网除了可以帮助旅行社增加开拓的宽度和广度外，还可以帮助旅行社进一步细分和深入市场。互联网的方便、快捷，且不受时间和地理位置的限制，为旅行社创造了新的市场机会。

（4）提高旅游者满意度。在激烈的市场竞争中，提高旅游者满意度非常重要。但是由于旅游市场中旅游者的需求千差万别，要想满足每个旅游者的需求是一件非常困难的事情。然而，借助电子商务，计调人员便可以提高服务效率，定制顾客满意的个性化产品，提供优质的售后服务。因此，电子商务可以成为提高旅游者满意度的良策，为旅行社赢得良好的口碑。

（5）提高管理决策水平。信息化使旅行社信息的传递更加快捷，给企业管理带来前所未有的便利。旅行社通过建立自己的内部资料网络数据库，将旅行社内部信息汇集在数据库内，便于计调人员随时查询；也可以在网络上存放较为机密的资料并设定存取权限，例如，销售数字、市场占有率、新旅游项目开发、竞争者分析等。不同级别的员工可以浏览在其权限内的资料。这样，计调人员可以最大限度地获取资料，从而提高工作效率和积极性。另外，旅行社通过内部网可以随时召开虚拟会议，交流各自工作情况和出现的问题，彻底改变传统的工作流程，使信息传递更加准确、及时，有利于提高旅行社计调业务的决策水平。

（6）改变传统交易模式，降低企业营销成本。网上交易改变了传统的交易模式，使旅游者与企业直接见面，省去了中间商的层价，降低了旅行社旅游线路的报价，把更多的优惠转移给旅游者，减少了旅游者的旅游花费。互联网的大容量、高速化、互动性，改变了受时空限制的服务方式和服务效率，计调人员可将旅游者的需求及时、快速地反馈给旅行社，有利于旅游企业与旅游者的双向沟通。另外，旅行社企业的各种信息在网络上以数字化形式存在，可以极低的成本发送并及时修改，如市场调研、客户满意度调查、广告、营销推广活动等，省去了常规营销方法的大量费用，可以降低旅行社营销费用。

（7）适应现代旅游者散客化和个性化浪潮。当今社会，旅游者逐步走向消费成熟化。他们不仅需要传统的包价旅游团队，而且越来越多的旅游者希望根据自己的特殊兴趣和爱好，有针对性地选择主题鲜明、特点突出的旅游方式。传统旅行社的经营模式已经不适应现代旅游者的散客化和个性化需求。旅行社可以利用互联网向旅游者分类提供超大量的旅游信息。旅游者在网上查询自己感兴趣的有关旅游产品各类要素的信息，旅行社计调人员提供必要的组合指导服务，就可以形成因团而异、因人而异的时尚旅游产品。互联网技术的广泛应用，使这一涉及面广泛、需求复杂的个性化旅游产品得以实现。

（8）改变传统促销方式，建立良好的客户关系。网上促销的宣传面广泛、网页设计图文并茂、表现手法灵活、内容易于更新、成本低廉，且可与互联网用户进行双向信息交流，以满足不断变化的市场需求。计调人员可随时为客户提供最新、最实用的旅游信息，以吸引更多的旅游客源，真正起到促销的作用。同时，利用电子商务充分了解旅游者，加强与旅游者的沟通，与旅游者建立良好的合作关系，不仅有利于树立良好的企业形象，而且有利于旅游者忠诚度的提高，为旅游企业赢得社会形象和企业利益。

二、计调人员运用电子商务的交易模式

在旅行社的电子商务中，计调人员可以通过网络平台将买卖双方的供求信息聚集在一起，协调其供求关系，并从中收取交易费用。计调人员运用旅游网站经常使用的交易模式有如下几种类型：

（1）B2B 模式。该模式下的旅游网站主要面向各类旅游企业。具体形式包括：旅游企业之间的产品代理，如旅行社代理预订票务、酒店等服务，旅游代理商代理旅游线路产品。组团社之间相互拼团，共享客源和旅游服务资源。开展客源地组团和目的地地接社之间与委托、支付有关的商务活动。地接社批量订购当地的酒店客房、景区门票等旅游产品和服务。B2B 模式将企业间商务活动的部分或全部环节实现电子化运作。通过有关数据转换信息的交换、传递及银行的电子支付和结算，能够提高旅游企业间商务活动的处理效率。

（2）B2C 模式。该模式下的旅游网站主要面向旅游散客。具体形式是旅游散客通过网络查询信息，设计旅游活动日程表，预订酒店客房、票务等服务，或报名参加旅游团。该模式能够方便游客远程搜索和预订旅游产品，克服信息不对称和市场信息不完整的影响，最大限度地发挥市场潜力与经济能量。

（3）B2BC 模式。该模式下的旅游网站同时面向旅游企业和旅游消费者，充当整个行业上下游信息资源的整合者角色。具体形式是，旅游网站通过互联网发布和收集信息，对全国酒店、票务预订的市场信息和游客的消费信息进行全面整合，并以电子商务手段提供对资金流与信息流的技术支持，把供应商和消费者连接起来。该模式下的网站处于整条产业链的核心节点，是最大的旅游中介商，能够做到及时、快速地响应客户服务。

三、计调人员运用电子商务的管理模式

计调人员进行电子商务的经营管理模式划分为4种："水泥""水泥＋鼠标""鼠标＋水泥"和"纯鼠标"4个模式。

（1）"水泥"模式。"水泥"型的计调业务操作一般都采取部门块状管理模式，信息化程度很低，仅仅建立了自己的企业网站，业务仍离不开手工操作，基本上是附属于大型旅游企业的分销商，还谈不上企业内部信息管理系统的建设，多数的地方性小型旅行社企业都属于这种类型。该类旅行社线路产品信息、服务信息、交易信息几乎无互动沟

通，各部门独立运行，缺乏实时协调。计调人员进行交易时以电话预订为主，几乎无信息化，在信息发布、产品预订、产品营销和销售、支付手段和保证方面缺乏保障，大多依赖老顾客和长期合作企业等传统渠道来赢利。旅行社的赢利模式是应用一些网络营销方式来宣传企业，带动网下的销售。从严格意义上讲，这种模式还不属于电子商务。在"水泥"模式下，计调人员除运用短信平台和财税管理外，电子商务技术运用得很少，还是靠报纸、期刊等媒介宣传旅游产品，并在网下进行预订、交易和支付。计调人员运用计算机进行业务操作，主要用于产品电子化、处理文件、在线使用即时通信软件洽谈业务，通过电话或传真确认，使用现金、汇款、转账、支票等方式支付费用。

（2）"水泥＋鼠标"模式。"水泥＋鼠标"型的计调业务操作，采取的是联营模式，通过与门户网站、专业旅游网站建立合作，利用互联网的优势，可以避免自建网站的投资风险和网站推广的困难，达到旅行社电子商务化的目的。大多数大中型旅行社企业具备一定的信息化基础，采用这种模式，结合旅行社企业内部的信息管理与网络维护中心，只需要引进电子商务项目核心或一些专业技术服务，就可以促进网上与网下销售相结合。此类旅行社以传统赢利渠道为主、网上赢利为补充，把旅行社信息、交易信息、目的地信息、其他附加信息更广泛地传递给旅游者。这种模式是传统业务在互联网上的扩展，不仅可以利用企业自身长期以来建立的传统业务优势，而且可以通过电子商务项目的建设降低业务运营成本，提高核心竞争力。

（3）"鼠标＋水泥"模式。在"水泥＋鼠标"模式发展基础上，某些旅行社建立了官网，完备的交易信息通过互联网发布，实现信息管理电子化与网络化经营管理，以网上实时电子支付交易赢利为主。在信息化、网络化、电子商务和电子支付的支撑下，通过网上信息平台和交易平台的结合，在实施旅行社电子商务经营管理的同时，又能与其他传统旅行社及其业务接轨，甚至是改变原有旅行社传统旅游产品的经营，不断拓展和扩宽经营范围。

（4）"纯鼠标"模式。纯鼠标型的旅行社企业，与提供网络技术与服务内容的 IT 企业相似，通过搜集整理自己和其他旅游供应商的旅游产品与服务，将企业产品与服务推介、促销和营销、游客免费咨询互动、企业网站论坛有机结合起来，降低了成本，提高了效益，开拓了新市场，增加了企业赢利。

任务 2 计调线上业务合作管理

一、建立计调线上业务合作网络

（1）建立旅行社电子商务网站，设计功能模块。建立旅行社电子商务网站，旅游者可以通过电子商务网站，享受便利的网上旅游服务，对于公司保持与顾客的良好关系起着重要作用。在企业电子商务网站，计调人员还应通过系统的功能模块设计，使网站以顾客服务为核心，整合顾客服务、企业内部 ERP 系统、合作伙伴电子商务系统的信息资源，力争为客户提供更完善的服务，为企业管理者提供更高效的工作平台，为合作伙伴提供更方便的合作渠道，全面提高企业的核心竞争力。

（2）实现网络营销。计调人员借助电子商务要获得更高的顾客满意度，就必须合理地运用网络营销策略。例如，利用网站开展个性化旅游服务，使客户得到最满意的方案。这需要全面收集、提炼和整合不同消费者的需求特点，再将这些信息加以细分，并提供相应的产品和服务，使消费者可以自由选择旅游目的地、酒店、交通工具、旅游方式及导游员等。另外，计调人员还应做好网站的宣传推广工作，使更多的消费者能了解网站、使用网站、推广网站。

（3）加强与相关部门的合作。计调人员应加强与交通部门的积极合作，推行电子票务（机票、车票、船票等），抢占市场份额。电子票务的出现可以提高供需双方的效率，节约印票、取送票的成本。计调人员还应加强与银行和第三方支付平台的合作，解决网上安全支付问题。信用卡技术及网络安全技术的发展与提高是在线购买的前提。因此，应借鉴发达国家的经验，普及信用卡、电子现金、电子支票、支付宝支付、微信支付等电子支付方式，使网上付款变得安全、方便、快捷、高效。

（4）保证网络安全。网上交易能否做到保密和安全，直接关系到买卖双方的利益。在网上"黑客"横行的情况下，安全问题成为推广电子商务的关键。这一问题已引起有关各方的注意，并设计了一些保密方案，但仍需提高。计调人员应保证本企业的旅游网站安装切实有效的防火墙，防止"黑客"攻击，保障网民的隐私权和财产安全，使游客对网络安全有信心。只有这样，在旅游业中才能更容易开展电子商务。

（5）完善旅游网站建设。目前，我国很多旅行社网站存在着内容空洞、没有吸引力、访问量差强人意等缺点。所以，完善网站建设对于发展旅游电子商务来说至关重要。传统旅游业的劣势在于信息的不对称性，在传统旅游市场上，游客获取信息的渠道较少、成本较高、不确定性也大。旅游公司给他们提供的信息很不充分，有时甚至带有明显的欺骗性，所以计调人员应重视旅游信息的开发，进行旅游网站建设时应该建立完善的旅游信息体系，包括酒店预订系统、旅游线路动态信息网、旅游管理系统、旅游咨询、车船票预订、信息反馈等内容。同时要注意确保信息的直观性、细致性、准确性、时效性、动态性，尤其要重视信息反馈的环节。通过旅游者与旅游企业的互动，能体现游客对旅游企业提供服务的满意度，有利于旅游企业及时收集信息，改进工作，缩短旅游产品的生产周期，促进旅游企业的良性循环。

二、加强计调线上业务合作网络管理

（一）基于加盟旅游协作网的联合体模式

目前，全国共有各种不同的旅游协作网近30家。其中，具有代表性且发展相对成功的，如天马旅游协作网、"龙之旅"旅游协作网、中国八方旅游联合体等。旅游协作网是在自愿基础上建立起来的松散型契约式旅游联合体。旅游协作网本着网络化、品牌化、规模化的发展原则，通过推行名牌战略，走联合之路，加强旅游新产品开发，建立统一经营网络与互联网络，扩大市场占有率，形成规模化经营。

从成员构成上看，旅游协作网既有旅行社之间的同质旅游联合体，也有旅行社与旅游酒店之间不同层次旅游企业组成的联合体；既有区域性的，也有跨区域的旅游联合体。旅游协作网成员是在没有资产纽带前提下成立联盟大会，制定联盟章程，形成一定的约束机制，做到统一品牌形象、统一建站模式、统一操作模式和促销活动，以此弥补在资金、规模方面的劣势，减少内部竞争，巩固其在旅游行业中的地位。旅游协作网一般会定期或不定期地召开成员大会，组织成员单位参加培训考察和旅游促销等活动。申请加盟的旅行社除需定期缴纳一定的会费外，还要具有一定的实力、业务规模及良好的诚信经营体系。同时，联盟成员要对联盟的理念、章程及相关义务和责任有高度的认同感，自觉遵守联盟的约束机制。通过旅游联合体，网内的旅游企业可以分工协作，充分利用资源，并可及时解决突发事件；可以相互协助提供客源，相互补充，有利于扩大经营，建立稳定的战略伙伴关系。

（二）基于加盟大型旅行社电子商务平台的联合体模式

大型旅行社由于人力、资金、技术等方面的优势，旅游信息化发展程度比较高、电子商务发展比较成熟和完善。其中，以春秋旅行社组建的网络经营联合体、"广之旅"发起成立的"旅游名店城"、辽宁诚信联盟等为代表。作为实力强大旅行社组建的旅游网站，可以提供丰富的旅游线路和旅游产品，通过专线与成员旅行社的业务数据库保持实时连接，实现旅游产品网上实时查询预订。单体旅行社，特别是中小旅行社由于自身实力的差距，不能随时满足旅游者的出行需要。而此类网站拥有大量的特色旅游线路，并通过网络汇总加盟旅行社的旅游者出行需求，可以满足旅游者随时出行的需要。因此，对于网络成员旅行社而言，其竞争力明显得到提高。

以春秋旅行社为例，春秋旅行社和申请加入"春秋"网络的旅行社签订合作合同，规定春秋旅行社与加盟方的旅游业务合作属于协议性联营，加盟方通过电脑网络系统与春秋旅行社共享信息，为春秋旅行社组织客源，同时接待由春秋旅行社组织的散客。对春秋旅行社而言，其发展区域网络合作伙伴的原则是强强联合；而对各个网络成员旅行社而言，他们借助春秋旅行社的电子商务系统开展网络化经营，有利于节省成本，扩大经营空间。

（三）基于大型旅行社自建电子商务平台的发展模式

这种模式的旅行社电子商务发展目标，是建立高度信息化的在线旅行社。网站信息系统的建设成本及中后期的维护成本都比较高，需要大量人力、财力和物力等资源的支撑。所以，采用这种发展模式的旅行社一般是实力雄厚的大型旅行社。典型的电子商务网站有携程旅行网、青旅在线、国旅在线、芒果网、春秋航空旅游网等。

大型旅行社将网站视为旅行社的一个部门，运营目的有两个：一是对旅行社及其产品进行网上推广；二是实现自身赢利，从而实现"网社合一"。旅行社网站提供酒店预订、机票预订、"酒店＋机票"式的商务套餐、自由行服务及签证服务、用车服务和量身定制旅游线路的服务等。其中，由于旅行社强大的资源支撑，线路预订是网站的主营业务。旅行社网站依托强大的旅行社资源作为品牌支撑，旅行社的规模优势、品牌知名度等都转化为网站的品牌优势。同时，旅游网站依托旅行社实体，其酒店预订、线路预订的价格会比一般旅游网站低。网站的业务收入主要包括旅游线路服务费、酒店和机票预订代理费等；其目标市场主要针对拼团散客、自助游散客和商旅客人等。这种模式的实质，是依托旅行社的产品开发和网络优势，提供有保证的服务，开发个性化散客旅游产品，满足旅游者的个性化需求。

这类网站信息量大、更新及时，有较高的访问量，能够产生大量的交易。由于其既为企业提供了销售渠道和交易平台，又能以良好的个性化服务、多样化的旅游产品充分满足旅游者的多样化需求和比较选择愿望，再加上其强大的交互功能，是中小旅行社理想的电子商务平台。如中国旅游在线、U 游网等。它们能为中小旅游企业提供网上信息发布、在线营销、网上洽谈、网上旅游交易、在线调研、售后服务等信息。中小旅游企业通过这种方式实施电子商务，免去了自建网站的投资风险和网站推广面临的困难。旅游网站也可通过向旅游企业收取一定的加盟费用，以维持正常运营并赢利。

（四）基于目的地公共旅游信息网的发展模式

目的地公共旅游信息网站，主要是指在政府主导下创建的旅游电子商务平台，包括"金旅工程"建设下的公共商务网、中国旅游网和各地方政府自建的旅游官方网站等。此类网站属于非营利性网站，是一个中立的旅游电子商务交易平台。旅行社可加入这个电子商务平台进行旅游信息发布、网上促销、网上交易，开展 B2B 和 B2C 电子商务，建设与公共旅游信息网相连接的旅行社网站。旅行社主要面向拼团散客、自助游散客和商旅客人，以旅游产品预订、交易收入等作为其主要的获利渠道。由于中国旅行社业普遍存在"小、弱、散、差"的问题，旅行社借助非营利性的行业电子服务平台实现信息化，是一种节约利用资源的模式，避免了旅行社独立开发建设网站所需人力、财力和技术的投入，节约了成本，提高了效率。

"金旅工程"是国家信息网络系统建设的重要组成部分，其公共商务网定位为国家级旅游电子商务网——以"金旅雅途网"为代表。它自身不经营旅游业务，而是作为促销服务供应商与应用服务供应商，为旅游企业提供电子商务平台。该网站可为相关企业提供酒店、机票、游船、旅游线路的大宗交易。旅游企业可在系统上发布信息，以宣传企业形象和产品、进行招商合作、销售旅游线路等。"金旅雅途网"还针对旅游企业的个性化特点制订了专项解决方案，为旅游企业网络建设及业务流程优化整合提供全方位的服务与支持。

三、选择适合的计调线上业务合作赢利模式

（一）春秋旅行社的赢利模式

春秋旅游网的赢利模型是由网站、春秋国旅总社及各网点、上游的旅游企业（各地分社及合作旅行社、航空票务代理商、目的地酒店）和网民市场构成。其目标市场主要为观光和度假游客，由于春秋国旅强大的资源支撑，线路预订成为网站的主营业务。春秋旅游网推出的所有线路价格均与春秋国旅总社和各分社一样。因此，众多的线路选择和实惠的价格无疑成为春秋旅游网最大的卖点。在线路预订上，春秋旅游网采用了旅游线路竞拍的方式，尝试由市场来决定价格的办法。同时，春秋旅游网也经营酒店和机票

预订业务，但大多是通过传统旅行社来完成的。网站的信息提供和社区营造，基本上是围绕自己的预订业务设置的，并没有建立一个庞大的目的地信息库。

1. 春秋旅游网的利润来源

春秋旅游网的利润来源主要由以下几个方面构成：

（1）线路预订代理费。这是春秋旅游网的主要利润来源。它是在春秋国旅的组团赢利中形成的，通过春秋国旅以赢利返还的形式获得。

（2）酒店预订代理费。旅游者可以有两种支付方式：一种是预付方式，由春秋国旅向目的地酒店预订；另一种是前后支付方式。相应地网站也就有了两种赢利渠道。前者是由春秋国旅以赢利返还方式获得；后者则是目的地酒店以赢利返还形式实现。

（3）机票预订代理费。通过春秋国旅的订票差价以赢利返还的形式实现。

（4）春秋国旅提供的发展资金。网站本身也是春秋国旅的一个营销渠道和宣传窗口。有的网友在网上浏览相关信息后，选择到春秋国旅各旅行社进行实地交易。因此，作为对网站赢利漏损的补偿和未来发展的支持，春秋国旅总社会向网站提供一定数量的发展资金。

2. 春秋旅游网的优势

春秋旅游网这类依托自然传统资源开展全面旅游电子商务的网站，有着自身的先天优势。

（1）春秋旅游网直接拥有春秋旅行社的旅游线路，在团队旅游线路的数量和价格方面，自然有"携程"不能比拟的优势。

（2）从营销投入上看，依托强大的旅行社资源作为品牌支撑，春秋国旅的规模优势、品牌知名度和美誉度及顾客忠诚度，都转化为春秋旅游网的品牌优势，同时也为网站节省了大量的线上和线下营销支出。

（3）从产品价格竞争上看，春秋旅游网产品有一定的价格优势。由于市场的不规范，酒店虚假预订的事情时有发生。因此，国内酒店给予网站的报价普遍要高于传统旅行社。春秋旅游网依托旅行社，在酒店预订方面基本上都可拿到旅行社的报价，因此，价格比"携程"略低一些。

3. 春秋旅游网的不足

春秋旅游网的不足之处，是这类网站除企业与上游企业和市场的沟通之外，还需要与企业内部的各个部门进行信息沟通，沟通层次过多，降低了信息传递的速度，在 B2C 电子商务环境下表现为对客户服务的不及时和沟通成本的提高。在一定程度上会影响顾客满意度和网站的运营效率，从而影响赢利的实现。总的来说，这类与传统资源整合的旅游电子商务网站，相对而言更适合目前国内旅游市场发展状况，将是今后旅游电子商务的发展方向之一。

（二）携程网的赢利模式

"携程"最初的目标是做旅游门户网站，靠广告赢利。随着网络泡沫的破灭，"携程"及时转向，借助 3 次具有代表意义的收购或合作，实现了业务转型。"携程"通过收购当时国内最大的订房中心和北京最大的票务中心，形成了"酒店 + 机票"的主营业务，从而实现了初步赢利，并成为中国旅游业第一家在美国纳斯达克上市的公司。"携程"与上海翠明国际旅行社合作，将业务范围拓展到具有较高利润的出境旅游市场。"携程"旅行网的赢利模式，主要由网站、上游旅游企业、目的地酒店、航空票务代理商、合作旅行社和网民市场构成。其目标市场以商旅客户为主。

1. 携程网的利润来源

携程网的赢利来自以下几个方面：

（1）酒店预订代理费。这是携程网最主要的赢利来源。虽然携程网也明确了网上支付与前台支付的区别，但大多只提供到目的地酒店前台支付房费的办法。所以，携程网的酒店预订代理费用，基本上是从目的地酒店的赢利折扣中获取的。

（2）机票预订代理费。这是从旅游者的订票费中获得，等于旅游者订票费与航空公司出票价格的差价。

（3）自助游与商务游中的酒店、机票、预订代理费，其收入途径与前两项基本一致。

（4）线路预订代理费。携程网通过与其他一些旅行社的合作，也经营一些组团业务，但这不是携程网的主营业务。

（5）广告收入。携程网还承做21CN、上海热线、央视国际等知名门户的旅游频道，其中有可观的广告收入。

（6）会员收入。携程网会员可直接购买VIP会员卡，获取消费的特别积分，同时，会员拥有更多的价格优惠。

2. 携程网的优势

携程网是中国率先宣布赢利的四大网站之一，这类网站作为预订中介代理，优势在于：

（1）其赢利过程是在网络上实现。赢利模式可以构成一个封闭完整的路线，旅游者的消费可以比较完整地转化为企业的营业收入。

（2）这种模式下的企业信息化程度相对较高。企业内信息沟通层次较小，沟通速度相对较快。

（3）由于这类企业本身并不具有产品资源，所以，经营中固定成本相对较小，企业运行风险较小。

3. 携程网的不足

（1）由于自身无产品资源，所以其赢利与否或赢利多少，关键取决于从上游服务提供商手里拿到的价格。许多旅游企业由于自身电子商务的开展缺乏强有力的旅行社和客房资源支撑，在数量和价格上都不存在优势。

（2）网络信息沟通的实时响应能力较差。相对而言，国内游客还是习惯于通过面对面的交谈进行线路预订、酒店设施等方面的信息考察。

总的来说，"携程"一类的专业旅游电子商务公司的赢利模式是成功的。随着网民市场的不断成熟，这类模式会逐渐获得更多的认同。由于酒店预订、机票配送业务具有较高的标准化，其中，酒店预订由于完全不涉及物流，旅游者预订也不用首先交纳订金，网站此部分的赢利是通过酒店返还的佣金而获得，不涉及网站与旅游者的资金往来，因此，订房成为最适合网上开展的旅游业务。而机票预订，因为涉及送票这一环节所需的物流，网上交易的优势稍逊于订票。可见，从最适合在网上开展的订房业务做起，再到订票，发展成熟后，再逐步实现旅游线路等产品的网上经营，是互联网企业发展电子商务的最佳方式。"酒店＋机票＋旅游线路"三大模块为综合性旅游互联网企业提供了一种典型的赢利模式。

实训项目

项目名称	计调线上业务操作
实训目的	1. 通过实训使学生掌握电子商务在旅行社中的运行模式。 2. 使学生具有熟练操作在线询价能力。
实训地点	学校实训教室。
实训步骤	1. 学生分组扮演欲购买酒店客房、机票及部分旅游线路的旅游者。 2. 分别登录青旅在线、春秋旅游网、携程网，进行新用户注册，熟悉网站的服务板块，并进行相关旅游产品的询价。 3. 教师示范操作时可能遇到的问题，学生讨论解决方法。
实训成果	计调线上业务操作的流程图及注意事项。

任务实践

根据青旅在线、春秋旅游网、携程网等旅游网站的经营方式，通过在线预订某一旅游产品，分析该网站的基础设施建设、电子支付手段、旅游产品组合能力，并提出合理化建议。

项目十
计调业务管理

[知识目标]

通过学习，学生要掌握计调客户管理、计调投诉管理的主要内容，掌握计调业务的管理方法。

[能力目标]

通过实训，学生能够掌握旅行社客户档案的建立方法及处理旅游者投诉的基本程序。

 引导案例

如何确定经营信息和经营秘密

某年3月21日，上海新华旅行社有限公司接待部经理姜海敏及员工王海燕等5人向旅行社提出辞职，他们在未得到批准的情况下到上海虹桥旅行社工作。离开原单位前，除姜海敏外，王海燕等4人分别将其使用的计算机中关于"华东地区旅游"项目的经营信息删除。同时，姜海敏等5人还带走了载有"华东地区旅游"项目经营信息的部分业务资料，包括外地旅行社发给新华旅行社要求组团的传真件。其5人到虹桥旅行社后，姜海敏担任该社的副总经理，其余4人担任业务员，均从事与在原旅行社相同的工作。姜海敏等5人擅自离开原单位的当天，新华旅行社即发现其4台计算机中储存的"华东地区旅游"项目的经营信息被删除，即向公安机关报案。公安机关当天查封了该4台计算机。同时新华旅行社委托司法部司法鉴定中心对4台计算机中被删除的经营信息予以恢复。该中心采用技术手段，对被删除的部分经营信息予以恢复，新华旅行社为此花费人民币3万元。为此，新华旅行社将虹桥旅行社和姜海敏等5人上诉至法院。

 案例分析

这是一起因旅行社员工集体离职而引发的侵害商业经营秘密案件。涉及旅行社在长期经营过程中形成和积累的客户名称、游程安排、供应标准等是否构成经营秘密的问题。

我国《反不正当竞争法》第十条规定，所谓商业秘密，是指"不为公众所知悉、能

为权利人带来经济利益、具有实用性并经权利人采取保密措施的技术信息和经营信息"。根据商业秘密的概念，学理上通常将商业秘密的特征概括为"四个性"，即新颖性、价值性、实用性、秘密性。"不为公众所知悉"就包含了新颖性和秘密性两重含义，而更为主要的是新颖性。新颖性是将商业秘密与"公知信息"相区别的一个主要特征。经营秘密是包含于商业秘密之内的，所以，经营秘密也应当具有商业秘密所应具有的所有特征。

在审理经营秘密侵权案件中，被告往往从新颖性角度进行抗辩，即原告主张的经营信息能从公开渠道获得，是任何人都能使用的公知信息。本案中，原告主张的是"华东地区旅游"项目经营信息，包括旅行社的名称、综合费用、游程安排、供应标准等。被告的主要抗辩理由也是这些信息要素从行业公开的资料上都能查询到，而且原告的旅游广告等宣传资料也有介绍，所以不具有新颖性。这就涉及如何看待信息要素的公开性与经营信息的新颖性之间的关系，信息要素公开是否影响经营信息整体新颖性的问题。笔者认为，在判断经营信息是否具有新颖性时，首先要确定经营信息的范围，然后从整体上进行考量和判断。因为任何经营信息都是由各种信息要素组成的，而单个信息要素则有可能来源于公开渠道，也有可能由权利人对外公开。但信息要素不等同于要求保护的经营信息本身，信息整体要素的公开也不等于经营信息就丧失新颖性。如果由各个公开信息要素所组成的经营信息整体不为公众所知悉，它就具有新颖性。本案中，从单个要素看，原告要求保护的旅行社的名称、综合费用、游程安排等都可以从公开渠道查询到，但具体到原告与每个旅行社就某一个旅游项目所达成的具体综合费用，在公开渠道是难以获得的，而这正是原告所要求保护的。这些经营信息被被告从原告处带走，并产生经济效益，也从另一面说明了这些经营信息具有新颖性。

任务1　计调客户管理

旅行社要获取更多利润，不仅要积极开拓新市场，而且要稳固现有市场。旅游者是旅行社产品的消费者，其购买和享受的是无形的旅游服务，此类产品质量的高低、品质的优劣是旅游者经过亲身经历而给出的评价。旅游者对旅行社的产品满意，认可旅行社的服务，不仅会成为旅行社的忠诚客户，其良好的宣传也会为旅行社带来口碑效应，从而扩大旅行社的知名度与市场。如果旅游者具有一定的社会地位、广泛的人际关系，那么为旅行社带来的将是更多的商机与更大的利益。所以创建旅行社客户信息系统，并合理地开发、利用、管理对旅行社来说十分必要。

在计调工作中，如何建立客户档案呢？首先要从分析客户类型入手，根据对客户类型的不同，分析其特点，评价其合理性，然后就可以建立客户档案了。

一、旅行社客户的类型

客户是旅行社经营的重要的物质基础和社会资源，它既包含旅游者，也包含为旅行社提供食、住、行、游、购、娱活动的企业。对旅行社而言，拥有最大的旅游客源非常重要，但是如何选择运输工具、选择哪些景区组成产品、选择什么饭店合作等一系列的问题也一样重要。因此旅行社的客户应该是一个广义的概念。

旅行社的客户从广义上可以分为：旅游者、旅游供应商、旅游媒介等。它们对旅行社的业务发展有着重要的作用，如旅游者是旅行社生存的根本，是旅行社的衣食父母；景区、饭店、旅游车船公司等是为旅行社提供产品基本要素的供应商，它们的价位、服务质量的高低直接影响到旅行社产品的质量高低；广告公司、新闻媒体则是重要的传播途径，对旅行社的市场营销产生影响。因此，在建立旅行社客户档案时，就要分门别类建立旅游者档案、供应商档案、传媒合作者档案。

（一）旅游者客户

旅游者是旅行社产品的接受者和使用者，一般根据旅游者的出游率、购买力、忠诚度可以分为以下 5 类：

（1）出游率高、购买力高、忠诚度高。这类客户是旅行社的财富，旅行社应该花大力气开发与维护这些目标客户，专门针对该客户类型建立 VIP 档案。

（2）出游率高、购买力高、忠诚度低。这类客户既有可能是旅行社的财富，也有可能是旅行社的"敌人"。对于这类客户，旅行社应努力开发与维系，用优秀的产品质量、周到细致的服务将他们培养成旅行社的忠诚客户。

（3）出游率低、购买力高、忠诚度高。这类客户是旅行社的希望。应分析其出游率低的原因，推出适宜其购买的旅游产品，增加其购买频率。

（4）出游率低、购买力低、忠诚度高。这类客户可以说是旅行社应努力争取的，也可以说是旅行社的潜在客户。随着条件的改善，有可能成为第一类或第三类客户。

（5）出游率低、购买力低、忠诚度低。这类客户可以说是最常见的，对旅行社而言，价值极低，可以直接淘汰。

（二）供应商客户

供应商是为旅行社提供旅游"原材料"的企业，通过采购这些原材料，旅行社就可以向旅游者提供包含食、住、行、游、购、娱六大要素的旅游产品了。因此，供应商产品的价格、质量直接影响到旅行社旅游产品的质量高低。

（1）合作时间长、合作基础良好、产品类型多、产品质量高、产品报价优惠、产品市场认可度高。这类供应商是旅行社要重点保持合作关系的客户。当然市场上这类"全能型"供应商比较少，旅行社可以就某一供应商的某一类或几类产品作出说明或注释，作为该供应商的优势产品。

（2）合作时间长、合作基础良好、产品类型少、产品特色鲜明、产品报价优惠、产品市场认可度高。这类供应商同样是旅行社要关注的客户。他们可以为旅行社提供某种或某类优秀的旅游产品，提高旅行社产品的竞争优势。

（3）合作时间长、合作基础良好、产品类型多、产品质量一般、产品报价优惠、产品市场认可度一般。这类供应商是旅行社业务经营中遇见最多的客户。旅行社可以通过总结合作历史资料，分析出具备高合作忠诚度的客户，重点发展。

（4）合作时间短、产品类型多、产品质量高、产品报价优惠、产品市场认可度高。

这类供应商是旅行社要重点发展合作关系的客户。通过加强联系，拓展业务领域，开发新的旅游产品，增强旅行社的竞争力。

（5）合作时间短、产品类型少、产品特色鲜明、产品报价优惠、产品市场认可度高。这类供应商是旅行社要拓展合作关系的客户。通过他们，旅行社可以开发新的特色旅游产品，适应市场对旅游产品需求的变化。

（三）传媒合作者

旅行社推销自己的旅游产品有多种方式和渠道，利用大众传媒是其中的一种方式。大众传媒高效、价廉、覆盖面宽的特点，适用于旅游产品的销售。下面主要介绍几类传媒分类：

（1）报价高、覆盖面小、读者群消费档次高。这类传媒通常为专供高档会所的杂志、报刊等，一般面向社会成功人士，适合那些专业旅游项目及高档豪华旅游产品的宣传。

（2）报价适中、覆盖面广、读者群消费档次不一。这类传媒面向的读者面广，但是消费能力高低不同，其中大部分可以接受常规旅游产品，适合那些已经成熟的市场认可度高的旅游产品的宣传，旅行社在常规产品上开展的某种主题旅游活动也可以利用这类传媒进行宣传。

（3）报价低、覆盖面广、读者群消费档次不一、潜力大。这类传媒的代表是网络，适合一些具有特色的旅游活动的推介，尤其适合自助游产品推介。它可以扩大旅行社的知名度和业务范围。

二、建立客户档案

目前的旅游行业，旅行社、机票代理公司、各种等级的酒店如雨后春笋般地遍布全国各地。旅游产品的价格如沙漠里的旋涡越旋越低，而各家货架上的产品类型却大同小异，无甚区别，差异性渐趋为零。旅行社的数量由 20 世纪 80 年代的国旅、中旅、青旅 3 家发展到目前的上万家。旅游产品的毛利率也由过去的30%降低至如今的5%，有很多旅行社还达不到这个利率。在如此恶劣的竞争环境中，旅行社靠什么生存发展呢？靠客户，尤其是靠那些长期购买旅行社产品的"终身客户"。

建立客户档案是客户管理的基础。方式有两大类：一种是通过电脑办公软件进行；另一种是通过引进大的客户管理系统，如 CRM（客户关系管理系统）。前一种的管理成本低，适合中小旅行社，后一种投入大，适合大型旅游企业。

（一）建立客户档案的原则

建立客户档案，就是为了方便旅行社的使用与管理，应遵循科学性、系统性、延续性、客观性的原则，确保客户档案的真实有效。

（1）科学性原则。客户档案的建立应该符合基本的规律，比如在进行分类时，一定要准确界定合作性质，本着一户一册的原则去建立档案。档案的内容应该是客观、真实的，能够反映客户的实际情况。

（2）系统性原则。客户档案的建立是一个系统性的活动，本身就需要计调、外联部门的通力合作，同时导游部门也应给予积极配合。

（3）延续性原则。客户档案一旦建立，就要及时维护，根据旅游市场和旅行社业务的变化，不断补充新内容，删除与发展形势不相适应的内容。

（4）客观性原则。客户档案的建立要避免任何主观观点，应该客观、真实地反映客户的实际情况。

（二）客户档案的内容

1．旅游者档案的内容

在实际工作中，可以将旅游者细分为散客客户和企业客户两大类，分类建立客户资料，并进行维护更新。

（1）散客客户档案（信息库）的主要内容包括：

①客户的基本信息。如姓名、性别、生日、工作单位、职务、联系方式（电话、传真、电子邮件等）、通信地址、个人爱好等。

②历史消费记录。如参加过哪些旅行社的哪些旅游团。

③未来消费需求与取向。如有哪些出游计划和意向。

④产品信息来源。即通过哪些渠道了解到旅行社的产品信息。如从报纸、电视、电台的广告中或亲戚朋友的介绍等。

 范 例

散客档案表

姓名	性别	身份证号码	工作单位及职务	联系方式	旅游信息来源	最近旅游记录	旅游意向	备注

（2）企业客户档案（信息库）的主要内容包括：

①客户的基本信息。如公司名称、企业性质、公司地址。

②联系人信息。指专门负责与旅行社进行旅游活动联系的人。如办公室主任、秘书、工会主席等，其信息主要指：姓名、手机号码、个人爱好等。

③历史消费记录。如组织过哪些与旅游有关的活动。

④未来消费需求与取向。如未来计划组织哪些与旅游有关的活动。

⑤产品信息来源。即通过哪些渠道了解到旅行社的产品信息。如从报纸、电视、电台广告中或亲戚朋友介绍等。

客户档案越详细越全面越好。详细、全面的客户信息有利于旅行社对客户全面、周详的了解，以便更加贴切、有效地服务客户、留住客户。

企业客户档案表

企业名称	地址	传真电话	组团记录	联系人姓名	联系人联系方式	备注

2. 供应商档案的内容

（1）企业的基本信息。包括企业的名称、地址、公司电话、传真、联系人姓名及电话等。

（2）产品信息。包括产品的种类、各类产品的价格及特色等。

（3）合作记录。包括以往合作的合同等。

供应商档案表

企业名称	企业地址	传真电话	联系人联系方式	产品类型与价格	产品特色	备注

3. 传媒合作者档案的内容

（1）企业的基本信息。包括企业的名称、地址、公司电话、传真、联系人姓名及电话等。

（2）企业产品信息。包括产品的种类、各类产品的价格及特色。

（3）合作记录。包括以往合作的合同。

客户档案的建立是一项长期、系统的工作，需要用心去搜集资料、细致分类、精心选择。

范例

传媒合作者档案表

企业名称	企业地址	传真电话	联系人联系方式	产品类型与价格	产品特色	备注

三、进行客户评估

建立起客户档案并不意味着工作的结束，怎样把这些文字资料变成真正的资源、怎样保护这些资料的安全，是一个非常重要的问题。旅行社既要建立完善的客户档案，对客户进行跟踪维护，通过贴心服务使之成为"终身客户"；也要建立完善的客户资料管理制度，达到保护旅行社资源的目的。

作为旅行社的客户，不管是供应商、传媒合作者还是旅游者，都是变动的。因此，一名合格的计调人员就要做到经常对客户的档案进行检查，及时掌握客户的变化，分析造成变动的原因，及时上报旅行社高层，以利于旅行社推出新的旅游产品、扩大新的服务范围、寻找更适合旅行社经营发展的合作者。当然，也可以通过资料研究出哪些客户已经流失、哪些客户已长时间没有业务往来等，分析原因，总结经验，避免旅行社遭受更严重的损失。

（一）客户资料更新的内容

（1）新增加的客户。比如新增加的供应商、新建立联系的企事业单位等。

（2）已经淘汰的客户。即那些长时间没有业务往来或与旅行社发展方向不一致的客户等。

（3）客户资料中的某些因素发生变化。比如有些客户近期业务量大增、有些客户的联系人发生变动等。

（二）客户资料的评估

计调人员除了应对客户资料进行及时更新、维护之外，还要定期对客户资料进行汇总、分析，也就是对客户资料的定期评估。客户评估，就是根据客户的销售量和忠诚度进行分类，根据信息变动分析旅游者出游的趋势和客户价值，及时上报旅行社领导，更好地开展旅游业务。

客户类型，无论是作为整体的团队客户还是作为个体的散客客户，根据他们的销售量和忠诚度，可将其分为以下几类：

（1）销售量小，忠诚度低。这类客户对旅行社毫无价值，及时淘汰，不要手软。

（2）销售量小，忠诚度高。这类客户是需要全力扶持和培育的，他们是旅行社的未来。

（3）销售量大，忠诚度低。这类客户是需要掌控的，他们是旅行社潜在的敌人，很可能在不久的将来背离企业。在旅行社的客户总量中，这类客户的比例要严格控制。

（4）销售量大，忠诚度高。这类客户是旅行社的财富，拥有的越久越有发展潜力，这是旅行社应该花大力气开发和维护的目标客户。

客户类型有很多种，分类方法也千差万别，但是无论按照哪一种方法分类，关键的问题都是要根据每个客户对旅行社的重要性不同，定期对他们进行评估。如同商场中对商品的定期"盘点"一样，对那些对旅行社有贡献的客户，应及时进行奖励，而对那些不符合旅行社要求的客户，则应及时淘汰。

四、巩固客户关系

建立客户档案和对客户进行评估，最终目的都是为了留住客户。怎样才能留住客户，让他们长期消费你的产品，成为你的终身客户呢？先来分析一下导致失去客户的原因及其所占的比例。

• 1%的原因是客户过世了，不在了。对此我们毫无办法，只能面对现实。

• 3%的原因是客户搬离了旅行社的服务范围。如去了另一座城市。旅行社的服务够不到他们了，或者说够到的成本实在是太高了。

• 5%的原因是客户已不再是旅行社的目标客户了。他们的消费观念或消费水平已和旅行社相去甚远。

• 9%的原因是旅行社把价格作为企业的核心竞争力，客户无法接受，因而转向。

• 14%的原因是硬件缺陷。客户无法接受产品或服务的某项缺陷而转向了竞争对手。

• 68%的原因是软件缺陷。旅行社的服务差，对客户不友好，使客户最终离开。从以上的分析数据看，旅行社失去客户的最主要原因是不够努力，没有在客户和旅行社之间建立起一种客户管理意义上的热情负责、细致周到的关系。

目前大大小小的旅行社层出不穷，企业间竞争激烈，客户关系的巩固对旅行社的经营起到了更加重要的作用。良好的客户关系建立在真诚合作、及时沟通的基础上，通过程序化的客户关系巩固，不仅可以使客户档案保持不断更新的状态，而且可能使其与客户之间的联系越来越紧密，甚至形成战略合作伙伴关系。以客户为本、急客户所急、应客户所需，具体来讲就是，要随时了解客户的需求，并在恰当的时候以恰当的方式满足客户的需求。这样，客户就会把你铭记在心。巩固客户关系的具体方式如下：

（一）生日问候

根据客户信息档案，筛选出客户的生日，在每个月底、月初，适时邮寄生日贺卡，客户会非常感激，记住客户的生日是巩固客户关系的有效手段。

（二）节日问候

为增强与客户的熟悉度，旅行社应充分利用每一个可以利用的节日，适时地向客户表达企业的善意，增进与客户的感情，进而达到巩固客户的目的。节日的类型很多，比如说客户公司成立纪念日、传统节日等都可以成为表达感情、增进友谊的时机。尤其是在一些容易被人遗忘的节日，如端午节。问候可以通过电子邮件、电话、贺卡、花篮等形式。

（三）电子邮件

旅游结束后，计调人员可以通过电子邮件与对方保持联系。只有经常与对方进行有效的沟通，才能获得更多的机会。撰写邮件时，切忌用一大堆广告词语或者一些模式化的语句，以免让对方感到不真诚，有推销自己之嫌，甚至造成适得其反的结果。使用电子邮件与对方沟通，既方便又突出了计调人员的工作特点，会使对方感到朴实亲切。

（四）明信片

（1）问候性明信片。针对直客，旅行社计调人员可以向旅游者寄送明信片。这种明信片应附有旅行社的社徽、地址、电话等内容，并由计调人员亲笔写上问候语或表示再次为其服务的良好愿望的语句。一旦旅游者接到明信片并与旅行社进行联络，旅行社便可利用这一机会向顾客推销新的旅游产品。

（2）促销性明信片。旅行社计调人员在考察旅游胜地时向旅游者寄送有关旅游胜地的明信片。这是旅行社同旅游者保持经常接触的行之有效的联络手段。例如，一位美国旅行社的领队每次到风景名胜地考察，都要购买250张印有该景点的明信片，通过当地邮局将这些明信片寄给经过挑选的旅游者。这样做，既可向旅游者介绍该地的风景名胜，引起旅游者到那里一游的兴趣，又使顾客觉得到那里一游是不会吃亏的，因为旅行社工作人员都到那里去"度假"了，这是西方旅行社采用得比较普遍的办法。

（五）发送新产品目录

对于旅行社不断创新的旅游产品，客户不可能都会及时了解到，通过印刷新产品说明并在第一时间投递给客户，可以帮助客户了解产品情况，也可以使客户意识到旅行社时刻都在关注他。这也是其他类型企业经常采用的一种巩固客户关系的方法。

在邮寄印刷品时，要注意：客户单位名称与联系人或客户姓名、地址一定要书写准确；印刷品要印制精美，内容言简意赅，附有一定的优惠条件；一次投递的印刷品数量不宜太多。

（六）建立年度消费奖励制度

对在一年内为旅行社提供服务或购买旅行社产品达到一定金额的供应商和旅游者提供年度奖励，可以奖励在一定时间内免费享用一定数量的特色旅游产品，以此来强化客户关系。对于一般客户，则可以通过积分卡吸引客户长期消费。根据客户的消费情况设计成不同等级的消费卡，这点可以借鉴目前市场上流行的商场消费积分卡。但是与一般的积分卡不同，旅游积分卡应该做到：

（1）信守承诺，绝不欺骗。一般在设置积分卡时，总是会提供积分方式和相应的优惠政策。因此旅行社提供的优惠政策要与本旅行社的实际情况相吻合，不能超越企业承受能力，随便设置不可能达到的标准，以免丧失诚信，得不偿失。

（2）客户为本，真诚回报。旅行社在提供积分卡时，应充分考虑旅游者的出游目的、出游习惯，在提供服务时不能因为是奖励或赠予活动而降低服务质量。

（七）定期组织"客户联谊会"

在一定时间选择一些 VIP 客户组织联谊会或答谢会，或以旅行社为龙头、计调人员为主要承办人员组织一些联谊活动，一方面可以联络感情、巩固客户关系，另一方面也可以了解客户需求的变化，有针对性地及时调整产品。在组织联谊会或答谢会的过程中，要事先对客户进行认真分析，有针对性地制定活动内容，活动时间和场地要安排得当，活动方式要轻松、高雅、令人回味，可以采用冷餐会或鸡尾酒会＋文艺节目＋参与性趣味活动＋抽奖或赠送纪念品的形式。联谊会是与客户交流的直接场合，可以缩短与客户的距离，为以后的合作打下良好基础。组织联谊会时，注意一定要准备充分，各环节衔接流畅，活动内容设计新颖，给旅游者留下很深的印象。被邀请的客户，不应该只是那些销售量大的客户，更应包括那些有市场影响力和有过特殊贡献，以及最早支持本社的客户。

（八）建立回访制度

不要等到旅游者投诉，旅行社才跟旅游者联系。团队结束后，要主动对旅游者进行回访，认真倾听客户的意见和建议，并归纳记录，作为提高满意度和改进服务的依据。回访可使旅游者产生被重视的感觉，尤其是在旅游产品消费过程中，软性的服务占主导地位的情况下，通过及时、专业、有针对性的回访，甚至可以化干戈为玉帛，避免投诉。总之，想让客户记住你，在有出游意向时就想到你，你就先得记住客户，并在有"好事"的时候想着客户，对其进行不间断的"感情投资"。回访客户应遵循一定的原则，如回访频率不要太高、回访前要先联系，否则回访不仅起不到预期作用，而且会适得其反。

（1）旅游结束后的回访。旅游活动结束后是进行回访的一个良好时机。通过回访，可以了解旅游者对旅游行程安排、活动组织、旅游服务等的意见和建议，同时也可以送上对旅游者的祝福，表达对旅游者的感谢，拉近与旅游者的距离。

（2）不定期回访。与客服之间关系的巩固是建立在密切联系和信息沟通基础上的，旅行社需要选择合适的时机和一定的频率加强与客户联系，如电话沟通、上门拜访、邀请座谈、寄送贺卡等形式。另外，一些重大节日也是不错的契机。当然，过于频繁联系有时候也会影响到客户正常的工作和生活，所以每隔一到两个月与客户进行一次联系会比较恰当。注意，上门拜访的话一定要事先电话预约，征得对方同意方可。

任务 2　计调投诉管理

由于我国目前的旅游产品结构以全包价团队旅游产品为主，旅行社为旅游者提供的是一个包含了食、住、行、游、购、娱六大服务要素的综合旅游产品，旅游者通过购买旅行社的旅游产品来满足自己的旅游需求。当旅游者认为所付出的费用和得到的旅游服务质量不成正比时，即旅游者得到的旅游体验和原来的旅游期望值出现较大差异时，就会产生投诉。由于全包价旅游产品涉及的环节众多，在旅游服务过程中只要任何一个环节的服务出现问题，都会导致旅游者投诉，旅游投诉也就成为旅行社界最头疼的问题之一了。

一、处理好旅游投诉的重要意义

旅游者的投诉，不仅意味着自己的某些旅游需求没有得到满足，而且是旅游者对旅行社服务产品质量和管理工作质量的一种劣质评价。成功的旅行社善于把投诉的消极影响转换成积极作用，通过处理投诉来改善企业的服务质量控制体系，防止投诉的再次发生。因此，正确认识旅游者的投诉行为，采用积极的心态来看待这个让业界同仁头疼的问题，不仅要看到投诉对企业的消极影响和由此带来的损失，更重要的是把握投诉对旅行社隐含的积极的一面，变被动为主动，变消极应付为主动预防。

（1）投诉是提高旅行社服务质量控制体系的推动力。旅游投诉，简而言之就是对"人或物"的投诉。对人的投诉，主要体现在对直接提供旅游服务的工作人员服务态度和服务能力的投诉；对物的投诉，则主要体现在旅行社所采购的旅游要素未达到承诺的规格或者存在着功能性的缺失，如酒店标准和旅游产品中承诺的规格不符、卫生状况不达标、餐饮质量不好、旅游车空调不能启动等，都属于典型的对物的投诉。旅游者投诉，客观上是旅行社服务质量控制体系的晴雨表。通过投诉，旅行社可以及时发现自己不易发现的工作漏洞。如果投诉集中在本企业服务人员身上，则说明需要对旅游销售人员、计调人员和导游人员等进行服务意识的培训；如果投诉集中在合作伙伴或采购服务要素服务人员的服务态度上，则需要考虑是否应该更换合作伙伴；如果投诉集中在酒店、餐馆、旅游购物商店等旅游要素的功能性不足上，则需要反思企业采购体系的控制过程。

（2）投诉是旅行社挽回自身声誉的机会。通过对投诉的处理，可以鞭策旅行社及时堵塞漏洞、对症下药，解决可能是长期以来一直存在着的严重影响企业声誉的工作质量问题。即使是碰到了部分旅游者的有意挑剔、无理取闹，旅行社仍可以从中吸取教训，为提高经营管理质量积累经验，使质量控制体系不断完善、服务接待工作日臻完美。

二、旅游投诉表达方式

旅游者在旅游过程中对享受到的服务不满、抱怨、遗憾、生气、动怒时，可能会投诉，也可能不愿投诉。不愿投诉的旅游者可能是不习惯以投诉方式表达自己的意见，他们宁愿忍受当前的境况。另一种可能是认为投诉并不能帮助他们解除、摆脱当前不满的状况，得到自己应该得到的利益。还有一种可能是怕麻烦，认为投诉将浪费自己的时间，使自己损失更大。这些旅游者尽管没有去投诉，但他们会通过其他途径发泄不满，例如，旅游者可能自我告诫，以后出游时再也不找这家旅行社，或向亲朋好友诉说这次令人不快的旅游经历。这就意味着旅行社不但永远失去了这个旅游者，而且可能会造成一系列负面的连带效应。

（1）向导游人员投诉。这类旅游者认为，自己受到了不公正的待遇，旅行社未能满足自己的要求和愿望，希望得到某种程度的补偿或者希望在未完成的旅游服务过程中能有所改进，以挽回自己的损失。如某北方旅行社成人团在上海旅游时，向导游人员投诉饭菜质量较差，根本吃不饱。导游人员及时向接待旅行社反映了旅游者的意见，在后面的行程中增加了面食品种，菜肴的质量也有所提高，而且由部门经理出面向旅游者敬酒。

旅游者对旅行社的快速反应非常满意。

（2）向组团旅行社投诉。选择这种投诉渠道，往往是因为旅游者在旅游过程中向导游人员或全陪反映的问题没有得到有效的答复，投诉内容往往与酒店、餐馆、购物商店及用车等旅游要素的功能性缺失有关。在这些旅游者看来，既然问题在旅游途中没有得到解决，旅游结束之后组团旅行社一定要给予恰当的说法和适当的补偿。例如，上述案例中，如果接待旅行社没有采取及时的补救措施，旅游结束后旅游者一定会向组团旅行社投诉，请求给以餐费补偿。那么，组团旅行社肯定要追究接待旅行社的责任，从应该支付给接待旅行社的团款中扣除相关款项，作为给旅游者的赔偿金，而且从改进旅游服务质量的角度出发，组团旅行社会考虑更换合作伙伴。

（3）向社团组织投诉。此类旅游者具有较强的维权意识，在向接待旅行社组团旅行社投诉后，没有得到有效的答复，或者旅行社给予的赔付标准低于自己的心理预期，便向旅游者协会投诉，有时还利用新闻媒体的力量向旅行社施加压力，希望利用社会舆论的作用促使旅行社以积极的态度去解决当前的问题，以求得到自己预期的补偿。

（4）向主管部门投诉。向旅行社投诉得不到理想的答复，绝大多数旅游者便会向旅游质监所投诉，希望质监所根据自己的投诉请求，从旅行社质量保证金中获得自己理想的补偿。旅游质监所接到投诉后会进行相应的调查，确认旅游者投诉是否属实，并有权根据《旅行社质量保证金赔偿试行标准》给予旅游者相应的补偿。

（5）向法律机关起诉。据不完全统计，旅游者很少采用法律诉讼的方式进行投诉，只有在发生了严重的服务质量事故，并在通过上述 4 种途径进行投诉均得不到自己预期的赔偿标准时，才会运用法律诉讼的方式起诉旅行社。例如，某旅行团在我国南方某景点旅游时，由于雨天路滑，发生了交通事故，造成几十位旅游者受伤。由于旅行社和旅游汽车公司提出的补偿方案不能满足旅游者的要求，旅游者便聘请律师将旅行社和旅游汽车公司送上法庭，通过法律途径获得了自己预期的赔偿标准。

综上所述，站在维护旅行社声誉的角度去看待旅游者的投诉方式，便不难发现，旅游者直接向旅行社投诉是对旅行社声誉影响最小的一种方式。此时，旅行社若能接受旅游者投诉，则能抑制有损旅行社声誉的信息在社会上传播，以免使政府主管部门和公众对旅行社产生不良印象。从保证旅行社长远经营的角度出发，旅行社（尤其是接待旅行社）接受旅游者投诉，能防止因个别旅游者投诉而影响到旅行社与重要组团旅行社客户的业务关系，防止因不良信息传播而造成对旅行社行业客户及旅游者的误导。直接向旅行社投诉的旅游者不管其投诉的原因、动机如何，都给旅行社提供了及时作出补救、保全声誉的机会和作出周全应对准备的余地。正确认识旅游者投诉对旅行社经营管理的积极作用，可为正确处理旅游者投诉奠定基础。总之，闻过则喜应成为旅行社接待旅游者投诉的基本态度。

三、投诉的基本类型

在具体的旅游投诉处理过程中，旅游者首先是向接待旅行社的导游员和组团旅行社的全陪或领队投诉，如果投诉得不到解决，才会向旅行社的管理人员投诉。因此，接待旅行社和组团旅行社的导游员或领队，应对以往处理各种旅游者投诉的案例进行及时总结、合理分类，尤其需要了解投诉旅游者的心理活动，以便运用技巧妥善处理投诉，尽量为旅行社减少损失。根据旅游者投诉的不同内容，一般可以分为如下几种类型：

（1）对旅行社工作人员服务态度的投诉。不同消费经验、不同个性、不同心境的旅游者对旅行社服务人员（销售人员、计调人员、导游人员等）服务态度优劣的敏感度和甄别评价虽然不尽相同，但评价标准不会有太大差异。对受尊重需要比较强烈的旅游者往往以服务态度欠佳作为投诉内容。一般情况下，旅游接待人员待客不主动，会使旅游者产生被冷落和怠慢的感受。旅游者往往选择换另外一家旅行社报名参团旅游，只有少数旅游者会向旅行社投诉。对旅行社工作人员服务态度的投诉，主要集中体现在对导游人员的投诉上。例如，表现一，导游人员带领旅游者进入景点之后，让旅游者自行游览，不作讲解或讲解简单，不能让旅游者满意；表现二，当旅游者向导游人员提出改进服务的要求时，导游人员的态度粗暴无礼，或辱骂旅游者；表现三，导游人员在旅游者游览途中无故甩团等。

（2）对旅游过程中服务效率低下的投诉。在旅游旺季，尤其是旅游黄金周期间，旅游者很容易对旅游过程中的服务效率进行投诉。例如，由于接待工作压力大，旅游者在餐厅不能准时用餐；旅游者抵达酒店后迟迟不能入住；旅游者在旅游目的地或景点游览结束后，等候旅游用车的时间太长；航班延误导致旅游者不能按时启程等，都属于对旅游服务效率的投诉。

（3）对旅游要素货不对路或出现硬件功能性故障的投诉。由于黄金周等旺季旅游期间，酒店、旅游车等旅游要素供应紧张，有时旅行社没有征得旅游者的同意，便擅自降低酒店星级或旅游用车标准，旅游者发现货不对路即提起投诉，或者因酒店设施设备使用不正常、不配套，如客房空调控制、排水系统失灵，旅游车的空调系统不能正常工作或在赶往景点途中抛锚等，影响了旅游者旅游体验的实现，也是旅游者投诉的主要内容。

（4）对服务方法欠妥的投诉。因服务方法欠妥，而对旅游者造成伤害或使旅游者蒙受损失。例如，旅游团住宿的酒店夜间大堂地面打蜡时，不设护栏或标志，致使旅游者摔倒；导游人员为了取悦旅游者，讲一些低级趣味的笑话导致旅游者反感；导游人员为了让旅游者购买纪念品，在旅游购物商店停留时间过长等。

（5）对旅行社违约行为的投诉。当旅游者发现自己的旅游行程和签约时的旅游行程不同，旅游目的地的著名景点未安排游览，却安排了不少自费游览项目或更换了住宿酒店等，旅游者就会产生被欺骗、被愚弄、不公平的愤怒心情，而导致投诉。

（6）对旅游商品质量的投诉。旅游者到异地旅游，一般都要购买部分具有当地特色的商品，或作为纪念品珍藏，或作为礼品馈赠亲友。因此旅游购物是旅游者非常重要的一项活动。旅行社为旅游者安排的大多是出售当地特色商品的商店，部分旅游购物商店为了获得稳定的旅游者来源，给导游人员以大额回扣，这就使出售的商品无法得到相应的质量保证，甚至出现假冒伪劣商品。例如，东南亚一些国家的旅游购物商店所出售的名表、珠宝等，质量就得不到保证。旅游者回国后，经过鉴定知道了自己购买了假冒伪劣的旅游商品，必然会心生怨气，对旅行社进行投诉。

（7）旅行社原因导致的其他类型的投诉。由于旅行社没有及时提醒，导致旅游过程中旅游者物品丢失；导游人员或旅游接待人员不熟悉业务，一问三不知；散客拼团时，由于批发商对各零售商（组团旅行社）缺乏价格控制力，导致零售价格差异很大，旅游者对同一旅游产品的价格差异不满；对旅行社管理人员投诉的处理有异议等。

四、投诉产生的原因分析

旅游者的投诉往往是旅行社工作上的过失或旅行社与旅游者之间的误解、不可抗力等原因造成的。

（一）旅行社方面的基本原因

（1）旅行社管理方面的原因。例如，旅行社内部管理混乱，员工业务水平低，工作不称职，不负责任，岗位责任混乱，经常出现工作过失；部门之间缺乏沟通和协作精神，管理人员督导不力；对旅游者不够尊重等。

（2）由于不可抗力或航空、铁路、旅游车公司等大交通单位临时毁约，或者由于不可抗力因素，致使航班取消，导致旅游者无法出行。

（3）接待旅行社在旅游旺季时接旅游者数超过了自己的接待能力，导致接待质量下降。

（4）饭店、餐馆、旅游汽车公司、景区等旅游要素单位，履约合同不够严谨，造成旅游产品手册中的旅游内容不能实现等。

（二）旅游者方面的原因

旅游者方面的原因，表现为对旅游的期望值较高，一旦现实与期望相去较远时，则会产生失望感；对旅行社产品宣传内容的理解与旅行社有分歧；旅游者未听从导游人员的劝告，由于擅自行动而掉队，导致旅游行程未能如期完成等。

（三）旅游产品设计和旅游接待服务的流程原因

1．组团旅行社的原因

（1）组团旅行社销售人员的产品说明夸大其词，不负责任地许诺，使旅游者想象的与实际感受到的服务有差距。

（2）组团旅行社销售人员粗心大意，不按接待旅行社确认的服务标准和内容向旅游者介绍。

（3）除合同规定的服务内容外，组团旅行社临时要求增加额外的无偿服务。

（4）组团旅行社财务状况不好，恶意拖欠款，引起接待旅行社扣团之类的恶性纠纷发生等。

（5）组团旅行社的全陪不能正常维护旅游者利益，或与接待旅行社导游的沟通出现问题，导致服务质量下降。

（6）组团旅行社工作失误，出现机票差错，造成误机，导致旅游者无法出游。

（7）组团旅行社将机、船、车的到达时间弄错，造成接待旅行社发生漏接、错接事故。

（8）组团旅行社没有听从接待旅行社无法接待或出现不可抗力的劝阻、警告，强行出团。

2. 接待旅行社的原因

接待旅行社承担着旅游者在旅游目的地的所有旅游接待任务，涉及旅游的六大要素，主要的投诉一般都是发生在接待旅行社身上。因此，接待旅行社的质量控制问题就显得非常重要。

因接待旅行社工作失误或上下衔接不畅而导致的投诉原因可归纳为如表 10－1 所示的几个方面。

表 10－1　因接待旅行社工作失误导致的投诉原因

投诉阶段	投诉原因
接送团队时	1. 漏接、漏送及错接团队 2. 由于旅游车在途中发生突然故障，或出乎预料的严重堵车等交通状况 3. 导游人员迟到或提前送团，造成旅游者没人管
入住饭店时	1. 饭店标准与计划不符，旅游者拒绝入住 2. 无房、漏订饭店，或饭店无故取消房间，旅游者无法入住
团队用车时	1. 无车 2. 接待用车与计划不符 3. 车况不好、冷气不够、音响效果差 4. 意外事故，如车祸、抛锚等 5. 司机态度不好，不负责任 6. 司机套车 7. 合资、进口、国产、豪华、新旧程度等概念产生的歧义冲突
用餐时	1. 不能按时用餐 2. 数量不足，质量差 3. 不合旅游者口味 4. 风味餐价格过高，尤其是海鲜餐变成"冰鲜餐"
参观游览时	1. 漏景点 2. 导游人员不讲解或旅游者对导游人员的讲解不满意 3. 游览时间不够 4. 旅游者走失 5. 旅游者受伤
旅游购物时	1. 购物时间过长 2. 旅游者不愿意购物而强行购物 3. 增加计划外购物点 4. 导游人员不按旅行社的规定擅自增加购物点
征求意见时	1. 导游人员向旅游者回收"意见表"不足整团人数的30% 2. 旅游者对导游人员有意见时，导游人员只收回与其关系好的旅游者的"意见表" 3. 有的旅游者填写"意见表"全都是满意，但是回家后就找组团旅行社的麻烦，投诉接待服务质量

续表

投诉阶段	投诉原因
雇用兼职导游人员时	1. 兼职导游人员不了解本社的制度和操作程序 2. 不负责任，急功近利 3. 抢客户
接待连线团时	1. 由于上段接待旅行社的原因造成旅游者不满，而未引起本社足够的重视 2. 没有提供更好的服务和安慰工作
事故发生后	1. 导游人员没有及时处理和报告 2. 旅行社领导不重视，未及时、妥善地处理事故
投诉发生时	1. 导游人员不及时报告或隐瞒真相 2. 接待旅行社推诿责任、不重视、不处理

3. 外部合作引起的投诉

表 10-2　外部合作引起的投诉

被投诉部门	投诉原因
航空公司	1. 航班时刻随意调整 2. 错订、漏订机位 3. 预订机位不及时确认 4. 随意取消机位
游船公司	1. 未经旅行社同意随意更换旅游者的舱位 2. 提前抵达目的地后，驱赶旅游者下船
火车站	1. 预订的车票临时取消 2. 铺位的分配引起纠纷，一个团队全是上铺
景区	1. 节日期间不开放 2. 提前关闭 3. 门票临时涨价 4. 强行出售套票
旅游购物	购物商店出售质次价高的旅游纪念品
酒店	1. 取消预订房间 2. 临时上涨房价 3. 随意调换不同等级的客房 4. 不按时供应热水 5. 物品损坏没有及时维修和更换 6. 卫生条件差，有蚂蚁、蟑螂等现象 7. 旅游者遗失物品和物品被盗
社会治安	1. 旅游者被抢劫 2. 旅游者斗殴 3. 旅游者违纪或违法
不可抗力因素	1. 因遇恶劣气候影响团队的行程，或提前、或推迟、或滞留 2. 运输单位罢工或破产

五、旅游投诉处理的原则

（1）宾客至上原则。处理投诉的时候应该秉承宾客至上的原则，对旅游者的投诉持欢迎态度，迅速接受旅游者的投诉。旅游者对旅行社的服务不满意，产生投诉是正常的。他们来投诉，就是希望旅行社管理人员能够帮助解决问题。此时，旅行社接受投诉的计调人员，应该认真听取旅游者的意见，表现出愿意为旅游者排忧解难的诚意，对他们的失望和痛心好言安慰、深表同情；对他们的失控言行豁达礼让、充分理解，争取圆满解决问题。对于绝大多数投诉的旅游者来说，投诉的目的，并不一定就是要获得物质上的补偿。在处理投诉过程中，旅行社计调人员能以最佳的服务态度对待投诉人，这对通情达理的旅游者而言，某种程度上应该说也是一种补偿。

（2）双赢原则。旅行社计调人员在处理投诉时，身兼两种角色。首先，他们是旅行社的代表，代表旅行社受理投诉，因此不可能不考虑本企业的利益。但是，只要他们受理了旅游者的投诉，也就同时成了投诉人的代表。他们既代表旅行社，同时也代表投诉人去调查旅游者投诉事件的真相，给旅游者以合理的解释，为旅游者追讨损失赔偿。旅游者直接向旅行社投诉，这种行为反映了旅游者相信旅行社能公正、妥善地解决当前问题。为回报旅游者的信任，以实际行动鼓励旅游者这种到企业投诉的行为，旅行社工作人员必须以不偏不倚的态度，公正地处理投诉。很多旅行社企业往往认为，旅游者投诉就是要获得经济上的补偿，为此，往往以消极的态度处理投诉，能拖就拖，希望让旅游者的投诉不了了之。这样的做法往往会激怒旅游者，促使投诉升级，一部分旅游者可能会采取向旅游质监所或旅游者协会投诉的方式来发泄自己的不满，这种投诉一旦生效，旅行社的经济损失可能会更大；而且，这部分旅游者以后再也不会购买被投诉旅行社的产品，还会劝告其亲朋好友也不要购买，导致旅行社的口碑受损。因此，旅行社在处理投诉时应该坚持企业和旅游者双赢的原则。

（3）投诉有效原则。旅行社计调人员接受旅游者投诉后，要认真听取客户的投诉情况，并立刻调查核实，坚持以事实为基础，以《旅行社质量保证金赔偿试行标准》为依据，把投诉处理的结果尽快通知旅游者。如果属于旅游者和旅行社之间的误会，应该向旅游者作出详细的说明；如果是旅行社的工作失误，就需要给予旅游者一定的经济补偿，要和旅游者达成赔付协议，赔理、赔笑、赔钱，让旅游者因不满而来，因满意而归，不把投诉问题带回到客源地。这是对接待旅行社处理投诉的基本要求。只有这样，才能稳固接待旅行社与组团旅行社之间的合作关系。

六、旅游投诉处理的流程

表 10-3　旅游投诉处理的流程

阶段	内容
感谢投诉	感谢旅游者的投诉，迅速受理，绝不拖延，尽量缩短投诉人等待的时间。

阶段	内容
倾听投诉	计调人员要平息旅游者的怨气，在其盛怒之下，需要好言安抚，采取低姿态，稳定旅游者情绪，尽量劝其理智地分析问题。如果是投诉人的理解错误，应该耐心解释，给旅游者一个台阶下，切勿冷嘲热讽。
澄清问题	旅游者讲述中，计调人员应善于理顺问题的脉络，用开放式的思维模式引导旅游者讲述事实，准确把握问题的关键；旅游者讲完后甚至可以要求旅游者写出书面材料，以证实旅游者提出的问题，绝不可回避问题。
调查核实	收集资料，搞清事实，分析定责，以事实为依据，以《旅行社质量保证金赔偿试行标准》为准绳；如果计调人员在自己权限内无法与旅游者就投诉处理结果达成一致，应让投诉人与主管领导接触。
后续处理	征求投诉人意见，提出补偿措施，达成补偿协议，由双方签字确认，再次感谢客户给予旅行社一个改进服务的机会。 迅速采取补偿行动，如有必要可以主动送款上门。 建立旅游者投诉记录，分析存在的不足，并立即改善。 投诉处理结束后，应在1个月内上门回访，消除旅游者不良的心理影响。

七、旅游投诉处理的注意事项

处理投诉时，由于面对的是旅游者情绪化的反应，所以计调人员应时刻注意保持冷静和理智，尤其是面对一些具有特殊背景的旅游者的无理要求时，更应该控制自己的情绪，适当运用一定的语言技巧，尽量争取使投诉得到圆满解决。

（1）掌握投诉处理的技巧。旅游者投诉并非是对计调人员有意见，而是对旅行社提供的旅游服务不满意。但在投诉人情绪不稳定的情况下，有时会把矛头指向计调人员。如果计调人员进行还击，往往会演变成相互之间的人身攻击，不利于投诉的有效解决。所以计调人员在处理投诉时要注意说话不触及个人，不进行人身攻击，即使旅游者说了难听话，也应保持冷静。

（2）征求旅游者的意见。征求意见，是为了让旅游者感到自己的人格受到了尊重，意见得到了重视。征询意见的目的是要了解旅游者的实际想法，为妥善处理投诉问题营造良好的协商氛围。

（3）礼貌的重复。当顽固型旅游者坚持其无理的赔付要求时，计调人员应该告诉旅游者，我能做什么，而不是我不能做什么。要不断地重复这一点。

（4）处理投诉时自我情绪的控制。在接受旅游者投诉时，尤其是碰到顽固型旅游者的投诉时，计调人员容易出现疲劳、烦躁、沮丧的心理状况，这时应该及时地调整自己的情绪，要控制住局面，使旅游者放松，缓和他的激动心情，以便于投诉有效解决。

 实训项目

实训项目	客户档案的建立
实训目的	通过实训，让学生了解旅行社客户资料的搜集途径、客户档案的类型、客户档案建立的方法，并尝试设计针对旅行社特点的客户关系维护方案。
实训地点	本地旅行社。
实训步骤	1. 将学生按照旅行社客户类型进行分组； 2. 以小组为单位进行旅行社各类客户资料的查询，注重信息收集的准确； 3. 设计相关客户档案表格，将各分项信息汇总、制表，做好信息统计工作； 4. 分析该旅行社客源市场的构成，做出一份该旅行社的团队客户档案； 5. 根据旅行社的类型和客户档案记录表设计客户关系维护方案。
实训成果	完成旅行社不同类型客户档案的建立及客户关系维护方案。

 任务实践

　　实训教师现场指导，以小组为单位，轮流扮演旅游者代表、旅行社总经理和计调部工作人员。根据旅行社投诉处理的相关知识，模拟计调人员接待并处理相关投诉的情景。要求计调人员完成处理该投诉的全过程。

附　录
计调工作基础知识

"食"的基础知识

对于旅游者而言，"食"是旅游活动中的基本要素之一，旅游者通过"食"，不仅可以补充因旅游付出的体力消耗所需要的营养与水分，维持生理需要，更可以通过餐饮去体验异国、异地风情和文明，使旅游的经历更加丰富多彩。因此，餐饮服务业是旅游业构成组织中必不可缺的。旅游业为旅游者提供餐饮服务，才可以使旅游业的各个环节配套成龙，进而使旅游者的旅游活动顺利完成。同时旅游餐饮服务也是旅游创收的重要渠道。

一、餐饮服务业的类型

国内餐饮业的分类，主要是为了便于进行餐厅评估、方便督导而形成的，大致可分为旅游饭店、餐厅、自助餐和盒饭业、冷饮业及摊贩五大类。

（一）旅游饭店

旅游饭店，具有餐饮功能。旅游饭店可分为国际旅游饭店和一般旅游饭店。其中，国际旅游饭店除了为国外访客提供住宿上的需求外，还以其高雅的格调、精美的餐具、世界的饮食观和完善的服务吸引大量本地客源；加上饭店的场地大、设备齐全、员工专业水准高，因此可同时兼具美食宴会、婚丧喜庆、展示会议等其他功能，充分发挥餐饮的边际效用，引导餐饮潮流的盛行。

（二）餐厅

餐厅，是指用食者正式用餐的场所。一般餐厅依产品口味的不同，可分为中餐厅、西餐厅两种，其特色如下：

（1）中餐厅。我国幅员辽阔，民族多，民俗殊异，往往基于地理、气候、风俗、民情、经济等因素，塑造了多样的文化性格，形成了独特的中餐饮食习惯与奇妙的烹饪方法，有所谓"南甜、北咸、东辣、西酸"之说。中餐随地域而变化万千，各地区均形成自己独特的菜系，且既有小吃，又有大菜，如，川菜、鲁菜、浙菜、粤菜、皖菜、苏菜、湘菜、滇菜、京菜、东北风味等，不一而足。

（2）西餐厅。西餐厅的定义，是指装潢西化、供应欧美餐饮及以西式服务为主的餐厅。为方便大量不谙西餐的旅游者，大部分的西餐厅都供应套餐。如 A 餐和 B 餐。其顺序大致是汤、沙拉、主菜、甜点及最后的饮料。有些西餐厅为吸引更多的旅游者，甚至还会供应排骨饭、鸡腿饭等中式菜单让旅游者选用。因此，现在吃西餐并非大款人士的专利，也没有特别讲究的餐饮礼仪，其休闲娱乐的性质大于正餐的性质。

（三）自助餐和快餐业

（1）自助餐。自助餐的宗旨，是以低廉的价格快速供应营养丰富、菜式多样的饮食给在外工作、上学的人食用。目前，自助式除广泛适用于学校、机关等团体外，还为一般商业型餐厅普遍接受，自助餐已成为全世界流行的一种用餐方式。

（2）快餐业。快餐业又称为盒饭业，可以说是以米食为主的民族一大餐饮特色。随着都市人生活形态的转变，中午吃自带的饭盒餐的情况已日渐稀少，大都市的快餐行业迅速发展。

（四）冷饮业

炎热的夏天，最吸引人的莫过于清凉的冰品冷饮了。冷饮业市场因此而屹立不倒。冷饮业的销售形式有传统的冰店，供应各式各样的冷饮；也有近年来风行的自动售货机；甚至还有从国外引进的冰激凌店、酸乳酪店，提供较卫生但较昂贵的冷饮。冷饮业最大的问题是卫生，如果冷藏设备不够，食物原料置于室温下，很容易引起细菌滋生繁衍；若以手处理冰，也易造成食物污染。目前的冷饮店、咖啡厅一改传统冷饮店的弊病，以高雅格调的装潢或是连锁的经营方式，呈现出崭新的经营风貌。

（五）摊贩

摊贩，是我国饮食文化的一部分。要了解中国饮食文化的特点，必先品尝街头摊贩小吃的美味。只要有人聚集处，就会有摊贩出现，而且大半的摊贩跟吃有关，这或许是与传统的"走到哪儿吃到哪儿"的饮食习惯有关。市场里、公园旁、街口转角，摊贩可说是无所不在、无孔不入。

二、餐饮服务业在旅游业中的作用

（1）餐饮服务满足旅客的多种需要。在现代化餐饮设施和高质量的实物产品的基础上，通过出色的餐饮服务态度、服务技术和服务技艺来完成的。许多餐厅经营活动从满足旅游者需求出发，设计出别出心裁、风格迥异的餐饮服务模式，以优质服务吸引旅游者，给旅游者以满意的用餐经历，满足旅游者高层次心理需求。

（2）餐饮服务水平是旅游业服务水平的标志。餐饮服务的质量直接影响饭店的声誉和竞争力。一方面，餐饮服务业是旅游业的必要组成部分，其水平和特色在很大程度上反映了目的地旅游业的总体水平和特色。另一方面，餐饮服务员工与旅游者接触频繁，是目的地对外服务的窗口。

（3）餐饮服务是旅游营业收入的主要来源之一。对饭店而言，餐饮部是重要的赢利部门，在欧美国家饭店餐饮收入一般占饭店总收入的 35% 左右。我国饭店餐饮收入一般可占饭店总收入的 1/3。对目的地而言，社会餐饮业和饭店餐饮业共同组成旅游目的地餐饮服务业，为旅游者提供饮食服务，是当地旅游业的重要创收渠道。

（4）餐饮服务弘扬了各民族餐饮文化。由于自然和社会的种种条件限制，如气候状况、土壤状况、地理位置、食品种类、人口多寡及历史、文化、宗教等，都会给一个民族吃的行为带来自己的特色，并形成各自不同的风格和特点的餐饮文化。旅游目的地的餐饮已成为吸引国内外旅游者的主要旅游资源。了解各民族的餐饮文化和特色，也正成为旅游者旅游的目的之一，餐饮服务业在满足了旅游者这一需求的同时，使餐饮文化得到了广泛的传播。

餐饮经营者深入研究各民族餐饮特色和餐饮文化，设计出不同风格的餐饮服务模式，音乐、服装、礼仪等方面均根据饮食文化特色来设计，并配以同样风格的服务来烘托和渲染不同时期、不同地区、不同民族的餐饮特色和习俗，从而使宾客在置身于餐厅、品尝佳肴的同时，也领略了各地区的风情和文化。因此，餐饮服务中的"文化服务"不仅可以为旅游者创造满意而舒适的进餐经历，而且能够使旅游者了解当地的风土民情、饮食文化及悠久的历史和美妙的传统，从而弘扬了民俗饮食文化。

"住"的基础知识

酒店是一个为旅游者提供短期住宿的地方，通常在提供住宿之余，亦为住客提供餐饮、健身和娱乐设施、商务中心、干洗衣物等服务。一些酒店亦提供会议设施，吸引一些单位来这里举行各种各样的会议等。所以，酒店在以提供劳务为主、兼具综合服务功能来满足宾客不同享受需要的同时，也是旅居异地的人们感受异地文化的消费场所。

酒店是旅游者的第二个家。选择不同星级标准和地理位置的饭店满足不同旅游者的多样化需求，是旅游产品组合中至关重要的部分。同时，酒店住宿的支出费用也在旅游者旅游支出中占据了相当大的比例。目前，绝大部分外国旅游者选择在宾馆饭店住宿、港澳台地区同胞选择私人住所住宿的比例较高，国内旅游者选择在宾馆酒店住宿的人群以高学历的中青年为主，且集中在商务、会议、交流方面，以观光游览为目的的国内旅游者选择主要集中在经济型饭店。

一、酒店的类型

酒店分类是识别饭店经营特性的方法之一，由于酒店类型不同、接待的旅游者类别不同、需求不同，酒店的服务项目、内部设施、营销策略也不同。通常，可以根据酒店的性质、地理位置、规模进行分类。

（一）按性质分类

（1）商业酒店。所谓商业酒店，是指那些为从事商业活动或公务活动的旅游人士提供住宿、膳食等设施、服务的酒店。商业酒店通常位于商业活动比较发达的大、中城市，或位于政治、文化活动比较集中的中心城市，周围商业设施齐全，交通便利。由于商务旅游者主要从事商务、公务或贸易洽谈等业务活动，出行在外深感不便，对酒店的依赖性比较大。因此酒店在服务设施、服务项目的设置上要充分考虑到商务旅游者的需要，服务水准要高效、快捷、方便，服务标准应以满足商务旅游者需要为基本出发点，服务项目要考虑到商务活动和商务旅游者生活上的特殊要求。商业酒店一般周一至周五开房率较高，以回头客为主，周末则较为清淡，这是受商业活动限制的。因此，如何提高周末的开房率是商业酒店加强促销、提高经济效益的经常性课题。

（2）度假酒店。度假酒店通常位于风景区或休养度假地，多在海边、湖畔、山林或温泉休养地，远离繁华的城市中心和大都市，但交通要便利、通畅。度假饭店的集中与分散程度往往依风景区的规模或休养地规模的大小而定。风景区规模大，度假酒店就较为集中，容易由此而形成旅游度假城，如夏威夷、加勒比海地区、泰国的、我国的北戴河、青岛、大连、海南的三亚等城市。一般城市周围地带或郊区，也会发展一些相对分散的度假酒店，这类酒店主要客源是周边城区的周末度假客，如位于北京香山风景区的香山饭店。由于旅游度假的季节性强，这种分散的度假酒店经营风险比较大，一般一年中只有7~8个月为营业季节，淡季基本没有客源，但往往旺季的火爆又给这类酒店带来诱人的吸引力。与商业酒店不同的是，度假酒店除提供一般酒店所应有的服务设施与项目外，还应尽量满足旅游者休息、娱乐、健身方面的需要，要有足够、多样的娱乐设施，并配有生活服务设施，如小型医务室、商场等。需要强调的是，度假酒店所提供的服务，不仅应是标准化的服务，更应是人情化的服务。因为客人在此度假休闲，思想放松、心情愉悦，服务员应热情为他们服务，并努力创造一种和谐、轻松、方便的环境，让宾客感到度假的乐趣在于人际的和谐。

（3）会议酒店。会议酒店是以接待各种会议，包括展览会、交流会、学术研讨会等在内的一种特殊类型的饭店。从地理位置上看，会议酒店既可设在市区繁华地带，也可设在城市近郊区风景区。会议酒店不仅要像其他类型饭店那样提供清洁舒适的客房，快捷、方便的服务，更要有能满足各种类型会议需要的大小不等的会议室、谈判间、演讲厅、音响设备、会议设施和宴会厅、餐厅，还要有一支过硬的能快速出击的服务员队伍，因为会议服务的特点是集中：报到集中、休息集中、用餐集中、客房整理集中。由于会议要求的特殊性，不是所有的酒店都能成为会议酒店的，而会议酒店为了降低经营风险，减少会议市场变化对酒店经营的冲击，对酒店设施的设计需要有独具匠心之处。如美国的工业城市芝加哥是会议酒店的集中之地，芝加哥的各个会议酒店都有快速分合用室，可以根据需要分隔成各种规格的房间，间隔板装有滑轮装置，快速、敏捷、安全、适用、大方、美观，这种间隔起来的房间既可以做会议室、谈判间，又可以做宴会厅，十分方便。

（4）长住酒店。长住式酒店也称公寓酒店，主要为商务客和一般度假客提供公寓式住宿设施，地点多数设在大中城市的商业中心。通常，常住旅游者会与酒店签有协议，写明居住的时间和酒店应提供的服务项目。长住式酒店一般有两种类型：一类是常住旅游者将租用的客房用作办公场所，酒店除提供正常的客房和餐食服务外，还需要为常住旅游者提供现代化的通信设备，而且因将客房当作办公用房，服务员清洁整理房间的次数较为频繁。另一类是酒店除向常住旅游者提供必需的客房设施用品外，还向旅游者提供一定的餐食设备器皿。如冰箱、洗衣机、厨房炊具等。此类酒店可以满足商务办公的需要，也可以满足常住旅游者日常生活需要，经营起来灵活性比较大，酒店生意不好时，可以公寓出租，吸引度假旅游者和长住商务人员，经营成本费用只比一般标准间高20%～30%。

（二）按地理位置分类

酒店的地理位置不同、客源市场不同，经营定位也就不同。根据酒店的地理位置，通常有以下几种分类：

（1）公路酒店。公路酒店顾名思义位于公路旁，在交通发达的国家，主要位于高速公路旁。由于这类酒店主要是向驾车旅游的人提供住宿和餐饮服务，因此，也称作汽车旅馆。汽车旅馆是伴随着道路、汽车业的发展而发展起来的。在第一次世界大战以后，热衷于驾车旅行的美国人对公路两旁的简易住宿设施产生了极大的需求，这种旅馆气氛随便，收费低廉，驱车来去方便，很快便形成了一定的市场。1925 年，美国加利福尼亚州的一位汽车老板将"Motor"（汽车）和"Hotel"（酒店）二字的首尾相接，杜撰了一个新词，称为汽车旅馆。汽车旅馆的真正崛起是在第二次世界大战以后，美国交通公路的不断延伸、完备，形成网络，使驾车成为美国人外出的主要方式，而伴随着人民生活水平的提高，对原有的"夫妻"店式的汽车旅馆开始采用排斥态度。1952 年美国人凯蒙·威尔逊在孟菲斯建起了第一家以"假日饭店（Holiday Inn）"命名的汽车旅馆，他一改传统的汽车旅馆的小店风格，领导了汽车旅馆的新潮流。我国近几年随着公路的建设和汽车工业的发展，交通运输、驾车出行呈上升趋势，路边旅馆、饭店也借势发展，但由于这些人经营上无章法，任意宰客，住宿设施条件差，很大程度上抑制了消费需求。未来 5年，我国公路建设将会出现一个高峰期，并随之形成全国重要城市的道路网络，届时类似假日酒店的消费需求将会突现，这将是公路酒店发展的大好机遇，超前者必定获得市场的丰厚回报。

（2）机场酒店。机场酒店位于机场附近，主要服务于一些大的航空公司和因转机短暂停留的飞机乘客。机场酒店旅游者停留时间短，客流周转率高，酒店主要提供住宿、餐饮服务和商品售卖服务，娱乐、健身设施倒不是很重要。

（3）城市中心酒店。城市中心酒店多数是商业酒店。但因城市中心社区规划不同，商务或公务活动的重点不同，甚至城市居住的分层格局不同，都会对城市中心酒店经营造成一定的影响，形成城市中心酒店的不同特色。比如北京东部建国门一带，是传统的使馆集中区，东部朝阳门一带是新开发的使馆区，因此形成这一带商业饭店以外商投资的酒店居多，高档次商务酒店多。西部西城、海淀一带为国家行政管理机构集中的区域，军队宿舍居多，这一带商业酒店则以国内商务活动为主，海淀北部为著名的科技文化区，高校集中，这一带商业酒店则以科技人员、学者等知识分子入住为主。

（4）风景区酒店。风景区酒店位于海滨、山林等自然风景区或休养胜地，其特点与度假酒店相同。风景区酒店规模有大有小，大的可达上千间客房，小的只有十几间，最有代表性的风景区客房数为 250 间左右。风景区酒店是服务密集型酒店，平均客房与服务员之比为 1∶1.45，而传统的客房与服务员之比为 1∶1 或更低，许多风景区酒店开始出现向公寓型酒店转化的趋势。

（三）按规模分类

（1）大型酒店。一般拥有 500～1000 间客房。大型酒店因客房多，接待客流量大，因此酒店设施、设备和服务项目十分齐全、完备，服务标准化程度要求高。大型酒店建筑投资额大，投资回收期长，经营者大多把其地点设在商业中心，定位于商业酒店，属于豪华型酒店。

（2）中型酒店。一般拥有 300～500 间客房，适用于建造商业、度假、会议等各种类型的饭店。中型饭店有豪华型酒店，也有中档、经济型酒店，但以中档酒店居多。中档酒店价格适中，服务项目较齐全，设施也较现代化，是大众的主要消费对象，特别是国内旅游业对中型酒店非常青睐。

（3）小型酒店。一般拥有一百来间客房，有的甚至只有几十间客房。由于规模小，服务项目、服务设施有限，只提供一般性服务，因此价格比较低廉，多属于廉价、经济类的饭店。也有些小型酒店规模虽小，但在经营项目、服务标准、环境设施上下功夫，办出特色，成为高档酒店。这种酒店大多设在风景区或度假胜地。

（四）按档次分类

实际上按档次划分酒店是一个非常模糊的概念，档次的确定既包括建筑投资成本、装饰风格豪华程度，还包括服务规格、服务项目、价格等因素。在此，仅按建筑投资成本来划分酒店的档次。

（1）中低档酒店。根据国际酒店建筑投资标准，中低档酒店一般每个标准间建筑面积约为 25 平方米，建筑投资为 2 万～4 万美元，其中包括建筑材料、室内装饰、各种设备、用具、陈设的费用，也包括建筑中所需要的各种技术、人员训练费用等。客房设施包括：沙发、写字台、彩电、音响系统、室内空调。

（2）中档或中档偏上酒店。该类酒店每个标准间建筑面积为 36 平方米，建筑投资为 4 万～6 万美元，其中包括建筑材料、室内装饰、各种设备、用具、陈设的费用，也包括建筑中所需要的各种技术、人员训练费用等。客房设施包括：较为先进舒适的卫生间、沙发、写字台、彩电、音响、中央空调系统、壁画、室外风景等。

（3）高档或豪华酒店。高档酒店每个标准间的建筑面积约为 47 平方米，建筑总投资费用为 8 万～10 万美元。客房设施有豪华沙发、写字台、两张座椅、室内用餐桌、迷你酒吧、高级彩电、备有"自动付费点播电影"服务系统、中央空调、名人字画、豪华卫生间高级灯具等设施。

二、饭店的等级划分

（一）涉外与非涉外

在国外通称为"Hotel"的住宿设施，只按星级、等级划分，而我国由于特殊性，是先有涉外、非涉外之分，然后才有星级、等级之分，并由此形成不同的管理体系。

在 20 世纪 70 年代末，我国对外开放政策的实施，首先是给旅游饭店提供了机遇，外商投资合资兴建饭店，国家也投资改建部分国有饭店，以适应日趋增多的外商住宿需求。国家旅游管理部门为加强管理，首先对饭店实施定点制，于是便有了专门接待外国旅游者的旅游涉外饭店,相对应的那些设施没能"定点"的非涉外饭店则因硬件和软件达不到涉外要求,而不能接待外国旅游者。

(二)星级与等级

随着我国旅游业的发展,特别是国际旅游业的发展,涉外饭店的数量不断增加。但是,作为海外旅游者,要了解中国酒店的设施、设备、服务等级,仅凭"涉外"两个字是难以做到的,也无法和本国酒店业设施、服务状况相比较,中国饭店业的形象和信誉因此受到影响,也增加了饭店对外宣传的不确定性。为进一步加强管理,符合海外旅游者的普遍要求,树立中国饭店业在国际上的良好形象,1988年,国家旅游管理部门开始试行对旅游涉外饭店进行星级评定,这是按照国际上的通行做法,对现有的涉外饭店进行分等管理。

从世界范围来看,各国星级评定机构是不同的,有的是由饭店业协会主持,如美国、澳大利亚、瑞士、奥地利等,有的是由政府机构主持,如日本、韩国、西班牙等。我国则是由国家旅游管理部门来主持评定,属于政府级评定,这样由权威机关来评定一家饭店的质量等级的做法,大大提高了饭店的声誉和信誉,有助于饭店提升市场营销效益。正因如此,星级的出现淡化了"涉外"的意义,有了星级就意味着获得了涉外旅游经营许可证。从此,星级成为现代饭店的象征。

关于饭店级别的划分,各国、各地区采用的分级制度不同,表示级别的标志也不同。目前国际上采用分级的制度大体上有4种:

(1)星级制。即根据一定的标准对饭店进行分级,并以星号表示,星号的多少代表饭店的档次。目前国际上流行的是五星级制,如法国、澳大利亚、瑞士均采用星级别。美国、英国除采用星级外,也兼有钻石级或皇冠级。一般来说,五星级饭店是超豪华饭店或豪华饭店,是最高级别的饭店,其设施、设备与服务均要体现现代化和超一流,能满足顾客的特殊消费要求。四星级是豪华饭店,也称一流饭店,其设施、设备豪华精良,能满足顾客的特殊消费需要。三星级为中档饭店,其设施、设备、服务优良,能满足顾客的一般要求。二星级、一星级饭店为低档饭店或经济型饭店,其设备、设施与服务只能满足旅游者的基本要求,卫生、安全有保证。

(2)字母级别制。即用英文字母来表示饭店的等级,通常为A、B、C、D、E5级,A级最高,E级最低,也有的只用4个字母表示,A、B、C、D,最高级用A1表示或用"特殊豪华"表示,如奥地利、阿根廷等。

(3)数字级别制。即用序数数字或基数数字表示饭店的档次,如用序数表示,最高级为豪华,以下依次为第一、第二、第三、第四,第四级为最低级,意大利、土耳其采用此级别制。还有的用基数字表示,如最高级为豪华,以下依次为1、2、3、4,数字越大,档次级别越低,西班牙采用此级别制。

(4)价格级别制。即按价格的高低分级,如瑞士除按星级制外,也有的按价格分为1、2、3、4、5、6级。无论是经济类还是豪华类饭店,都有其各自的特征。

酒店等级是指一家酒店的豪华程度、设施设备、服务范围、服务质量等方面综合起来反映出的级别与水准。要想成为一名优秀的计调人员,虽然记不住饭店星级评定那些复杂的要求，但一定要多掌握一些饭店的信息和相关知识，以满足不同旅游者的需求。

三、饭店在旅游业中的作用

（1）饭店业是旅游综合接待能力的重要构成要素。酒店是旅游者在旅游过程中临时住宿、养精蓄锐的"家"，是旅游者外出旅游活动的一项基本需求。酒店不仅为旅游者提供食宿，而且提供有各种娱乐和服务设施，是旅游业为旅游者提供的各项产品和服务的重要组成部分。酒店业的规模、档次和发展速度要同旅游业整体接待能力及其他各方面的发展相适应。因此，酒店数量的多少、规模的大小、设备和设施的好坏及服务和管理水平的高低，成为反映一个国家或地区发展旅游业的物质基础，也是一个国家或地区旅游接待能力的重要标志之一。

（2）饭店为经济活动和社会生活提供了方便。现代化酒店的经营，已改变了原来仅局限于向投宿者提供服务的经营方式，现代酒店的经营对象愈加广泛。在许多国家社会经济生活中，酒店为洽谈业务、举行会议、文娱表演等政府、企业、民间活动的开展提供了重要场所和相关便利服务。因此，在考虑旅游业在整个国民经济中的发展规模时，应把酒店的建设放在重要地位。

（3）酒店业是旅游创收的重要渠道。现代酒店为旅游者提供越来越多功能化、个性化的产品和服务。旅游者在酒店中的消费项目越多样，酒店取得的经济效益就越高，以至于酒店收入在整个旅游收入中所占比重越大，这成为旅游创收和赚取外汇的重要场所和手段。同时，酒店的发展还能刺激相关部门和企业的生产和发展，酒店的经营需要许多物质产品和公共设施等方面的支持与配套，从而带动了这些行业的发展，拓宽了旅游收入渠道。

（4）酒店为解决社会就业问题有重要贡献。酒店是劳动密集型企业，它的建设与发展创造了大量的就业机会。截至 2010 年年底，全国酒店企业近 330 万家，从业人员 2000多万人，年营业收入近 2 万亿。同时，向酒店供应物资的其他行业人员，也随之增加了许多间接的就业机会。

"行"的基础知识

旅游交通的任务，是要解决旅游者在定居地与旅游目的地之间的往返，从一个目的地到另外一个目的地，以及在一个目的地内的各地区间便利往来的问题。它不仅解决往来不同地点的空间距离问题，而且更重要的是要解决其中的时间距离问题。空间距离，是指旅游者从一地到达另一地的距离；时间距离，是指旅游者从一地到另一地所需的时间。空间距离和时间距离有着密切的关系，在一定条件下，二者是呈正比例的，即空间距离越长，所需时间越多；反之，空间距离越短，所需时间越少。从一地到另一地的空间距离一般说来是不变的，但时间距离是可以变化的。对绝大多数旅游者来说，都希望以尽量少的时间花费，来实现更大距离的移动。旅游交通的发展程度和先进程度，主要是从由一地到另一地的空间距离和时间距离的关系上来表现的。因此，旅游交通从动态上看，是空间距离和时间距离的组合，同时，更大的空间距离和更少的时间距离，是旅游交通发展的趋势。

一、旅游交通的特点

旅游交通与国民经济交通运输业既有特性，也有自身的一些独特性。其特点主要表现在以下几个方面：

（1）游览性。第一，旅游交通客运一般只在旅游客源地与目的地之间进行直达运输，在若干旅游目的地之间进行环状运输，使旅游者能够在最短的时间内到达旅游目的地，在一次旅游过程中经过较多的旅游目的地，尽量避免走回头路，从而实现"旅速游慢""旅短游长"。第二，旅游交通线路特别是公路和水路一般连接若干旅游景区，或经过风景独特、风情特色浓郁的地区，并且旅游车（船）多带有宽大玻璃窗和可调节座椅，以便使旅游者在旅行过程中参加多项游览活动，领略沿途美景。第三，旅游交通工具富有特色，如具有传奇色彩的东方列车、具有民族特色的羊皮筏、具有地方风格的滑竿、具有现代特征的水翼船等。这些交通工具本身对旅游者就有着极大的吸引力，能够满足旅游者求新、求奇、求异的心理需要。

（2）区域性。旅游交通线路，是根据旅游者的流向（流动方向）、流量（旅客数量）、流时（旅行时间）和流程（旅行距离）等因素所规划的线路，集中分布在旅游客源地与目的地之间及目的地内旅游集散、居留、餐饮、游览、购物、娱乐等场所之间，具有明显的区域性。首先，旅游者从各旅游客源地集中流向旅游目的地的口岸城市和中心旅游城市；然后，向其他热点旅游城市和旅游区分流；最后才向其他温、冷旅游城市和旅游区延伸。外部旅游交通，俗称大交通，是指旅游客源地与目的地之间的交通，决定着旅游者可以进出旅游目的地的总量，对旅游业的发展具有重要的战略意义。内部旅游交通，俗称小交通，决定着能否保持旅游交通热、温、冷线旅游客运量的相对均衡，保证旅游者在旅游目的地内正常流动和分流，对旅游业的发展具有重要的现实意义。只有外部交通与内部交通有机结合，构成便利的旅游交通体系，才能保证旅游者"进得来、散得开、出得去"，推动旅游业持久稳定地发展。

（3）舒适性。与一般社会交通相比，旅游交通更注重舒适性。比如，旅游列车在车厢设施、服务质量和项目、乘客定员等方面，都优于一般旅客列车。旅游车船公司所使用的交通工具，也是以带空调、音响的豪华型车船为主。当今世界豪华旅游交通工具当首推巨型远洋邮轮，它们一般在7万吨级左右，拥有星级客房、风味餐厅、购物中心和各类娱乐、健身设施，被誉为"海上浮动胜地"。

（4）季节性。一年之中乃至一天之内，旅游交通客运随着季节和时节的推移而发生明显的、有规律的变化。旅游旺季、节假日期间，旅游交通客运量骤然增加；旅游淡季期间，客运量急剧减少。一天之内，上午前往旅游景区和下午返回居留地的旅游交通客运量大于其他时间、方向的客运量。不同国家、地区和景区，其季节性也不尽相同。比如，中国2月、5月、9月、10月3个月为旅游交通旺季，而英国7月、8月、9月3个月为旅游交通旺季。旅游交通的季节性，往往导致旅游旺季和高峰时间旅游交通运力紧张，旅游淡季和低谷时间旅游运力浪费。国际上通行的解决办法是实行季节差价，在旺季和高峰时间通过提高交通票价适当限制客流量，而在淡季和低谷时间通过降低交通票价刺激客流量的增加，以便保持旅游交通客运量在全年各个季节和时间的相对稳定。

二、旅游交通在旅游业中的作用

旅游交通解决了人们外出旅游的时空矛盾，在旅游业发展中起着重要的作用，主要表现在以下几方面：

（1）旅游交通是旅游业产生和发展的前提条件。旅游业的产生、发展与交通的发展是紧密联系在一起的，交通是实现旅游活动不可缺少的手段。没有交通工具的不断改进和完善，没有交通线路开辟，旅游业就难以生存和发展。反过来，旅游业的兴旺发达，对旅游交通的发展起着巨大的推动作用。旅游交通运输的现代化提高了运载能力，加快了旅行的速度，节省了旅途时间和费用，扩大了旅游者的空间活动范围，进而直接影响着旅游活动的规模、形式和内容。可以说，旅游交通是旅游业的生命线。

（2）旅游交通是旅游者完成旅游活动的必要条件。旅游业是依赖旅游者来访而生存和发展的产业。旅游者外出旅游，要解决从定居地到旅游目的地及其景点、饭店等场所的空间转移问题，没有旅游交通，这种转移就不可能，旅游业也不可能发展。有了旅游交通，旅游者的旅游活动才能得以顺利进行。解决不了旅游交通问题，旅游服务、设施和资源就会出现闲置和浪费，从而严重制约旅游业的发展。

（3）旅游交通是旅游收入和旅游创汇的重要来源。旅游交通费是基础性旅游消费，是旅游者在旅游消费活动中必需的、基本稳定的支出，是整个旅游活动中各种花费的重要组成部分。据统计，旅游者总花销的 20% ～40% 是用于旅游交通方面的。从旅游经营角度讲，旅游交通是旅游经济收入的基本来源和重要组成部分。

（4）旅游交通促进了旅游区的繁荣。旅游地的发展仅依赖有吸引力的资源是不够的，还必须通过旅游交通开发和建设才能把旅游景点与客源市场连接起来。世界上所有旅游热点地区之所以兴旺，均与交通发达有关。发达的旅游交通推动了旅游城市和地区，特别是一些偏远地区和山区与外界进行信息、物质等的交流，也为扩大客源范围提供了便利条件，促进了旅游地的发展和各项事业的繁荣。

三、旅游交通的类型

根据交通线路和交通工具的不同，旅游交通一般可分为铁路、公路、航空、水运和特殊交通等 5 种类型。5 种旅游交通类型相互配合、互相补充，为旅游活动的开展提供了便利的物质条件。这 5 种交通类型各有特点：

（1）汽车。目前，汽车已成为人们外出旅游的主要交通工具。汽车具有灵活性大、对自然条件适应性强的特点，无论是乘轮船、飞机还是乘火车旅游，最终到达旅游目的地只能靠汽车。它具有能深入旅游点内部、可以随时停留、任意选择旅游点等优点，比较适合中、短途旅行。尤其是目前逐渐兴起的自驾旅游，更是人们喜欢的旅游方式。随着高速公路的快速发展和私人汽车的增多，驾车旅游必将表现出强劲的发展势头。但乘坐汽车旅游也有不足之处，主要是运载量小、速度慢、安全系数低。

（2）轮船。舟船，在古代旅行、近代旅游和现代旅游初期曾占有十分重要的地位，包括内河航运、沿海航运和远洋航运等各种轮船。其优点是运量大、耗能小、成本低、舒适。乘坐轮船的价格是所有旅游交通中最便宜的。旅游者在船上可以尽情地观赏湖光山色、两岸美景、日落日出，而且又是旅游者们可以随时休息、睡觉的舒适饭店，故被赞为"流动的旅馆"。其缺点是轮船行驶的速度慢，易受季节、气候和水情的影响，尤其是随着火车、飞机的兴起，轮船作为远距离的旅游交通工具逐渐失去了重要地位，但对于短距离、特别是大型湖泊的旅游，仍是旅游者首选的交通工具之一。

（3）火车。火车，一直以来都是现代旅游的主要运输工具，特别在我国国内的长距离旅游交通中起着骨干作用。其优点是运量大，一列火车可载客数千人；速度快，尤其是我国火车已七次提速，一般时速为 180~250 公里；运价低，通常是飞机费用的 1/3；时间准，安全性高，气候影响不大，同时可以在车厢内饱览铁路沿线的自然风光，开阔视野。近几年来，为满足广大旅游者需求，又增开了旅游目的地专列和假日专列。其不足是灵活性差、建设周期长、一次性投入大等。

（4）飞机。航空旅游交通在各种类型旅游交通中速度最快、距离最远，乘坐舒适、安全、省时，能跨越各种自然障碍，尤其在洲际旅游和国际旅游中起着重要作用。随着经济的发展和人民生活水平的提高，尽管航空旅游费用高、受气候变化大，但由于航空旅行能节约大量时间，所以越来越受到旅游者的青睐。

（5）特种旅游交通。特种旅游交通，主要是旅游景区、景点的渡船、索道、缆车、轿子、滑竿、海上快艇、水翼船、羊皮筏、马匹、骆驼、牦牛、乌篷船、狗拉雪橇等形式的旅游交通方式。其优点主要体现在既可利用以上交通工具通过某些难行路段，亦可以帮助老弱病残完成旅游。以上交通工具不仅具有当地特色，还带有娱乐、观赏性质，既增添了一些旅游项目，也能够满足旅游者求新、求奇、求异的心理需求，提高旅游价值。

四、计调人员对交通服务知识的把握

计调人员要了解各种交通工具的优缺点，在安排行程时合理搭配各种交通工具。计调人员应根据旅游者或旅游团的旅行计划和要求，向交通部门预订各种票据，并将填写好的订票单在规定日期内送交预订处。计调人员在取票时应根据旅行计划逐项核对票据的日期、离开时间、班次、去向、乘客名单、票据数量及票据金额等内容。购票后，如遇旅行计划变更造成人数增加、减少、旅行计划取消等情况时，计调人员应及时办理增购或退票手续，保证旅游者能够按计划乘机（车、船），同时减少旅行社的经济损失。

（一）旅游汽车常识

汽车是旅游团出游必用的交通工具，是计调业务操作时最常打交道的对象。计调人员在接待团队时，首先必须对公路的相关知识有所了解和掌握。

1．公路的分类

公路按行政等级可分为国家公路、省公路、县公路和乡公路（简称为国道、省道、县道、乡道)以及专用公路。一般把国道和省道称为干线,县道和乡道称为支线。公路按使用任务、功能和适应的交通量可分为高速公路、一级公路、二级公路、三级公路、四级公路5个等级。

2. 我国国道编号

国道,是国家干线公路的简称,是在国家公路网中具有全国性政治、经济意义,并经确定为国家干线的公路。它包括重要的国际公路,国防公路,连接首都与各省、自治区、直辖市首府的公路,连接各大经济中心、港站枢纽、商品生产基地和战略要地的公路。

根据地理走向,我国国道采用数字编号,分为3类,并有3种编号方式:第一类以首都北京为中心或以北京为起点,向四面呈辐射状的公路,这些公路排序都是"1"字开头,现有12条;第二类是我国版图之内南北走向的公路,以"2"字开头,现有28条;第三类是东西走向的公路,以"3"字开头,现有30条。目前全国共有70条国道。每一条公路干线均采用3位数字表示,其中第一位数字表示国道的类别。即1××代表第一类国道,编为101~112线;2××代表第二类国道,编为201~228线;3××代表第三类国道,编为301~330线。编号中的第二、第三位数字表示国道的排列顺序。1××的××就是第一类国道自正北开始按顺时针方向排列的序数,其他两类国道也同样排列。

3. 营运客车分类

计调人员在接待团队时,要根据旅游者数来选择和调度车辆,因此必须对是否为正规旅游车、不同车型的载旅游者数、正座数、司机座、导游座、行李厢状况有清楚地了解。没有旅游车手续的车属于黑车,如果不小心用了,半路被执法队查车扣住,势必影响旅游者继续出行,临时换车还要耽搁时间。并且一旦出了问题,在保险方面等是不能得到基本保障的,这也是旅游局严格禁止的行为。

用于公路交通的营运客车按乘坐舒适程度,分为普通客车、中级客车和高级客车;按车内设置座位的多少及装置形式,分为小型客车、中型客车和大型客车。

下面就常用旅游车车型、车况做个说明,见附表1。

附表1 常用旅游车车型

类别	座位	车型	备注
小型车	5+1座	长安、昌河铃木	没有行李厢; 要预留好1~2个或3~4个位置给旅游者放置行李,避免车厢内过于狭窄拥挤而引起旅游者不满,造成有关团队质量的投诉。
	6+1或9+2或13+1座	金杯或瑞丰、奔驰面包、别克商务等	
	15+或19+1+4座	依维柯	
	18+1或22+1座	金龙	
	21+1+6副座	斯考特	
中型车	28+或31+1+1或35+1+1座	金龙、宇通	车门为前门设置,有行李厢,有车载电视等配置,但座位间距较小。
大型车	39~55座	金龙、宇通、北方	车门为前门设置,有行李厢,有车载电视等配置,宽敞舒适。

4. 汽车代码在规范团号中的应用

旅游汽车以座位数来安排旅游者，而在规范团号的书写中，是以吨位来编制团号的，符号为"T"。如从北京参加周边短线汽车团 1 日游，乘空调旅游车往返，在团号中交通代码的设定为"2T"。

5. 享受半票优惠

根据交通部有关规定，享受半票的对象有两类。一是身高 1.2~1.5 米的儿童，超出 1.5 米的儿童须购买全票。持一张全票的旅客可以免费携带一名身高 1.2 米以下的儿童，但不提供座位。二是革命伤残军人凭民政部门颁发的《革命伤残军人抚恤证》可购买半票。

6. 旅游车的成本核算

计调人员在核算线路成本时，交通工具的计价是很重要的一部分。火车、飞机票价通过现代化网络查询都能即时获知，而对于汽车价格，很多计调人员往往只会依赖车队或接待旅行社报价，对方报价是高是低也无从辨别。好的计调人员要做到快速报价、快速核算成本，必须学会根据汽车行驶公里数核算车价。

在实际操作中，一般计调人员核车价的最主要途径是：如果是地接团和外出中短线汽车团，直接向车队询价；如果是组团外出中长线火车/飞机团，则直接向当地接待旅行社询价。但有时为了快速报价，也需要计调人员根据自己的工作经验对当地不同车型的常用线路大体车价做到心中有数。当然，随着车辆大小及车况不同、旅游淡旺季不同、线路远近及路况不同、油价的不断变化、旅游者购物能力和加点多少不同，车价也有很大差别。要想不询价就报出准确车价，还是有一定难度的。

"KP"定律是计调操作中在核定车价方面主要运用到的定律。"K"指"Kilometers"（公里），"P"指"Price"（单价）。最简单的数学公式是：车价 = 每公里的租车费（包车费）×公里数。运用 KP 定律，根据车型参考计价标准，便能快速核算出车价。

（二）水上客运常识

1. 水路旅行常识

中国的水路交通分为沿海航运和内河航运，按照运营形式又可分为水路游览运输和水路旅客运输两种形式。近年来，我国内河游轮发展迅速，为游客的水路旅游创造了较为便利的条件。

以旅客运输为主要功能的近海、内河客运，价格较为低廉。中国内河航运以长江、大运河和漓江最为发达。沿海航运主要以大连、天津、烟台、上海、青岛、厦门、广州、海口等沿海城市以及香港地区最为活跃。长江三峡地区以及香港、广州、海口之间的近距离客运已向高速化发展，如发展了水翼船等快速客船。航行在沿海和江湖上的客轮大小不等，船上的设备、设施和服务差异也很大。大型客轮的舱室一般分 5 等：一等舱（软卧，1~2 人）、二等舱（软卧，2~4 人）、三等舱（硬卧，4~8 人）、四等舱（硬卧，8~24 人）和五等舱（硬卧），还有散席（包括坐席）。豪华客轮设有特等舱（由软卧卧室、休息室、卫生间等组成），其服务条件类似于星级酒店。海外旅游者在中国水上旅游时大多乘坐豪华游轮。

以水路游览运输为主的现代远洋邮轮和内河豪华游船在很大程度上超越了传统意义

上的单一客运功能，成为集游览、食宿、娱乐、购物、运输等为一体的豪华旅游项目。游船一般定期或不定期沿一定的水上线路航行，在数个观光地停泊，以方便旅游者登岸参观游览。游船的种类很多，按照内部设施和装修档次、服务的不同，我国内河游船分为不同的星级；按照航行水域的不同，又可分为远洋邮轮、近洋邮轮、沿海邮轮和内河游船。远洋、近洋、沿海邮轮一般吨位较大，性能优越，内部设施豪华，造价昂贵，拥有非常完备的服务设施。

2. 船票

船票分为普通船票和加快船票，也可分成人票、儿童票（1.2～1.5米的儿童）和优待票（学生票、残疾军人票），另外船票还分为一等、二等、三等、四等、五等几个级别。身高1.2米以下的儿童免票。每一成人旅客可免费携带一名1.2米以下儿童；超过一名时，超过的人数应买儿童半价票。

船票票面注明有船名、日期、开航时间和码头编号。旅客购买了船票后，因故改变行程或行期，需要退票时，应在开船时间前2小时办理退票，团体票应在规定开船前24小时办理退票，超过规定时限不能退票。退票按票面价的20%收取退票费。已办理托运的，先办理行李、包裹取消或变更托运手续后才能退票。旅客在乘船前丢失船票，应另行购票。上船后旅客丢失船票，如能提出足够的证明，经确认后无须补票；无法证明时，按有关规定处理。

我国长江星级游船的船票现多采取预订方式，船票有淡季和旺季、上水和下水、标准房间和总统套间等区别。船票费用包括船上餐费和长江沿岸游览费，不包括在船期间的酒吧饮料、洗衣、理发、邮电、购物、医疗、按摩等用于私人目的之费用，行业内多称为"一票制"。

3. 行李

乘坐沿海和长江客轮，持全价票的旅客可随身携带免费行李30千克，持半价票者或免票儿童15千克。每件行李的体积不得超过0.2立方米，长度不超过1.5米，重量不超过30千克。乘坐其他内河客轮，免费携带的行李分别为20千克和10千克。

行李包裹托运应凭船票提前一天或开船前2小时到上船码头行李房办理手续。船舶托运行李的计算办法按品种不同而定，所以在托运时，最好将不同性质的物品分别包装，以减少托运费用。托运的行李中不得夹带违禁物品，以及有价证券、贵重物品等。

4. 禁止携带和托运的物品

主要包括法令限制运输的物品；有臭味、恶腥味的物品；能损坏、污染船舱和妨碍其他游客的物品；爆炸品、易燃品、自燃品、腐蚀性物品、有毒物品、杀伤性物品以及放射性物质。

（三）火车常识

1. 铁路车次的编制

列车车次的编制和上行、下行有关，铁路规定，进京方向或是从支线到干线的被称为上行；反之，离京方向或是从干线到支线的被称为下行。上行的列车车次为偶数（双数），下行的列车车次为奇数（单数）。如K27次是从北京开往丹东方向，为下行，所以是奇数（单数）的，它的回程车 K28 次是从丹东开往北京方向，为上行，所以是偶数（双数）的。另外，有的车在运行途中会因为线路上行、下行的改变而改变车次，如K388/385、386/387 次，是运行沈阳北到成都区间的，从沈阳北始发是开向北京的，所以上行，车次为 K388 次；车经停天津以后开始向离京方向行驶，改为下行，所以车次同时改为 K385 次。从成都向沈阳北开的时候也是一样，在到天津前是上行，所以车次是 K386 次，经停天津后改下行，所以车次为 K387 次。同时在改车次前后的区间内，车次自成一对。如沈阳北到天津区间车次是上行 K388、下行 K387。

2. 火车车次代码的含义

火车车次的首字代码，具体地说，是铁路列车车次的一种等级编号，目前常见的有D、Z、T、K、N、L（A）、Y，还有没有字母的 4 位车次。D、Z 打头的列车一般在经济发达、人口密度大的区域间开通，K 打头的列车最为普遍。

（1）"D"字开头的列车即动车组。自身有动力装置的车厢叫"动车"，无动力装置的叫"拖车"，把这两种车厢编组在一起，就叫"动车组"。运行中，一方面靠机车牵引，自身也有动力，因此，动力大、速度高，其时速通常可达到 200 公里以上，并且发车间隔小、密度大，非常快捷。

（2）"Z"字开头的列车。指的是直达特别快速空调旅客列车。字母 Z 是"直"字的汉语拼音简写。这样的列车大部分在行程中一站不停，或者经停必须站但不办理客运业务，但也有一部分是中间停靠也上下旅游者的。只要中间站标注停靠和发车时间，就是上下人的。所有的直特列车都是跨局（不是在一个铁路局内）运营列车。

（3）"T"字开头的列车。指的是特别快速空调旅客列车，简称特快。到目前为止，T 系列的特快列车车次在 300 以前的是跨局运营列车，300 以后的是管内（只在一个铁路局内）运营的列车。

（4）"K"字开头的列车。指的是快速旅客列车，简称快速，字母 K 是"快"字汉语拼音的简写。这样的列车在行程中一般只经停地级行政中心或重要的县级行政中心。基本都是空调列车。

（5）"N"字开头的列车。指管内快速旅客列车，简称管内快速，字母 N 是"内"字汉语拼音的简写。非空调列车较多。只在一个铁路局内部运营。车次是按铁路局编制的，1 ~ 100 是哈尔滨铁路局，101 ~ 200 是沈阳铁路局，201 ~ 300 是北京铁路局，301 ~ 350 是呼和浩特铁路局，351 ~ 400 是郑州铁路局，401 ~ 500 是济南铁路局，501 ~ 600 是上海铁路局，601 ~ 650 是南昌铁路局，651 ~ 800 是广州铁路公司，801 ~ 850 是柳州铁路局，851 ~ 900 是成都铁路局，901 ~ 940 是兰州铁路局，941 ~ 980 是乌鲁木齐铁路局，981 ~ 998 是昆明铁路局。

（6）"L"字开头的列车。指临时旅客列车，简称临客，字母 L 是"临"字汉语拼音的简写。这类列车只在需要的时候才运营，如暑期和春运期间会开通部分临客，车种也是最杂的。L 系列中有少部分列车相当于快速，大多相当于普快，也有的相当于普客。L 系列列车在《全国铁路旅客列车时刻表》上是查不到的，所以又称为"不上表列车"。

此外，还有"A"字开头的按需临时旅客列车（简称按需临客）、"Y"字开头的旅游列车、没有字母的 4 位普通列车（简称普快或直快）等。

3. 车次代码在规范团号中的应用

在规范团号的书写中，我们要运用到交通等级的代码。比如，铁路硬卧用字母"W"表示，是"卧"字的汉语拼音首字母的缩写；软卧用字母"RW"表示，是"软卧"汉语拼音首字母的缩写；硬座用字母"Z"表示，是"座"字的汉语拼音首字母的缩写；"软座"用字母"RZ"表示，是"软座"汉语拼音首字母的缩写。

4. 策划线路时如何选择火车车次

计调人员在策划线路时，通行旅游目的地往往有多个车次可供选择，且由于发车时间不同、价格不同、运行时间长短不同、车的整体环境舒适度不同、行程内容松紧不同，计调人员在选择时还是要动一番脑筋的。另外，有时在实际单团操作中，旅游者对火车车次根据时间和舒适度要求有充分的选择权，所以在报价时往往要把适合行程时间安排的几个车次都写上，供旅游者选择。

需要注意的是，平时和节假日对于不同车次提前售票的开始时间是不同的，比如，有的车次提前 10 天开始卖票，有的提前 5 天。这就更需要计调人员及时与车站联系、沟通了。

5. 车票

（1）儿童票。随同成人旅行，身高 1.2～1.5 米的儿童，享受半价客票、加快票和空调票（简称儿童票），超过 1.5 米时应购买全价票。每一成人旅客可免费携带一名身高不足 1.2 米的儿童。超过一名时，超过的人数应购买儿童票。儿童票的座别应与成人车票相同，其到站不得远于成人车票的到站。身高不足 1.2 米的儿童单独使用卧铺时，应购买全价卧铺票，有空调时还应购买半价空调票。

（2）车票有效期。根据《铁路旅客运输规程》规定，客票和加快票的有效期按乘车里程计算：500 千米以内为两日；超过 500 千米时，每增加 500 千米增加一日，不足 500 千米的尾数也按一日计算。各种车票的有效期，从指定乘车日起至有效期最后一日的 24 时计算。

（3）退票。在发站开车前退票，特殊情况也可在开车后 2 小时内退还全部票价。团体旅客必须在开车 48 小时以前办理；在购票地退还联程票和往返票时，必须于折返地或换乘地的列车开车前 5 天办理；旅客开始旅行后不能退票。但如因伤、病不能继续旅行时，经证实可退还已收票价与已乘区间票价差额。已乘区间不足起码里程时，按起码里程计算；旅客如果在中途上车，未乘区间票价不退；中途下车后，卧铺票失效；退还带有"行"字戳迹的车票时，应先办理行李变更手续；站台票售出一概不退。

6. 旅客携带物品的规定

（1）旅客携带物品的免费重量和体积的规定。儿童（含免费儿童）10 千克，外交人员 35 千克，其他旅客 20 千克。每件物品外部尺寸长、宽、高之和不超过 160 厘米，杆状物品不超过 200 厘米，重量不超过 20 千克。残疾人旅行时代步的折叠式轮椅可免费携带，不计入上述范围。

（2）不准带进车站、带上列车的物品。其中包括国家禁止或限制运输的物品；法律、法规、规章中规定的危险品，弹药和承运人不能判明性质的化工产品；能够损坏和污染车辆的物品；动物及妨碍公共卫生（包括有恶臭等异味）的物品；规格和重量超过规定的物品。

（3）可限量携带的物品。包括安全火柴 20 小盒，气体打火机 5 个；不超过 20 毫升的指甲油、染发剂、去光剂，不超过 100 毫升的酒精、冷烫精，不超过 600 毫升的发胶、摩丝、卫生杀虫剂、空气清新剂；军人、武警、公安人员、民兵及猎人凭法律规定的持枪证明佩带的枪支、弹药；初生雏 20 只。

7．行李的规定

（1）行李的范围。行李中不能夹带货币、证券、珍贵文物、金银珠宝、档案材料等贵重物品和国家禁止、限制运输品及危险品。行李每件最大重量为 50 公斤，体积以适于装入行李车为限，但最小不得小于 0.01 立方米。

（2）行李的托运。旅客在乘车区间内凭有效客票每张可托运一次行李，残疾人不限次数。

托运下列物品时，托运人应提供规定部门签发的运输证明。这些物品包括：金银珠宝、珍贵文物、货币、证券、枪支；警犬和国家法律保护的动物；省级以上政府宣传用的非卖品；国家限制运输的物品；国家有关部门规定的免检物品；承运人认为应提供证明的其他物品。另外，托运动、植物时应有动、植物检疫部门的检疫证明。

（四）飞机常识

我国的旅游团在国际或长线旅游活动中，选用最多的交通工具就是民用航空器。作为计调人员，必须了解和掌握相关的航空知识，熟悉航空运输规则，特别是其中具有法律效力的航空规定，才能在经营中不出错误，或者是少出错误。

1．航班公司缩写代码及航班号

民航的运输飞行主要有 3 种形式：班期飞行、加班飞行和包机飞行。其中，班期飞行是按照班期时刻表和规定的航线，定机型、定日期、定时刻的飞行；加班飞行是根据临时需要在班期飞行以外增加的飞行；包机飞行则是按照包机单位的要求，在现有航线上或以外进行的专用飞行。此外，还有不定期航班飞行与季节性航班飞行。

航班分为定期航班和不定期航班。前者是指飞机定期自始发站起飞，按照规定的航线经过经停站至终点站，或直接到达终点站的飞行。在国际航线上飞行的航班称为国际航班，在国内航线上飞行的航班称为国内航班。航班又分为去程航班和回程航班。为方便运输和用户，每个航班均编有航班号。航班号用航空公司的 2 个英文字母和 3 个阿拉伯数字来表示，例如：CA981，"CA"代表中国国际航空公司，"981"的"9"表示是国际航班，"8"表示中美航线，"1"表示飞往美国的第一个航班。

中国国际航班的编号是由执行该航班任务的航空公司的 2 个英文字母代码和 3 个阿拉伯数字组成的，其中最后一个数字为奇数的，表示去程航班；反之，最后一个数字为偶数的，表示回程航班。如 CA985 航班，上海浦东—旧金山。但是如果是往返飞中国的其他国家的航班，尾数的奇偶则是以它们国家作为起始地来算的，如 NH160 是指日本的全日空由首都机场飞往东京的航班。

下面就常见航班公司缩写代码做个说明（附表 2）。

附表 2　常见航班公司缩写代码

缩写	航空公司	三字代码	缩写	航空公司	三字代码
AA	美利坚航空公司	001	AC	加拿大航空公司	014
AF	法国航空公司	057	AN	澳洲安捷航空公司	090
AY	芬兰航空公司	105	AZ	意大利航空公司	055
BA	英国航空公司	125	CA	中国国际航空公司	999
CO	美国大陆航空公司	005	CV	卢森堡航空公司	172
CX	国泰航空公司	160	CZ	中国南方航空公司	784
EK	阿联酋航空	176	ET	埃塞俄比亚航空公司	071
FM	上海航空公司	774	EY	埃及航空公司	607
FX	美国联邦航空公司	023	IR	伊朗航空公司	096
KA	港龙航空公司	043	HU	海南航空公司	880
HY	乌兹别克斯坦航空公司	250	JL	日本航空公司	131
KE	大韩航空公司	180	KL	荷兰皇家航空公司	074
KZ	日本货物航空公司	933	LH	汉莎航空公司	020
LY	以色列航空公司	114	MH	马来西亚航空公司	232
MU	中国东方航空公司	781	NH	全日空航空公司	205
NW	美西北航空公司	012	NX	澳门航空公司	675
OS	奥地利航空公司	257	OZ	韩亚航空公司	988
PK	巴基斯坦航空公司	214	QF	澳洲航空公司	081
QR	卡塔尔航空公司	157	RU	第聂伯航空公司	580
SK	北欧航空公司	117	SR	瑞士航空公司	085
SQ	新加坡航空公司	618	SU	俄罗斯航空公司	555
TG	泰国航空公司	217	TK	土耳其航空公司	235
GA	印尼航空公司	126	VL	伏尔加航空公司	412
VN	越南航空公司	738	WH	中国西北航空公司	783

2. 飞机的型号

简称机型。目前主要有波音系列（从波音 733 到波音 777）、空客系列（如空客 310、空客 320、空客 340 等）。不同的机型载客座位数、舒适度、适合飞行的距离等各不相同。

3. 等级客舱与餐饮供应

在国际航空运输中，通常用英文字母表示客舱等级，例如：

F = 头等舱（First Class）；

C = 公务舱（Business Class）；

Y = 经济舱（Economy Class）；

K = 平价舱（Thrift）。

在国际航空运输中，通常用符号表示餐饮供应，例如刀叉图案，是表示在该航段飞行期间供应正餐，如果是杯碟图案则表示该航段在飞行期间供应早餐或点心。

4. 关于机票

(1) 订票。一般散客机票计调人员可以自己在携程、百拓商旅等网上预订并付款，也可以通过附近的航空售票点来预订。当然，10 人（含 10 人）以上的团体机票就要拿名单通过航空售票处或直接向相应的航空公司申请。

(2) 机票。现在都是电子机票，纸质机票已经彻底退出市场。

(3) OK 票和 OPEN 票。凡是飞机票上没有确定起飞具体时间，即没有预订妥座位的有效飞机票，都被称为 OPEN 飞机票。持 OPEN 票的旅客应在离站前 72 小时与航空公司联系，确认离站机票的时间、航班和座位。已订妥日期、航班和机座的机票，称为 OK 票。持 OK 票的旅客若在该联程或回程站停留 72 小时以上，国内机票须在联程或回程航班离站前两天中午 12 时以前、国际机票须在 72 小时前办理座位再证实手续，否则，原订座位不予保留。国内航班机票如果是 OK 票，可以在一年时间里改签。如果是 OPEN 票，从开票之日起到确认日期为一年限制，确认日期后，即 OK 了以后，还有一年的改签时限。

(4) 国际机票。出境旅游的国际机票一般为回程票或是联程票，正常的机票有效期为一年。但值得特别注意的是旅游团的机票是团体票、优惠票、折扣票，因此，它没有一年的有效期，而且不能签转，不能退票。

(5) 燃油附加费。中国的民用航空在走向市场经济后，2006 年开始在国内航线上增收燃油附加费。2012 年国内多家航空公司调整国内航线燃油附加费，800 公里（含）以下航线燃油附加费每航段为 80 元；800 公里以上航线燃油附加费每航段为 150 元。燃油附加费含在机票中。

(6) 机场建设费。按照国际惯例，任何国家的机场都会有税收。中国机场自改革开放后收取机场建设费，实际上就是机场税。每个地方的机场都设专门的柜台，用机票去买，柜台开具收据，没有买建设费的不准上飞机；如不慎将票据丢失，还要去补，非常麻烦。现已改为将建设费包含在机票内，机场建设费的征收标准为：乘坐国内支线航班的旅客每人次 10 元；乘坐除支线航班以外的其他国内航班旅客每人次 50 元；乘坐国际及中国香港、澳门、台湾地区航班的旅客每人次 70 元。2012 年 4 月 17 日，财政部正式公布新的《民航发展基金征收使用管理暂行办法》（以下简称《办法》），由此，民航发展基金将取代之前的机场建设费。新《办法》中取消了国内支线航班的机场建设费，同时在国际航线中增加了一项旅游发展基金，修改之后的国际航班机场建设费征收标准由 70 元增至 90 元，也就是国际航线票价新增 20 元。机场建设费也含在机票中。

5. 关于乘坐飞机

(1) 抵达机场的时间要求。国内航班一般要求提前 1.5 小时到达机场。国际航班一般要求提前 2 小时到达机场。尤其是雨雪天，容易堵车时，更要提醒旅游者提前出发，以免因路上堵车等因素误机。一般飞机起飞前 30 分钟左右闸门关闭，即使换了登机牌也没法过安检，也就不能登机了。

(2) 乘飞机的程序。一般抵达机场后，旅游者拿着身份证去相应的航空公司柜台或自助机上办理登机牌和行李托运，如果需要行程单报销用，请同时在柜台打印。办完后就可以从专门的通道进入安检或出关，到登机牌上显示的候机厅里等待登机。

（3）关于行李。旅游者乘飞机的行李包括随身携带物品及托运的行李两部分。随身携带物品指经航空公司同意由旅客自行携带乘机的零星小件物品。国内航班随身携带物品的重量，每位旅客以5千克为限。持头等舱客票的旅客，每人可随身携带两件物品；持公务舱或经济舱票的旅客，每人只能携带一件物品。每件随身携带物品的体积均不得超过20厘米×40厘米×55厘米。超过规定件数、重量或体积的限制，应选择托运。至于免费行李额，则规定国内航班，持成人票或儿童票的旅客，每人免费行李额（包括托运和自理行李）为：头等舱40千克，公务舱30千克，经济舱20千克。持婴儿票的旅客无免费行李额。国际航线免费行李额分为计重免费行李额、计件免费行李额两种。随着民航的发展，不同航线的免费行李要求不一样，在订购机票时一定要看清楚机票上免费行李的规定。此外，还应注意托运行李必须包装完善、锁扣完好、捆扎牢固，并能承受一定压力。对包装不符合要求和不符合运输条件的行李，航空公司可拒绝收运或不负担损坏、破损的责任。

（4）关于通关申报。根据《中华人民共和国海关对中国籍旅客进出境行李物品的管理规定》，进出境旅客没有携带应向海关申报物品的，无须填写《中华人民共和国海关进出境旅客行李物品申报单》（简称《申报单》），可选择"无申报通道"（又称"绿色通道"）通关。除海关免予监管的人员以及随同成人旅行的16周岁以下旅客以外，进出境旅客携带有应向海关申报物品的，须填写《申报单》，向海关书面申报，并选择"申报通道"（又称"红色通道"）通关。

（5）航空器上的行为规定。旅客不得在航空器上使用便携式收音机、电子游戏机和包括无线电操纵的玩具及对讲机在内的发射装置。除了便携式录放机、助听器和心脏起搏器以外，未经承运人允许，旅客不得在航空器上使用任何其他电子设备；旅客应当出具有关国家的法律、规定所要求的所有出入境、健康和其他证件、承运人对违反法律、规定或者证件不符合要求的旅客，可以拒绝承运；旅客被拒绝过境和入境，承运人应当按政府的命令将旅客运回其出发地点或者其他地点，旅客应当支付适用的票价。用于运送至拒绝入境地点或者遣返地点的客票，承运人不予办理退款；海关和其他政府官员需要检查旅客的行李时，旅客应当到场。如若旅客不到场，遭受的任何损失，承运人不承担责任。

"游"的基础知识

旅游景区是旅游活动的主体，它是旅游者选择该项旅游产品最主要的原因和动机。游览景点是旅游行程中的核心内容，是旅游者在旅游目的地进行的最基本和最重要的旅游活动，各项服务都围绕着这个主体展开。

一、旅游景区的作用

（1）可以单独开展旅游活动。旅游景区具备旅游者需求的食、住、行、游、购、娱等基本生活要素，人们可以暂时离开自己熟悉的生活和工作环境去享受一种更高层次、平常向往的生活追求和乐趣，有助于调节旅游者的日常生活。

（2）可以扩大旅游者的视野。旅游景区中的自然和人文资源可以扩大旅游者的视野，增加地理、历史、文学、艺术等方面的知识。旅游景区是一个综合的学习园地，涉及社会科学和自然科学的多种学科。在旅游者的旅游历程中，不经意地就能获得地理、历史、天文、气象、生物、考古、艺术、宗教、建筑、园林等方面知识。而旅游景区所处地方的生活习惯、风俗人情、服饰、民间艺术等异质文化内容充满情趣和教育意义，使旅游具有独特的地域感。

（3）可以为旅游者提供基本的生活服务。旅游景区的食宿接待设施可以为旅游者提供基本的生活服务，其舒适、安全、卫生和设备的现代化，是旅游者追求美好生活的基本要求，尽管不能长期拥有，但暂时的享受也是一次愉快的经历。

（4）可以丰富旅游者的生活。旅游景区的游览、娱乐设施可以丰富旅游者的生活，能开阔胸怀、陶冶情操、愉悦精神，环境的适度变化可以使人们摆脱日常生活中的紧张和烦恼，感到轻松、愉快。

二、旅游景区的特性

旅游景区所设计的旅游产品的质量必须具有以下几种特性才能满足旅游者的需要：

（1）功能性。这是最基本和最重要的质量特性。旅游景区是一个综合性很强的行业，由旅游景观、餐馆、娱乐、商品、交通、住宿等部门组成。多个部门有着自身的独特功能，又都是旅游者最基本的需要，它们既互相独立，又综合成为一个整体。

（2）安全性。没有安全保障，旅游者通常不会进入景区游览。为此，应建立完善的保安、医疗、救护、安全保障系统，确保旅游者在景区内游览时的人身和财产安全。

（3）方便性。旅游区的设施设备、旅游线路设置及各种娱乐、康体服务能否为旅游者提供方便快捷的服务，是旅游者能否满意的一个重要因素。

（4）舒适性。旅游景区不仅要考虑游览服务设施的齐全适用，还要考虑接待环境的高雅、整洁、美观、有序和服务态度的热情周到，这样，旅游者在游览过程中才能感觉舒适。

三、旅游景区的类型。

根据作为旅游区开发的地理环境、自然资源特点的不同和人文资源的差异，一般把旅游区分为以下5种类型：

（1）风景旅游区。风景旅游区是以自然风光为主，经过开发，成为游览、观光以及休养、疗养环境的空间。目前，我国此类旅游区按成因特色分类，可分为山岳型、内湖型、海滨型、泉水型、瀑布型、山水型、山林型、地质历史遗迹型等。

（2）名胜游览区。名胜游览区，是以人文景观为主的旅游区。我国历史悠久，又是多民族国家，有着古老的文化遗迹。壮丽的山水与古老的文化相映生辉，成为中华民族的瑰丽珍宝，有的还成为世界文明的旅游胜地，如北京、陕西西安、江西景德镇、河南洛阳等地，它们以重要历史事件和具有艺术科研价值的文物古迹为主要内容，与秀丽的自然环境相结合，形成宜人的旅游区。这类旅游区的类型包括古园林型、革命纪念地型、宗教型、民族风情型等。

（3）城市风光旅游区。城市风光旅游区可分为古城型和现代都市型两种。它们或有保存比较好的古城、古建筑、市容等，或以现代建筑风格独特和旅游商品丰富为特点。

（4）综合型旅游区。这类旅游区无论是自然风光还是名胜古迹、城市建筑，都达到了较高水平，并在空间上有机结合，是别具特色的旅游区，如北京、浙江杭州、山东青岛等。

（5）自然保护区。自1956年我国建立第一个自然保护区——广东鼎湖山自然保护区以来，截至2005年年底，我国自然保护区数量已达到2 349个（不含港澳台地区），总面积为14 994.90万公顷，约占我国陆地领土面积的14.99%。可分为综合型自然保护区、自然风景型自然保护区、自然历史遗迹型自然保护区及生物型的自然保护区四大类型。

"购"的基础知识

旅游购物日益成为旅游业发展的重要因素，旅游资源的吸引力固然是旅游者产生旅游动机的极为重要的因素，但随着旅游业的发展和人们收入水平的提高，旅游购物越来越深受旅游者的喜爱甚至追求，旅游购物在外汇收入中所占份额也越来越大，许多地方旅游购物的收入占旅游总收入的一半以上。因此，开发旅游商品成为各国、各旅游目的地发展旅游业的重要项目。许多旅游发达国家不惜花费巨资宣传、促销，以扩大购物在旅游总收入中的比重。

一、旅游购物品的类型

旅游购物品是指旅游者在旅游目的地国家或地区购买的各种物质产品。其可以分为以下4种类型：

（1）旅游生活用品。旅游用品根据字面解释就是出去旅游时所需用的商品，与旅游活动紧密相关，讲求实用性。旅游生活用品种类繁多，因人、因地、因时各不相同，包括旅游服装、鞋帽（旅游鞋、草帽、雨衣等），旅游卫生用品（手纸、手绢、毛巾、药品等），旅游洗涤用品（香皂、牙膏、洗涤剂等），旅游摄像摄影用品（录像机、照相机、电池等），旅游防护用品（手杖、手套、防晒霜等）及其他旅游商品（旅行包、袋、手电筒、指南针等）。

（2）旅游文化用品。旅游文化用品，主要是指各种介绍景点的导游书、旅游图、交通时刻表、笔记本、明信片、信笺、旅游用笔、纸张、文房四宝、印章等。

（3）旅游食品。旅游食品指旅游者随身携带、使用或邮寄的瓶装、袋装和其他包装的食品，而不是在旅游饭店中供旅游者食用的各类食品。旅游食品中最重要的是地方土特产。特产，顾名思义，是某地特有的或特别著名的产品，以当地原材料生产加工的地方传统产品为主，具有浓厚的地域特性。因为特产，有些旅游者也会慕名而来。对于外出的旅游者来说，喜欢选购有风味的食品或小吃。旅游者可根据自己喜好选择各种不同风味的食品，具有当地特色的小吃成为旅游者的首选。如北京的烤鸭、云南的过桥米线、沈阳的老边饺子，都是大多数旅游者喜爱的传统风味小吃。

（4）旅游纪念品。旅游纪念品是指以旅游景点的文化古迹或自然风光为题材，利用当地特有原材料制作，带有纪念性的各种各样的商品，哪里有旅游活动，哪里就有旅游纪念品。旅游纪念品带有独特的地方文化色彩，具有工艺水平和纪念意义，包括旅游纪念章、纪念图片、景区光盘、VCD、录像带之类的商品。

二、旅游购物品的特点

旅游购物品不同于一般商品，对旅游者而言，它们具有特殊的价值，其特点是：

（1）观赏性与实用性结合。旅游商品的生产一般采用小批量、多品种，以满足不同经济收入的旅游者的需求。一般旅游者都比较注意旅游商品的包装，因此一定要有吸引力。不仅外观重要，如果旅游商品还可以根据不同需求，有一定的利用价值，会更容易获得旅游者的青睐。

（2）民族特色。大多数旅游者都会挑选一些富有民族传统特色和技艺的工艺品，既可用于收藏，也可证明旅游者来过某个地方，还能够寄托旅游者某种留恋的情怀，如同将当地的民风民俗带回家一样。

（3）地方特色。能反映游览区的风景名胜，就地取材生产有独特风格的纪念品和工艺美术品。丹东青山沟景区的特产是核桃，当地的旅游商品经营者利用一些非常平凡的核桃制成了工艺品，如核桃画、核桃椅、核桃人等，这是当地的一种手艺活，并且这些核桃工艺品都是手工制成的，具有很大的收藏价值和纪念价值。

（4）宣传性。旅游商品具有宣传旅游目的地和产品品牌的功效。旅游商品在开发设计时，一般以当地有代表性的自然风光、名胜古迹、风土人情、民间传说等为题材，来设计商品造型和图案，赋予一定的审美作用。旅游商品使旅游者了解当地的历史文化、生活习俗甚至是地理环境特征等，从而提高目的地的知名度和形象。

（5）便携性。由于旅游的异地性和旅游者的流动性，旅游者都希望买到精致小巧、便于携带的旅游商品。但是随着旅游业的发展，旅游商品的便携性会逐渐弱化。越来越多的旅游商品销售商提供旅游商品邮送服务，使旅游者完全不需要考虑自己购买的旅游商品如何安全运送回家。

三、旅游购物业在旅游业中的作用

由于旅游购物品的纪念性和礼品性，其销售收入具有很大的弹性，在旅游业的发展中具有以下作用：

（1）发展旅游购物业是提高旅游业整体经济效益的重要途径。同旅游娱乐一样，旅游购物品需求弹性较大。因此，经营旅游购物业经济收入具有相对的无限性。旅游商品本身也有许多优点，如生产成本较低、原材料丰富、就地取材、对生产条件的要求不高，可就地直接换取外汇，创收的利润水平也较高。旅游购物商店的收入在当地旅游业总收入中占有比重较大、可挖掘潜力大，世界各国发展的旅游业都把旅游购物业作为创汇的重要渠道。如中国香港地区旅游购物业收入一般占旅游收入的60%左右；日本、美国，以及西欧、东南亚地区国家一般都占40%以上。

（2）旅游购物业对当地旅游业具有无声的宣传效果。旅游商品与一般商品不同之处在于纪念、欣赏、保值、馈赠意义或实用价值。它代表着一个地区的传统文化，也是民族民风的浓缩，在一定程度上可以成为一个国家或地区的象征。旅游商品的优化可以促进旅游地和客源地之间的文化艺术、风土人情等信息的交流，起到旅游地形象的宣传作用。

（3）发展旅游购物业可增强当地旅游吸引力。旅游活动的内容丰富多彩，购物旅游已成为人们进行旅游活动的专项内容之一。旅游商品是一项独特的旅游资源，经过开发经营对旅游者的吸引力逐渐扩大。中国香港地区旅游业迅速发展的原因之一，就是它集中了世界许多国家和地区的旅游商品及各种廉价商品，被称为旅游者的"购物天堂"。

（4）发展旅游购物业有助于弘扬地方文化精髓。旅游购物业和生产部门组织生产、销售具有地方特色的手工业产品，如具有独特艺术风格和浓郁地方色彩的手工艺品、有传统风味的土特产品等。这些商品的设计开发，可挖掘和传承传统的手工技艺，弘扬先进的地方或民族文化。

"娱"的基础知识

旅游娱乐业，是指为旅游者提供各种游览娱乐设施，以满足其游乐需要的各类相关行业的总称。"娱"是构成旅游活动的六大要素之一，是旅游者在旅游过程中穿插进行的文娱活动项目，强调娱乐性和参与性。

一、旅游娱乐业的类型

旅游娱乐产品的生产，有的是以酒店、旅游景点为依托，设计编排民俗风情等文艺演出；有的则是由旅游娱乐企业生产，这些企业为满足旅游者的需要，投入空间设备和康体娱乐设施等，经营综合性或单一性娱乐业，如大型游乐园、跑马场、高尔夫球场等。

当今世界旅游娱乐业大致分为健身性娱乐、赌博性娱乐、游戏性娱乐、文化性娱乐等几大类。

（1）健身性娱乐。健身性娱乐，寓游玩、健身、个性、挑战于一体，通常有游泳、武术、保龄球、高尔夫球、滑雪、冲浪、自行车旅游、登山等。它越来越受到旅游者尤其是度假、专项旅游者的欢迎。

（2）赌博性娱乐。赌博性娱乐，在美国有赌场赌博、赛马赌博、彩票赌博等。欧洲的袖珍国家摩洛哥、南美的巴西及巴拿马靠赌博业吸引旅游者。在亚洲，韩国首尔的华克山庄赌场有"东方拉斯维加斯"之称，我国澳门地区也是靠博彩业享誉世界。中国是社会主义性质的国家，我国政府明令取缔旅游业中的赌博娱乐项目。

（3）游戏性娱乐。游戏性娱乐项目，一般是设计别致、立意新奇、游艺内容具备的综合游乐场所。如 1958 年由美国著名动画片作者迪士尼设计修建的洛杉矶"迪士尼乐园"中，各种惟妙惟肖的动画动物形象使不同年龄层次、不同性别、不同肤色的人都感到新颖别致、妙趣横生。

（4）文化性娱乐。文化性娱乐既能愉悦旅游者身心，又能使旅游者领略异域文化氛围的娱乐项目，诸如，影视、歌舞、杂技、民俗表演及各种文化性展览等，深受喜爱。

二、旅游娱乐业的特点

（1）内容上具有的特点。从内容看，具有娱乐性、参与性、知识性和趣味性的特点，能满足旅游者喜参与、望表现、求知求乐的需求。

（2）形式上具有的特点。从形式看，这些文娱项目具有浓郁的民族、民间和地方特色，并朝着不同国家和民族之间文化交流的方向发展。同时，这些娱乐项目的建设及设施设备更多地利用了现代科学技术成果。

（3）效果上具有的特点。从效果看，旅游娱乐业既能使旅游者获得快乐、玩得高兴，又使当地群众可参与其中，既有经济效益，又有社会效益。

三、旅游娱乐业在旅游业中的作用

（1）丰富旅游者的文娱生活。现代旅游活动是一种高级消费方式。其突出特点是旅游类型的多样化和消费结构多元化。旅游者外出旅游除食宿等基本需求外，还需要文化娱乐、康乐健身等各种服务项目，来锻炼身体、丰富精神生活和提高知识情趣。

（2）增加旅游业的经济收入。旅游娱乐业的经营企业在组织旅游娱乐活动中可取得一定的经济效益，通过旅游娱乐的吸引作用，使旅游者延长停留时间，增加劳务性消费，由此带动旅游业的总体收入。随着人们生活水平和生活质量的提高，人们对精神性消费需求的增加，旅游娱乐业的发展前景将十分广阔。

（3）在一定程度上起到吸引客源、调节客源的作用。旅游娱乐企业精心设计，利用大型游乐机械和现代声、光、电等科学技术组织娱乐服务项目，猎奇、惊险、刺激性强，配以高雅悠闲的服务方式，使旅游者得到良好的精神享受，从而成为有较强吸引力的旅游资源。此外，目的地通过大型文艺活动的安排，可以增加客源，调整淡旺季旅游客源结构，在全局上起到均衡客源的作用。如香港地区旅游协会每年淡季举行的龙舟节、文化节、食品节等大型文艺活动。

主要参考文献

［1］陈乾康，阚敏. 旅行社计调与外联实务［M］. 北京：中国人民大学出版社，2006.

［2］熊晓敏. 旅行社 OP 计调手册［M］. 北京：中国旅游出版社，2007.

［3］周晓梅. 计调部操作实务［M］. 北京：旅游教育出版社，2006.

［4］李幼龙. 旅行社业务管理［M］. 北京：中国纺织出版社，2009.

［5］沈晓君. 旅游业务操作师［M］. 北京：中国劳动社会保障出版社，2009.

［6］米学俭，尚永利，王国瑞. 旅游计调操作标准教程［M］. 北京：旅游教育出版社，2010.

［7］叶丽娅，王彪. 旅行社计调师［M］. 北京：旅游教育出版社，2010.

［8］赵爱华. 旅行社计调业务与管理［M］. 大连：大连理工大学出版社，2012.

［9］梁智，刘春梅，等. 旅行社经营管理精选案例解析［M］. 北京：旅游教育出版社，2007.

［10］王煜琴，韩国华，沈建军，等. 旅行社计调业务［M］. 北京：旅游教育出版社，2012.

［11］梁智，韩玉灵. 旅游计调师实务教程［M］. 北京：旅游教育出版社，2011.

［12］中国旅游报网站，http：//www. ctnews. com. cn.

［13］中国国家旅游局，http：//www. cnta. com.

［14］携程旅游网，http：//www. ctrip. com.